权威·前沿·原创

皮书系列为

“十二五”“十三五”“十四五”国家重点图书出版规划项目

BLUE BOOK

智库成果出版与传播平台

毕节蓝皮书

BLUE BOOK OF BIJIE

# 毕节试验区改革发展报告（2020~2021）

ANNUAL REPORT OF REFORM AND DEVELOPMENT IN BIJIE EXPERIMENTAL REGION (2020-2021)


主　　编 / 郑云跃

执行主编 / 黄水源　颜　强

副 主 编 / 陈康海　周　好　任利刚



社会科学文献出版社

SOCIAL SCIENCES ACADEMIC PRESS (CHINA)

图书在版编目(CIP)数据

毕节试验区改革发展报告. 2020－2021 / 郑云跃主编
. －－北京：社会科学文献出版社，2022. 3
（毕节蓝皮书）
ISBN 978－7－5201－9702－1

Ⅰ. ①毕…　Ⅱ. ①郑…　Ⅲ. ①区域经济发展－研究报告－毕节地区－2020－2021　Ⅳ. ①F127. 732

中国版本图书馆 CIP 数据核字（2022）第 024796 号

毕节蓝皮书
毕节试验区改革发展报告（2020～2021）

主　　编 / 郑云跃
执行主编 / 黄水源　颜　强
副 主 编 / 陈康海　周　妤　任利刚

出 版 人 / 王利民
责任编辑 / 薛铭洁
责任印制 / 王京美

出　　版 / 社会科学文献出版社 · 皮书出版分社（010）59367127
　　　　　地址：北京市北三环中路甲 29 号院华龙大厦　邮编：100029
　　　　　网址：www. ssap. com. cn
发　　行 / 社会科学文献出版社（010）59367028
印　　装 / 天津千鹤文化传播有限公司

规　　格 / 开　本：787mm × 1092mm　1/16
　　　　　印　张：17. 75　字　数：263 千字
版　　次 / 2022 年 3 月第 1 版　2022 年 3 月第 1 次印刷
书　　号 / ISBN 978－7－5201－9702－1
定　　价 / 158. 00 元

读者服务电话：4008918866

# 《毕节试验区改革发展报告（2020～2021）》编委会

| | |
|---|---|
| 编委会主任 | 吴大华 |
| 编委会副主任 | 唐显良　郑云跃　李　胜　黄　勇 |
| 主　　编 | 郑云跃 |
| 执行主编 | 黄水源　颜　强 |
| 副 主 编 | 陈康海　周　好　任利刚 |

## 课题组

| | |
|---|---|
| 课题组成员 | 郑云跃　黄水源　颜　强　周　好　陈康海<br>卢祥运　陈昊毅　邓小海　赵　琴　龙海峰<br>吴　杰　任利刚　王红霞　罗先菊　林　玲<br>林　俐　周　欢　罗　艳　曾　亮　于开锋<br>柳嘉佳　王　铁　黎　江　张　坤　鄢　灿 |
| 编辑人员 | 韩艳江　彭　华　周　静　郭佳伦　汪　杰<br>龚　良　黄勇平 |

# 主要编撰者简介

**郑云跃**　贵州省社会科学院党委常委、副院长，研究员。长期从事宏观经济、区域经济发展等研究。组织研究起草贵州省第十一次党代会报告、贵州省国民经济和社会发展第十三个五年规划纲要（简称为贵州“十三五”规划建议）等重要文件，组织起草贵州省委主要领导在党的十八大、中央经济工作会以及省委全会、省委经济工作会、省委中心组学习会、省委全面深化改革领导小组会和中央领导同志来黔视察汇报提纲等重要文稿。参与国发〔2012〕2号文件、贵州省第十二次党代会报告调研起草工作。组织开展“支持贵州发展总体思路及综合政策研究”“大数据战略”“开放型后发赶超战略”“推动黔中经济区上升为国家战略”等研究；承担国家社科基金、贵州省社科规划课题研究；编撰图书《政策学原理》《贵州区域经济发展战略探析》等。担任贵州省委改革办专职副主任期间，主抓改革办日常工作，着力推动中央全面深化改革领导小组和省委全面深化改革领导小组重大决策部署、依法治省重要改革举措的落实。

**黄水源**　博士，博士生导师。贵州省社会科学院研究员，贵州生态文明建设评价研究中心执行主任，贵州省乡村振兴暨农村社会事业专家咨询委员会秘书长，主要研究方向为政治学理论、三农问题、乡村振兴等。著有《毕节试验的政治学阐释》等学术专著10余部，在CSSCI期刊、北大核心期刊公开发表学术论文30余篇。《毕节试验的政治学阐释》获全国社会主义学院系统科研成果一等奖。承担国家级、省级科研课题多项，主持多项省市“十四五”规划、扶贫开发规划、乡村振兴规划的编制工作。

**颜　强**　贵州省社会科学院工业经济研究所助理研究员（外聘高级工程师），博士，贵州省茶产业发展研究院秘书长，贵州省宏观经济学会理事，主要研究方向为农业经济管理、生态经济、应用经济学、绿色发展等。以第一作者在《农村经济》（被引 120 多次）、《南方农业学报》、《贵州农业科学》、《北方园艺》、《保鲜与加工》等核心期刊发表论文 6 篇，《中国社会科学报》1 篇，《贵州日报》理论版等省级报刊、蓝皮书文章 20 多篇；以第二、第三作者发表论文被 SCI、EI 各收录 1 篇，以前三作者在《生态学报》《西南农业学报》《东北林业大学学报》等发表 6 篇。执行主编《贵州省茶产业发展报告 2020》《毕节试验区改革发展报告（2019）》2 部。主持省部级课题 1 项，贵州省领导圈示指示课题 5 项，其他院厅级课题 5 项，排名前三主研的国家级省部级课题 10 多项。

**陈康海**　贵州省社会科学院农业发展研究所所长，研究员，贵州生态文明建设评价研究中心副主任，主要研究方向为区域经济、产业经济、农村经济等。主持和参与各类课题研究 50 多项，发表论文 40 余篇，有多项研究报告和论文获省部级奖励。

**周　好**　历史学博士，上海应用技术大学教授。出版著作 6 部，发表论文 30 余篇。《中国近代经世派与经世思潮研究》为“广东省中青年社会科学家文库”作品，《中国近代行政领导思想研究》为该书姊妹篇。主持中国博士后科学基金项目“中国近代经世派的行政管理思想研究”、教育部项目“早期马克思主义者对中华优秀传统文化的认识与运用研究”等 20 项。曾获广东省“南粤优秀教师”、广东省“岗位女能手”称号。

**任利刚**　贵阳市经济运行发展服务中心副主任，主要研究方向为区域经济、生态经济。《贵阳经济研究》执行主编，《贵阳百科全书》编辑，深度参与《贵阳年鉴》《贵阳发展研究》《贵阳市人大调研文集》等编纂、组稿、研究工作。入选贵阳市2021年创新型青年社科文艺人才培养计划。

# 摘 要

《毕节试验区改革发展报告（2020～2021）》是深入贯彻落实习近平总书记视察贵州重要讲话精神和对贵州对毕节工作重要指示批示精神的智库成果，由总报告、产业发展篇、脱贫攻坚篇、理念创新篇和附录构成，梳理记录了毕节试验区近年来改革发展的实践历程，研究并提出了毕节加快建成贯彻新发展理念示范区的思路举措。总报告在总结提炼毕节试验区改革发展所取得成就及成功经验的基础上，重点研究了毕节试验区改革发展存在的问题并提出对策建议，对“十四五”推进毕节试验区高质量发展提出展望。产业发展篇研究了毕节旅游业、商贸业、特色文化产业助推乡村产业振兴、战略性新兴产业、农文旅融合发展、农村产业革命等六个重点领域的发展历程与成效。脱贫攻坚篇总结了毕节脱贫成效及经验、多党合作助力脱贫攻坚的毕节实践，研究了健康扶贫、乡村振兴示范区建设、脱贫攻坚与农村产业革命等领域的毕节路径。理念创新篇主要研究了毕节建设贯彻新发展理念示范区的路径探索和生动实践，并选取了生态文明、五城同创、纳雍经济社会高质量发展三个领域专家学者的研究成果。附录收集了2019年毕节改革发展大事记。

**关键词：** 毕节试验区　改革发展　扶贫攻坚　生态文明

# Abstract

The Blue Book, which is the think tank's achievement of deeply implementing the spirit of General Secretary Xi Jinping's important speech during his inspection of Guizhou and his important instructions on Guizhou and Bijie's work, consists of general report, industrial development reports, poverty alleviation reports, theoretical innovation reports and appendces. The book records Bijie's reform and development in recent years, and puts forward ideas and measures for accelerating the building of Bijie into a demonstration zone for the implementation of new development concepts.

On the basis of summarizing the achievement and successful experience of the reform and development of Bijie, the general report focuses on the problems and countermeasures for the reform and development in Bijie, and puts forward prospects for promoting the high-quality development of Bijie in the 14th Five-Year Plan.

The industrial development reports study the development process and results of six key areas in Bijie, including tourism, business and trade industry, characteristic cultural industry boosting rural industry revitalization, strategic emerging industry, integrated development of agriculture, culture and tourism, and rural industrial revolution.

The Poverty alleviation Reports summarize the achievement and experience of poverty alleviation in Bijie, the practice of poverty alleviation assisted by multi-party cooperation, and study the path of poverty alleviation in healthcare, construction of rural revitalization demonstration zones, poverty alleviation and rural industrial revolution.

The theoretical innovation Reports mainly study the path and practice of Bijie's construction and implementation of the new development concept demonstration zone, and select the research results of experts and scholars in three fields: ecological civilization, co-creation of the five cities, and high quality development of the economy and society of NaYong.

The appendix collects the major events of Bijie's reform and development in 2019.

**Keywords**: Bijie Experimental Region; Reform and Development; Poverty Alleviation; Ecological Civilization

# 目　录

## Ⅰ　总报告



## Ⅱ　产业发展篇

## Ⅲ 脱贫攻坚篇



## Ⅳ 理念创新篇



## Ⅴ 附 录

# CONTENTS

## Ⅰ General Report



## Ⅱ Industrial Development Reports

## Ⅲ Poverty Alleviation Reports

## Ⅳ Theoretical Innovation Reports



## Ⅴ Appendix

# 总报告

General Report

## B.1

# 聚焦主旋律　贯彻新理念 以高质量改革推动高质量发展

## ——2019～2020年毕节试验区改革发展报告

黄水源　颜　强　郑云跃　周　妤　陈康海　任利刚*

摘　要：2019年，毕节试验区继续坚持以习近平新时代中国特色社会主义思想为指导，深入贯彻党的十九大精神和习近平总书记一系列重要讲话精神，也是全面贯彻和充分认识新时代全面深化改革的新特征，聚焦改革的主旋律，贯彻发展的新理念，以高质量改革推动高质量发展，为经济社会高质量发展提供强劲动力支撑，也是

* 课题组组长：郑云跃，贵州省社会科学院党委常委、副院长，研究员。课题组成员：黄水源，博士，博士生导师，贵州省社会科学院农村发展研究所研究员，主要研究方向为三农问题、乡村振兴、农业农村政策；颜强，贵州省社会科学院工业经济研究所助理研究员，主要研究方向为三农问题；周妤，历史学博士，上海应用技术大学教授，主要研究方向为乡村振兴、农业农村政策、马克思主义理论中国化；陈康海，贵州省社会科学院农村发展研究所所长，研究员，主要研究方向为三农问题；任利刚，贵阳市经济运行服务中心副主任，主要研究方向为三农问题。

深刻理解和把握毕节试验区改革开放的新形势、新任务，将改革实践中的鲜活经验转化为强力助推毕节地区经济社会发展的动力，为推动毕节地区各项工作的全面开展打下坚实的基础。

关键词：　毕节试验区　主旋律　新理念　高质量发展

2019 年，是毕节试验区脱贫攻坚冲刺之年，是贯彻落实习近平总书记“7·18”重要指示开局之年，也是毕节试验区发展的关键之年。毕节试验区在全面贯彻落实党的十九大和十九届四中全会精神的同时，准确把握改革面临的新形势、新任务，突出改革添动力，围绕创新促发展，谋划好 2020 年的改革工作，发挥制度优势，提升治理效能，在“打赢攻坚战、建设示范区”上展示毕节特色，创新毕节实践，做出毕节贡献。

毕节试验区要以改革增添发展新动力、以改革增强干事积极性、以改革增进群众获得感。要提高政治站位，牢记改革“必须为”，增强“四个意识”，坚定“四个自信”，做到“两个维护”，不折不扣地完成全面深化改革各项任务，让新发展理念在毕节落地生根、普遍实践。始终坚持“三大主题”，坚守发展和生态两条底线，按照中国特色社会主义事业“五位一体”的总体布局，“四个全面”的战略布局，有效衔接脱贫攻坚与乡村振兴战略。组建统一战线助力脱贫攻坚，是深入贯彻落实习近平总书记对毕节试验区重要指示批示精神、丰富多党合作实践、助推全市“打赢脱贫攻坚战，建设示范区”的重要举措。毕节试验区围绕习近平总书记关于建设贯彻新发展理念示范区的重要指示，深入贯彻落实中央、贵州省委和毕节市委重大决策部署，认真谋划和推进改革工作，在改革与发展上取得了长足的进展，改革成果亮点纷呈，增加创新发展的原动力，扩大毕节改革的影响力。①

① 吴道明：《周建琨在市委全面深化改革会议上的讲话》，《毕节试验区改革发展》2019 年第 1 期，第 4～5 页。

# 一　2019年毕节试验区改革发展所取得的成就

## （一）经济发展强劲，产业结构不断优化

1. 毕节经济发展成效

一是经济总量迈上新台阶。2019 年，毕节地区生产总值达 1901.36 亿元，税收收入跃上 200 亿元台阶，达到 218.2 亿元。2015～2019 年，毕节市生产总值累计实现 8116.89 亿元。二是增长速度进入新常态。全市经济和税收收入增长趋缓，全市税收收入增速已处于近年较低点，但仍保持在合理增长区间。2015～2019 年，全市税收收入累计入库 891.15 亿元，年均增长 35.10%，得益于第三产业持续两位数的增长。三是产业结构形成新动能。随着现代服务业的快速发展和“营改增”的稳步推进，第三产业经济税收收入快速增长，规模不断扩大，为新常态下的经济税收增长增添“新动能”。2015～2019 年，全市第三产业生产总值累计实现 3797.62 亿元，年均增长 13.02%，超过全市生产总值年均增长 6.82 个百分点，成为带动全市经济增长的重要引擎。四是税收减免激发新活力。2014～2018 年毕节税务系统累计落实减免税收 78.86 亿元。随着国家加大税费改革的优惠力度，对企业的扶持创新力度的凸显，各类企业的市场主体的创新活力增强。以 2018 年第一季度为例，毕节市新登记市场主体 13403 户，在全省新设市场主体户数中排名第三。五是发展前景开启新征程。在传统产业方面，全市电力装机容量达 1211 万千瓦，是国家“西电东送”的重要能源基地。在新兴产业方面，《毕节试验区国家新型能源化工基地规划》通过评审，黔希煤化工 30 万吨/年煤制乙二醇项目、中石化织金一期 60 万吨/年煤制聚烯烃项目、毕节 200 万吨/年煤制清洁燃料项目、华润（毕节）循环经济产业园项目等重大项目建设加快推进。科技部批准建设“毕节国家新能源汽车高新技术产

业化基地”，毕节成为全国第二、西部唯一发展新能源汽车产业的地区。中安永恒北斗卫星导航产业园、奥斯科尔电子信息产业园全面推进，以大数据为核心的服务外包和呼叫中心加快建设。在大健康休闲养生业态方面，试验区同心药业、同威药业等产业项目和中药材交易中心加快建设，建成了织金九丰、金沙台金、威宁泰丰、赫章鲁源、七星关星丰、纳雍江田等农业示范园，雪融食用菌深加工、蓝雁农牧综合开发等现代山地高效农业落户毕节。这些产业的发展，开启了毕节产业调整、跨越发展的新征程。

2014～2019年毕节GDP和税收收入总体呈增长态势，但其增幅总体上持续回落。从GDP看，增幅从2014年的14.0%下降到2019年的8.4%；从税收收入看，增幅从2014年的15.16%下降到2019年的－0.5%。两者变化趋势基本同步，税收与经济发展呈现良性互动态势（见表1）。

**表1　2014～2019年毕节市GDP和税收收入情况**

| 年份 | GDP | | 税收收入 | |
|---|---|---|---|---|
| | 总量(亿元) | 增速(%) | 总量(亿元) | 增速(%) |
| 2014 | 1266.70 | 14.0 | 71.72 | 15.16 |
| 2015 | 1461.30 | 15.4 | 79.20 | 10.43 |
| 2016 | 1625.80 | 11.3 | 175.92 | 122.12 |
| 2017 | 1841.90 | 13.3 | 198.45 | 12.81 |
| 2018 | 1753.43 | －4.8 | 219.38 | 10.55 |
| 2019 | 1901.36 | 8.4 | 218.20 | －0.50 |

资料来源：毕节市统计局。

2014～2019年，毕节市地区生产总值和税收收入总量迈上新台阶，并均居全省第三位。但毕节市第一产业发展缓慢，其在总的产业结构中占比很小，产生的税收收入额也很小；第二产业在毕节市一直占主导地位，但发展较慢，增长速度甚至呈下降趋势；第三产业连续保持两位数增长，2019年，一、二、三产业结构比为23.1∶27.4∶49.5（见表2）。

表2 2014～2019年毕节市地区生产总值（分产业）

| 年份 | 生产总值 | | 产业结构 | | | | | |
|---|---|---|---|---|---|---|---|---|
| | | | 第一产业 | | 第二产业 | | 第三产业 | |
| | 金额（亿元） | 增速（%） | 金额（亿元） | 增速（%） | 金额（亿元） | 增速（%） | 金额（亿元） | 增速（%） |
| 2014 | 1266.71 | 14.0 | 252.8 | 7.0 | 522.8 | 15.4 | 491.2 | 15.0 |
| 2015 | 1461.35 | 15.4 | 324.7 | 28.4 | 556.6 | 6.5 | 570.1 | 16.0 |
| 2016 | 1625.79 | 11.3 | 344.43 | 6.0 | 617.87 | 11.0 | 663.49 | 16.4 |
| 2017 | 1841.61 | 13.8 | 378.1 | 9.8 | 692.2 | 12.0 | 770.8 | 16.2 |
| 2018 | 1753.3 | -4.8 | 414.76 | 9.7 | 484.64 | — | 851.9 | — |
| 2019 | 901.36 | 8.4 | 439.36 | 6.0 | 520.67 | 7.4 | 941.33 | 10.5 |

资料来源：毕节市统计局。

第三产业发展良好，2018年，第二、三产业占全部税收的比重分别为55.4%、44.42%，第三产业税收增速高于第二产业5.44个百分点，第三产业税收占比逐渐上升（见表3）。

表3 2016～2019年毕节市产业税收情况

| 年份 | 税收收入（亿元） | 第一产业 | | 第二产业 | | 第三产业 | |
|---|---|---|---|---|---|---|---|
| | | 总量（亿元） | 占比（%） | 总量（亿元） | 占比（%） | 总量（亿元） | 占比（%） |
| 2016 | 175.92 | 0.22 | 0.13 | 105.06 | 59.72 | 70.64 | 40.15 |
| 2017 | 198.45 | 0.75 | 0.38 | 112.11 | 56.49 | 85.59 | 43.13 |
| 2018 | 219.38 | 0.38 | 0.17 | 121.55 | 55.40 | 97.45 | 44.42 |
| 2019 | 218.20 | — | — | — | — | — | — |

资料来源：毕节市统计局。

毕节市产业结构仍不尽合理，第三产业比重较低，不仅远远低于北京、上海、广州等发达城市，也低于同省的贵阳市（见表4）。

表4 2019年中国城市第三产业比重

| 排名 | 城市 | GDP(亿元) | 三产(亿元) | 三产比重(%) |
|---|---|---|---|---|
| 1 | 北京 | 35371.30 | 29542.50 | 83.52 |
| 2 | 广州 | 23628.60 | 16923.23 | 71.62 |
| 3 | 上海 | 38155.32 | 27752.28 | 72.74 |

续表

| 排名 | 城市 | GDP(亿元) | 三产(亿元) | 三产比重(%) |
|---|---|---|---|---|
| …… | …… | …… | …… | …… |
| | 贵阳 | 4039.60 | 2381.59 | 58.96 |
| | 毕节 | 1901.36 | 941.33 | 49.51 |

资料来源：国家统计局。

2. 持续优化产业结构，全面推动农业高质量发展

“三实”抓牢规模示范。坚持发挥领导干部关键作用，通过示范点建设做出示范、树立标杆。一是面积足实。按照示范点集中连片的要求，明确规定县区、乡镇负责人分别抓好各自负责区域规定的数额示范点建设用地数量。目前，全市县辖乡镇已经建设多个县级、乡镇领导示范点。二是方案扎实。按照“一点一案”的工作安排原则，围绕产业规划选择，产业园区农民的组织、培训、技术支持和产销对接等多方面的实施方案，有计划地推进项目的开展，确保产业结构调得动、调得稳、调得快。三是图斑严实。抽调专业技术人员，运用GPS定位系统，对各示范点勾画图斑、精准定位，详细掌握示范点种植类别、种植面积等数据，实现示范点“挂图作战”全覆盖。

“三化”推动毕节产业示范效应，需要和产业内部条件和市场供需相结合，根据本地特有的资源选择相应的产业，再让市场的需求确定对应的产业。一是当地产业的特色化。根据每个县的主导资源产业、特色产业及优势产业来规划定位。结合本地区的自然社会等条件选择特色优势产业。通过示范点的带动，促进全市6万亩香葱种植基地、威宁县万亩苹果基地、大方县万亩辣椒基地、纳雍县万亩牧草基地等规模化基地实现有序推进。二是经营主体多元化。制定结合本地区特色的招商政策，完善农业产业结构调整政策服务。以组建县级农业公司、乡镇农业公司，引进代表性的龙头企业，大力培育经营主体，形成“政府主导、龙头示范、公司运作、农户抱团”的发展格局。三是科技服务专职化。建立农技人员联系指导领导干部示范点机制，健全农技人员服务机制，确保每个示范点都有农业科技人员提供服务，负责指导、咨询、培训等技术项目，并帮助农民们制定项目规划、实施计划

和开展科研，对产品的新技术和新品种等开展实验研究。

“三全”促进管理示范。坚持实施绿色农业，着力打造标准化生产、规范化操作、品牌化经营。一是设施齐全。不断完善和改进耕作方式、水利设施设备，大力推广符合现代农业的农业生产机械化农具，有效提升农业机械化水平。二是制度健全。健全信息公开制度，在各示范点树立和落实标识板、标识牌，全面公开责任领导，把产业的发展和农民的增收紧密结合，完善经营主体制度章程的规范化，促使示范点建设按规章办事、按制度运行。三是质量安全。围绕“合同订单”建立严格的生产标准，实现农产品生产绿色化、生态化。依托“毕节农业大数据中心”，构建农产品质量可溯源体系，使农产品源头可追溯、流向可追踪、信息可查询、产品可召回，从源头上保障农业生产和农产品质量安全。

“三多”彰显效益示范。坚持以效益为中心、以提高亩产收益为重点，让群众得到实惠。一是亩产收入增多。采取发展立体农业、强化生产管理等措施，选择复种指数高、经济收入好的农业产业，最大限度增加亩产收入。例如，威宁县草海镇卯关蔬菜种植示范基地选择一年可种植三季的大白萝卜作为主导产业，年亩产量 15 ~ 18 吨，亩均产值上万元。二是市场联结众多。大力开展农业产品进超市批发市场、进学校、进企业、进机关、进电商、进医院、进高速公路服务区与加油站“七进工程”，构建示范点与市场有机衔接的格局，实现农产品“订单化”生产、“订单化”采购。充分运用线上电商 + 线下销售，抢抓对口帮扶协作机遇，在广州、深圳、重庆、贵阳等市场开设销售窗口或签订产销协议。三是群众参与居多。以发展土地入市收“租金”、资源入股分“红金”、基地务工挣“酬金”、产业链上享“重金”的“四金”农民为抓手，建立股份合作、订单合同、流转聘用等利益联结机制，推动更多的群众参与到产业结构调整中来，共享发展红利。①

① 贾秀元:《毕节市推进农村产业革命示范带动》,《毕节试验区改革发展》2019 年第 2 期，第 8 ~ 10 页。

3. 大力推动坝区产业结构调整

一是推动农业基础设施建设。积极整合各类资金，按照“填平补齐”原则，全面开展机耕道、排灌设施、冷库、大棚等基础设施建设，提高坝区抗灾御害能力，提升农业综合生产能力。截至 2019 年 4 月，累计投入各类资金 4217 万元，新建机耕道 20.23 公里、生产便道 31.14 公里，新建生产大棚 1128 个 770 亩，新增有效灌溉面积 9270 亩、冷库容量 2900 吨。二是选准主导产业。按照市场所需、本地适宜和突出单品效应的原则，紧盯每年高产的目标，在蔬菜、水果、食用菌、辣椒、中药材等产业中选择 1 ~2 个作为主导产业，编制“一坝一策”实施方案，指导坝区农业产业结构调整。2018 年，坝区主导产业覆盖面积达 31.48 万亩，占坝区耕地面积的 65.15%，平均年亩产值达到 6335.1 元。三是培育经营主体。依托坝区资源优势和拟发展的主导产业，制定有针对性的优惠政策和扶持办法，培育引进龙头企业，带动坝区主导产业加快实现标准化、规模化。截至 2019 年底，新引进和培育农业企业 25 家，耕地流转总面积达 16.48 万亩，占坝区耕地面积的 34.77%。四是加快标准化生产基地建设。按照统一“供种、耕播、肥水管理、病虫防治、机械收获”的“六统一”模式，推进生产基地规模化种植。鼓励农民发展绿肥、秸秆还田和施用农家肥，集成推广一批高效种植模式和绿色高产栽培技术。推进大坝精准建设和管护，将 91 个大坝 9.06 万亩土地列入县、乡两级农业产业结构调整示范点建设。五是推行订单农业。组织开展农产品进机关、进学校、进社区、进医院、进企事业、进超市“六进”行动，强化与千喜鹤集团、江楠集团等产销平台和省内外大型农产品批发市场对接，建立稳定直销渠道和直供关系。建立完善“公司 + 村集体 + 农户”“公司 + 贫困户”等运作模式，使企业、合作社、农民在利益链中的份额均得到良好的收益。2018 年，坝区订单面积达 6.57 万亩，占耕地面积的 13.6%。六是提供技术培训服务。建立农业专家的对口联系，开展农业专家和科技人员包村进户活动，实现科技人员服务指导全覆盖。统筹利用乡土实用技术人才，充分调动其在生产中的积极性和主动性，就地就近培训指导坝区农业生产。截至 2019 年 4 月，开展产业技术农民培训 737 场次，培训农民 3.8 万人次。七是考核问效抓落实。完善坝区建设督查考核评分体系，根据建设工作推进情况评比进入红、白、黑榜，按照月排名提示、季考评约谈、年考核问效的督查考核办法，督促加快整合资源，推动坝区农业产业结构调整。①

## （二）经济体制改革有序推进，市场化经济体系初步形成

1. “开门搞改革”的毕节实践

近几年来，毕节市深入贯彻落实中央、贵州省委关于全面深化改革的决策部署，充分发动广大干部群众参与改革，全方位、立体式、多层次推进“开门搞改革”，让改革实践成为凝聚共识、集思广益、助推发展的过程。两年多来，全市推出获省级及以上层面认可的改革案例 63 项，商事制度改革、土地节约集约利用被国务院通报表扬，成功创建国家公共文化服务体系示范区，农村产业革命“六联六带”利益联结模式、“五大员”产销对接机制等改革创新获省领导肯定性批示 14 次。

开门采言纳谏，征集改革良方。一是走基层问需求。把调查研究作为谋划推进改革的基础工作，围绕教育、医疗、住房、交通、环保等民生事项，市、县领导带头深入基层面对面沟通交流，从群众关心的问题中寻找改革切入点，已开展改革调研 186 次，谋划改革课题 139 个，推动顶层设计和基层探索良性互动、有机结合。2017 年 2 月，市委主要领导在纳雍县昆寨乡蹲点调研，深入了解农业产业发展中农校对接情况，提出学校“营养午餐 + 一个土鸡蛋”改革设想，在纳雍县试点后全市铺开，既解决学生营养不良问题，又带动了土鸡养殖产业发展。二是大讨论集民智。在习近平总书记对毕节试验区做出“7・18”重要指示后，围绕创新发展、协调发展、绿色发展、开放发展、共享发展和脱贫攻坚与乡村振兴、人力资源开发、统一战线帮扶、党建工作等重大课题，开展“打赢攻坚战、建设示范区、我们怎么干”大讨论活动，发动干部群众为改革发展出点子、献良策。截至 2019 年

① 毕节市农业农村局：《毕节市大力推动 500 亩以上坝区产业革命》，《毕节试验区改革发展》2019 年第 4 期，第 14 ~ 15 页。

8月，已组织开展集中式、专题式、互动式大讨论1.6万余场次，征集改革发展“金点子”1200余条，探索组建统一战线助力脱贫攻坚服务团、创建国家高新技术产业开发区等建议已转化为改革方案。三是请专家提建议。每年由市委、市政府主要领导带队，到北京向各民主党派、全国工商联和毕节试验区专家顾问组汇报对接工作，听取对毕节改革发展的意见建议，科技创新平台建设、社会办医机制创新、城乡教育资源均衡配置等8个方面意见建议已纳入市级决策。邀请中国发展研究基金会组建专家团队对毕节建设贯彻新发展理念示范区进行专题研究，并形成研究报告，对毕节创新体制机制，打造生态文明综合示范区、人力资源开发创新示范区、高质量发展综合示范区提出有前瞻性、科学性、针对性的意见建议35条。

开门抓点带面，探索改革路径。一是领导领衔推动。实行市领导分管业务与主抓改革“一岗双责”“管改一体”，深入县乡村“抓点做样”，对改革项目的资金筹措、人员配备、资源整合等方面予以协调和支持，使其充分发挥示范效应。截至2019年8月，市领导已领衔打造改革样板点47个。如创新社会治理改革方面，通过分管市领导牵头推动，协调资金2800万元用于市级平台和30个试点乡镇（街道）网络建设，高标准建成黔西县110社会联动中心、莲城街道综治中心、八块田社区综合治理中心等示范样板。二是市县联合打造。建立市县联动机制，对重点难点改革工作，由县级主抓，多部门联合推动，指导基层找路径、破难题、促提升。截至2019年8月，市委改革办、市直有关单位已协同县区联合打造相关领域改革样板点51个。如在乡村振兴改革试点中，市委改革办与市农业农村局先后深入大方县核桃乡木寨村蹲点指导12次，总结出“三加”强组织、“三股”活资源、“三选”增收入、“三联”聚群众、“三约”促和谐“五个三”乡村改革发展机制，木寨村先后获评省级民主法治示范村、“四在农家·美丽乡村”省级示范点、中国少数民族特色村寨。三是基层创新探路。出台《毕节市改革创新奖评选办法（试行）》，激励基层大胆改革、创新探路。对获评年度创新奖的项目，给予一定资金奖励，在获奖单位年度目标考核总分中加3～5分，并适时推广。到2019年8月，全市已推广基层改革创新经验36项。例如，七星关区信访局创新信访事项“公道评说”机制，荣获2017年度全市“改革创新奖”，市级层面出台《毕节市推广信访事项“公道评说”机制实施方案》并予以推广；黔西县金碧镇杨家店村杨勇专业合作社探索的“五联”促“三变”机制反响良好，经总结完善形成《毕节市开展“三变+五联”产业发展模式试点工作方案》并在全市实施，为农业产业革命奠定了良好基础。

开门督促调度，推动改革落地。一是室内审议与现场检视相衔接。建立“室内会议审议改革方案、现场会议检视推进情况”的工作机制，选择一些堵点、难点、痛点较多的改革事项，适时召开现场会进行“回头看”，检视改革部署落实情况。如2017年7月市委全面深化改革领导小组第36次会议审议通过学习“塘约经验”、“1+7”改革方案后，2018年4月专题召开“回头看”会议，对县区落实情况进行集中调研，查找存在的问题，细化整改措施，确保落地落实。截至2019年8月全市建成学习“塘约经验”精品示范村10个，529个深度贫困村党支部领办合作社全覆盖。二是重点观摩与县际交流相结合。选择个别县区作为重点观摩对象，采取“实地观摩+现场办公”方式，帮助找差距、补短板、增动力。如2017年11月，为解决部分群众“精神贫困”问题，市委深改委在黔西县大关镇召开“新时代农民讲习所”建设改革现场会，提出讲习阵地“便民化”、内容“菜单化”、队伍“多样化”、机制“常态化”等改革举措，新华社、《人民日报》、中央电视台《焦点访谈》相继报道，黔西县因此荣获2018年度全国脱贫攻坚“组织创新奖”。同时，选取全市普遍推进的改革事项，组织开展跨县区连线带片观摩，让各县区及有关部门参会同志比担当、比作为、比成效，交流互鉴、取长补短。如2017年7月召开农村基层组织建设改革现场会，沿毕威高速观摩七星关区、赫章县5个村基层组织建设情况，县区负责人现场发言，市领导当面点评，会后形成的《毕节市“五力破五化”助推基层党建水平新提升》改革案例被《贵州改革情况交流》刊用。三是激励先进与督促后进相统筹。建立“抓两头带中间”常态化推进机制，防止“眉毛胡子一把抓”“干好干坏一个样”。对改革工作推进快、见效好的地方，通过组织召开现场会学习推广，并采取通报表扬、以奖代补等方式予以激励。如大方县猫场镇箐口村，积极探索乡村振兴“酿蜜模式”，两年间从省级深度贫困村跃为全省“十县百乡千村”示范村，市委深改委于2019年5月在该村召开现场会推广其经验做法。对改革工作滞后的地方，采取现场督查推进会议方式进行集中督导，倒逼改革落地。如2019年3月选择城市社区建设改革相对滞后的赫章、威宁两县，召开现场督查推进会议，促使两县加大工作力度、扭转被动局面。

开门评估问效，检验改革成色。一是现场述职。建立重点改革事项牵头单位、责任单位、试点单位“一把手”现场述职制度，在深改现场会议上对改革事项主要做法成效、存在问题和下步打算进行述职汇报，展示改革成果、明确努力方向。2019年8月，市委深改委现场会已先后听取牵头单位、责任单位、试点单位“一把手”对脱贫攻坚、教育医疗、基层党建、乡村振兴、社区建设、基层治理等领域改革工作情况述职汇报24人次。二是群众打分。围绕事关民生福祉的改革事项，邀请“两代表一委员”、群众代表、媒体工作者等对改革成效进行座谈评议，让基层评判，让群众打分，做到“改革获得感，群众说了算”。2019年8月，组织人大代表、政协委员、社区居民、理论研究人员、媒体人士等代表41人，到七星关、纳雍等县区，通过观摩、座谈，围绕社区建设组织机构、工作队伍、规章制度、工作成效等改革内容进行评议和测评打分，平均得分98.7分，赢得普遍赞誉。三是社会评价。以省委改革办每年组织的改革工作第三方评估为契机，做好第三方评估工作，科学评估改革工作，系统掌握全面深化改革进展情况和实施效果。2018年，全市改革工作第三方评估成绩94.46分，列全省第一。网民对“贵州改革”微信公众号推送的毕节改革案例和动态信息积极进行点击评论，单条最高点赞量超2万人次。用好网络评选平台，组织参与全省年度改革优秀案例网络评选活动，已有12个案例入选全省优秀改革案例，5个案例入选专家特别推荐案例，入选案例总数连续两年列全省第一。①

---

① 毕节市委改革办：《开门搞改革的毕节实战》，《毕节试验区改革发展》2019年第8期，第6~10页。

2. 创建国家公共文化服务体系示范区

毕节市以创建国家公共文化服务体系示范区为契机，以公共文化服务均衡发展助力脱贫攻坚为重点，在夯实基础、搭建平台、兴办产业、惠及民生等方面下功夫，推动公共文化服务取得长足进步，基本服务项目从5218个增加到12465个，老百姓文化获得感不断增强。2019年3月，毕节市被文化和旅游部、财政部命名为“第三批国家公共文化服务体系示范区”。

“三化”强基础。一是全域化建阵地。按照市级中心馆、县级总馆、乡镇分馆、村级服务点“四位一体”框架，加大市、县两级财政投入，引导社会资金34.74亿元，争取民主党派文化扶贫“同心工程”资金1.12亿元，完善公共文化服务基础设施。全市9个图书馆、9个文化馆均达到部颁三级以上标准，乡镇综合文化站、村综合性文化服务中心全覆盖，乡村文体广场覆盖率达82.3%。针对部分乡镇—社区资源较为集中、区域交通便利、业务水平较高、辐射带动能力较强的实际，打破行政区划界线，在有条件的乡镇或社区建立“区域性分馆”，推动文化资源共建共享。到2019年4月，已建成乡镇区域性分馆24个、社区区域性分馆72个。二是多元化强队伍。按照“市级统筹设计、县级培训指导、乡级招募考核、村级管理使用”原则，通过政府购买服务方式，每年安排财政资金3500余万元，优先考虑具有一定文化水平的建档立卡贫困户，招募村级文化管理员3648名，人均每月补贴800元。鼓励民间文化能人、非物质文化遗产传承人、离任村干部、退休教师、退休干部职工、退伍军人、文艺爱好者等文化能人加入文化志愿者队伍，组建村级文艺宣传队11482支。超过10万名农村文艺骨干通过“身边人说身边事”宣传党和国家方针政策，为脱贫攻坚加油鼓劲。三是特色化塑品牌。发挥同心文化、民族民间文化、红色文化、历史文化等资源优势，通过“文化+”，开发文化产品，打造精品剧目，让文化在旅游、演艺、影视等业态中发挥“点石成金”作用，塑造区域文化品牌。到2019年4月，已有市级品牌服务项目12个、县级品牌服务项目31个、乡村特色文化活动品牌266个，并形成以黔西观音洞遗址为代表的史前文化、以赫章可乐国家考古遗址公园为代表的夜郎文化、以大方慕俄格古城为代表的古彝文化、以七星关鸡鸣三省会议旧址为代表的红色文化等特色品牌。

“三云”搭平台。一是打造毕节“文化云”。整合市级文化馆、图书馆、博物馆、非遗馆、美术馆“五馆”数字资源和地方特色文化资源，建设“毕节文化云”平台和数字文化体验中心，通过网站、手机 App、微信公众号和线下终端的形式，为群众提供“一站式”信息公告、场馆预约、活动组织、品牌推介等公共文化服务。目前，已实现市县乡村数字文化设施和无线 WiFi 全覆盖，建成“毕节文化云”数字服务平台和全省首个数字虚拟博物馆。二是定制专属“广电云”。与省广电网络公司合作实施广电云“户户用”工程，在提供 85 套以上数字广播电视节目的基本公共文化服务基础上，通过政策引导、企业运作等多种方式，建立以市场为主导的运营机制，为群众、政府、企业和社会提供多内容多层次多方式多业态的基本公共文化服务和个性化拓展服务。全市已实现“村村通”向“户户用”升级，对建档立卡贫困户实行收视费全免，新增“户户用”有线电视农村用户 50 万户。三是联通贵州“文化云”。推动“毕节文化云”与“多彩贵州文化云”相互连通，各级文化服务直接连通家庭屏幕终端，突破时空限制，让群众通过直播、点播等形式享受到全省乃至全国优秀的公共文化服务产品。已向全市各乡镇综合文化站发放效能远程管理系统软件，打通了公共文化服务“最后一公里”，为广大人民群众享受到互联互通、方便快捷的公共文化服务提供了保障。

“三动”兴产业。一是“古城”撬动。开展以古城、古镇、古寨、古驿道、古建筑“五古”为核心内容的历史文化发掘行动，将夜郎文明、古彝文明、水西文化和奢香文化等毕节特有的历史文化元素，融合到城镇化、新农村建设等各项建设之中。整合利用各类项目资金，相继建成大方慕俄格古城、黔西水西古城、织金古城、威宁乌撒古城、金沙贡茶古镇等一批文化景区，在延续城市历史记忆的同时，带动周边文化产业发展。大方县以慕俄格古城、奢香博物馆为主线，建设奢香文化公园、奢香文化酒店、奢香文教设施，以及奢香饮食文化功能设施，打造了集文化、旅游、娱乐为一体的特色文化小镇。二是“园区”推动。坚持文化产业项目与脱贫攻坚有机结合，以文化产业园区为抓手，推动文创街区、文创小镇、文创社区等为载体的文化产业集群化发展。在推进毕节同心文化博览园、大方古彝文化产业园、大方漆器文化旅游创意产业园、黔西非遗文化传承园、百里杜鹃生态康养体验园、金海湖影视动漫产业园6个市级文化产业园建设的基础上，新规划建设9个县级文化产业园、11个文特小镇和8个文化产业孵化园。采取园区集中孵化、精简行政审批、开辟绿色通道、奖励性引导、政策性鼓励和“个转企”等方式，促进各类文化市场主体加快发展。截至2019年5月，全市已有文化个体工商户5085个，文化企业2113个，规模以上文化企业93个。三是“走廊”带动。抓住毕节被纳入国家“藏羌彝文化产业走廊总体规划”核心区的机遇，围绕“古彝圣地、文化高地、走廊要地”这一定位，以发展文化旅游业为龙头，搭建文化产业展示平台、交流平台、交易平台、合作平台，拓展民族演艺、民族节庆会展、民族出版、民族民间工艺品生产加工、民族食品生产加工及包装、民族户外休闲运动、民族传统医药7大重点领域产业。仅2016年举办首届藏羌彝走廊·彝族文化产业博览会期间就成功签约文化产业项目20个，签约金额128.6亿元。

“三式”惠民生。一是“问需式”推进文化惠民。建立公共文化服务群众需求征集和评价反馈制度，对农家书屋书籍配送、农村电影放映等实行问需式供给。从2017年开始，将农家书屋书籍的采购、配送权下放，由村民、村干部、乡村教师等推荐书目，县级文化部门按需采购、精准配送，全市年人均到馆次数从2015年0.38次提高到2018年0.66次。转变农村电影放映方式，试行“百姓点单”模式，2018年农村公益电影观影人次比上年增长1.3倍。发挥文化馆总分馆功效，由乡镇分馆根据群众需求，统一调配最受群众欢迎的文艺节目进行交流配送，实现每个行政村每年观看文艺演出不少于3场。二是“互动式”推进文化利民。完善文化讲习和培训机制，用好新时代农民（市民）讲习所等平台，围绕毕节历史文化、公共文化服务效能、文化遗产保护与利用、文化扶贫等开展“互动式”讲习。到2019年4月，已遴选120名市县级文化系统干部作为文化讲习员，发展798名乡镇文化工作者和3600多名村级文化管理员作为讲习员或联络员，与群众面对面开展文化讲习。深入开展非遗申报，非遗传承人保护、培训等基础性工作，到2019年4月已培训纳雍、赫章、威宁等县区非遗传承人100余人。三是“开放式”推进文化便民。建立公共文化服务场所、村社公共空间综合利用机制，鼓励文化、体育、教育等设施向社会开放，满足广大群众文化生活需求。到2019年4月，全市3935个公共文化服务场所向社会免费开放，免费开放文化设施面积从创建前的203.15万平方米增加到389.39万平方米，年服务人次超过1000万人次。村（社区）级层面通过开放“书香书屋”“文化驿站”等功能室，配备阅读机等设施设备，实现了资源共享。同时，县乡文化馆、图书馆配备流动服务车，有计划开展流动图书借阅、摄影大篷车流动展览等服务，推进了基层文化繁荣发展。[①]

### （三）脱贫攻坚强力推进，全面小康任务有望达成

2019年以来，毕节市坚持问题导向、主体导向、过程导向、结果导向，全力整治驻村帮扶不扎实、扶贫资金管理使用不规范、脱贫攻坚政策落实不到位、“攻坚打法”不精准、东西部扶贫协作有差距等“五个专项治理”突出问题。截至2019年9月，国家2018年扶贫开发工作成效考核反馈涉及毕节的19个问题全部整改完成，市级对照排查并报省备案的191个问题整改完成181个、整改完成率94.76%。

问题导向瞄靶子。一是举一反三排查问题。围绕国家考核反馈涉及毕节的问题，举一反三对照排查，发现扶贫资金管理使用方面资金使用不精准、统筹整合不到位、小额信贷还款逾期等问题140个；脱贫攻坚政策落实方面标准把握不准、“三保障”落实不到位等问题49个；驻村帮扶方面队伍不强、作用发挥不好等问题2个；东西部扶贫协作方面机遇意识不强、合作对接不力等问题8个；“攻坚打法”不精准方面聚焦深度贫困不精准、实施分类帮扶不精准、农村产业结构调整不精准等问题49个。二是横边纵底找准

① 吴道明：《毕节市“四个三”创建国家公共文化服务体系示范区》，《毕节试验区改革发展》2019年第4期，第7～10页。

问题。市级由市委组织部、市财政局、市扶贫办、市对广办分别牵头，组织163个市直单位开展自查自纠；县区比照市级做法，组织县（区）直单位和乡村全面开展问题自查。通过横到边纵到底的拉网式排查，全市10个县区264个乡镇3159个行政村实现问题排查全覆盖。到2019年9月，市县乡村已组织4.2万余名干部参与问题大排查，走访群众56万户222.4万人次。三是刨根问底深挖问题。针对存在的问题，顺藤摸瓜、深挖细查，抓住关键节点，找准症结所在。比如，广州江楠集团在毕节投资产业扶贫项目推进较缓的问题，通过专题调研发现，主要是沟通对接不够到位，部分项目用地为普通用地或非建设用地，用地手续程序复杂，加之基础配套不足等因素，影响了项目推进。截至2019年9月，该项目仅在威宁县和金海湖新区有实质性进展，但成效也还不明显，其中威宁县规划于2017～2019年建成蔬菜核心基地1.5万亩，现实际种植面积只有8000亩。

主体导向严整改。一是突出“联县帮乡驻村入户”。由市委、市政府主要领导挂帅，明确6名市委常委每两人一组分别联系3个深度贫困县，其他市领导分别帮扶1个贫困乡镇，实现市委领导联系深度贫困县和市领导帮扶贫困乡镇全覆盖。深度贫困县均明确1名副县级以上干部和市、县帮扶部门共同对所辖乡镇实行定点包干帮扶。市县乡共选派2531名干部，进驻帮扶全市529个深度贫困村和贫困发生率高于10%的贫困村。二是实行“一个问题一个方案”。由牵头部门分别制定“五个专项治理”工作方案及其子方案，深入剖析问题，细化治理步骤和工作措施，扎实推进问题整改。如针对驻村帮扶不扎实，增派139个市直单位103名干部，新增组建168个驻村工作组到3个深度贫困县开展定点帮扶，发放《驻村工作口袋书》1.1万本，对驻村干部进行全员培训，推动全市驻村干部帮助群众解决问题1.3万个、协调项目391个、争取资金6100万元、参与引进企业55个、指导成立合作社544个。三是建立落实“四项工作清单”。建立到户工作清单、产业扶贫清单、就业扶贫清单、档案资料清单，定期开展“回头看”，及时对照清单研究解决重点难点问题。到2019年9月，到户工作方面，市领导遍访贫困发生率30%以上的贫困村53个，县区党政主要领导遍访贫困发生率20%以上的贫困村172个，乡镇党政主要领导遍访所有贫困户，驻村干部遍访群众48万户；产业扶贫方面，整改存在问题9个；就业扶贫方面，开展技能培训9097人次，举办招聘活动14次，提供就业岗位5.14万个。

过程导向强调度。一是领导领衔调度。对整改进度慢或整改难度大的问题，由市委、市政府主要领导及专项治理工作的牵头市领导领衔调度。截至2019年9月，市委、市政府主要领导已先后6次调度专项治理工作，深入脱贫攻坚一线调研“两不愁三保障”、扶贫资金直补等工作28次。针对暗访调研中发现的问题，由市扶贫开发领导小组办公室发出提示通知22次，高频度推进整改落实。二是专班统筹调度。在专项治理总专班下设5个专项专班，由相关分管市领导任专班组长，每个专班均明确牵头单位、责任单位及责任领导，负责对专项治理工作进行统筹调度。到2019年9月，5个专班已累计调度8次，发出通报14期。其中，“东西部扶贫协作有差距”治理专班通过调度，推动东西部扶贫协作2017年度、2018年度项目于7月30日前全部完工报账，2019年度58个项目全部开工、已报账4967.32万元。三是部门牵头调度。由牵头单位对责任单位进行“半月一调度”，协调推进专项治理。其中，市委组织部开展驻村帮扶不扎实专项治理实地调度4次；市扶贫办、市财政局、市金融办等部门联合开展扶贫资金使用不规范问题实地调度2次；市督查考核局联合住建局等部门，对政策落实不到位等问题整改开展实地调度5次。

结果导向重落实。一是台账管理倒逼。针对政策落实不到位等重点问题，分类建立整改台账，倒逼问题整改有着落、有回音、有成效。针对政策把握不精准问题，对排查出的14234户25964人已全部建立台账。针对金融扶贫政策落实不到位问题，对排查出的“户贷企用”项目或企业54个，涉及扶贫小额信贷2087笔贷款余额9826.1万元，分类建立台账7个；对面临还款困难的农户5570户，发展产业失败的1460户，发展产业效益不好的3163户，“自贷自用”资金用于建房买房、家庭消费和婚丧嫁娶等非生产性支出的125户，分类建立台账12个。二是提级研判联动。按照“乡村每周汇总一次、县区每月会商一次、市级每季度研判一次”的要求，实行重大问题自下而上提级研判，促使基层“干不了”的难题得以逐级上报研究解决。自 2019 年 8 月以来，县区层面已统筹解决乡镇无力处理的问题 40 余个。如赫章县针对个别群众未在指定医疗机构就医、无法享受“三重医疗保障”政策的问题，通过与相关保险公司协商及落实兜底政策等方式进行了妥善处理。三是奖惩激励推进。建立脱贫攻坚一线干部激励关怀机制，落实驻村干部生活补助、购买保险、健康体检、浮动工资、边远津贴等政策。市县组织部门及派出单位与驻村人员谈心谈话 1.25 万人次，走访驻村干部家庭 2000 余户，提拔重用村第一书记和驻村干部 51 人，376 人获省市县脱贫攻坚先进表彰。同时，强化监督检查和追责问责，对 5 名县区扶贫办主要负责人进行约谈或诫勉谈话，给予 8 名失职失责的乡村干部警告或严重警告处分，对 437 名村党组织书记、80 名村主任和 10 名村第一书记进行调整，281 名作用发挥不到位的驻村干部被问责。①

### （四）贯彻新发展理念试验区建设全面铺开

1. 农商互联转型升级发展

目前，毕节市各县区推进农商互联已具备初步条件，但仍处于起步阶段，特别是在推进过程中面临的一些问题，必须认真对待，通过落实一系列举措，推进农商联动，发挥流通对生产的先导性作用，提升农产品的供需匹配度，倒逼和带动种养业转型升级。

畅通了销售渠道。七星关区通过引进贵州省农商联动科技有限公司，与区政府平台公司合作组建毕节农商联动发展有限公司。农商联动公司的组建，连接了供给和市场两端，覆盖农产品种养加工、检验检测、质量分级、标识包装、冷链物流、批发零售等各环节，建立起了上联生产、下联消费的新型农产品供应链。以朱昌、鸭池、田坝等 5 个乡镇为试点，依托农商联动公司的中央厨房（净菜配送中心），为 5 个乡镇 74 所学校供应营养餐食材，

---

① 贾秀元：《毕节市四导向抓实脱贫攻坚五个专项治理》，《毕节试验区改革发展》2019 年第 9 期，第 16～18 页。

并将7个区直部门机关食堂纳入配送范围。农商联动公司根据季节食材需求，提前与合作社签订种植协议（订单），实行保底收购。目前，农商联动公司已同15家当地农业合作组织签订长期购销合同、采购协议。这一模式与传统的先生产、后找市场的做法相比，以市场需求量决定生产数量，避免了农产品的盲目生产，畅通了农产品流通渠道，实现了“以销定产”“以销促产”。

降低了流通成本。通过引导种植大户、专业合作社或农商联动企业领办等方式，为学校与合作社对接牵线搭桥，实现从田间到市场的直供直销，最大限度减少了中间环节，降低了农产品流通成本。同时，以农商联动公司为引领，按照统一分选加工、检验检测、包装配送，建立集生鲜配送、冷藏仓储、安全监测、信息采集、中央厨房等功能于一体的农产品冷链物流配送中心，降低农产品流通成本。初步测算，通过集中统一配送推动农产品流通成本平均降低10%～15%。

提高了质量安全。七星关区农商联动公司通过与浙江甲骨文超级码有限公司合作，建立农产品溯源监管云平台，利用防伪二维码为每件农产品建立唯一的身份标识，打造“农产品身份证”，把好基地预前检测、流通环节检测、加工环节检测和销售终端检测4道关口，对农产品从生产、加工到流通进行全程追溯，实现农产品源头可追溯、流向可跟踪、信息可查询、责任可追究。目前，已在七星关区20余家农业龙头企业推广应用。2018年通过全国农产品质量安全县创建验收，全区申报25家企业35个产品的无公害农产品认证，认证面积21.25万亩。

强化了基础设施。在农商互联的引领和推动下，七星关区围绕“联设施”“联标准”，着力加快流通体系建设，取得了明显效果。到2018年，全区新建农产品物流配送中心和冷库26个，新增库容1.69万吨。正在建设的石桥边冷链物流园区总投资1.95亿元，建成后将新增库容2万吨。初步统计，财政资金投入带动约10倍以上的企业投入。农商联动公司投入资金1200万元，建成标准厂房1.2万平方米，加工生产线3条，建设总库容90吨的冷藏库4个，购置冷藏车18辆。

促进了农民增收。七星关区依托“四配”（学校配、机关配、社会配、社区配）形成的市场资源，助力和倒逼农业产业结构调整，促进了农民增收。2018 年，七星关区围绕“532”农业产业布局，大力发展刺梨、茶叶、蔬菜三大主导产业，新增种植刺梨 8 万亩、茶叶 6 万亩、蔬菜 5 万亩、其他经济作物 14 万亩，调减玉米种植面积 33 万亩。2019 年，七星关区以 10 个 500 亩以上坝区为重点，计划再调减传统低效玉米种植面积 17 万亩。通过订单生产、按需生产，朱昌、鸭池等 5 个试点乡镇均建立了基地市场和贫困农户的利益联结机制。农商互联试点启动以来，带动农民专业合作社 50 余家，辐射带动贫困户 823 户 2645 人，参与农商互联的农户年均增收 1500 元。

2. 文化产业改革发展的探索与实践

2017 年以来，毕节市探索创新“系统化、实化体、同步化、多元化”文化体制改革举措，全力推动文化产业高质量发展。探索创建农民脱贫攻坚讲习所，把支部建在自然村寨、村民组、产业链等改革，得到习近平总书记的充分肯定，习近平总书记指出“新时代农民讲习所，赋予它新的内涵，这是创新”。据贵州省统计局 2018 年数据，毕节市文化产业增加值占 GDP 比重达 2.81%，同比增长 82%，排全省第 6 位。

“系统化”提升改革政策设计动力。一是“梯度式”配套。坚持逐个击破、梯度推进，综合提出“第一年定方向、强保障，第二年抓重点、促提升，第三年抓配套、重突破”的“三年会战”改革蓝图，稳步推进文化体制改革和其他方面改革工作。2017 年提出“文化产业助力脱贫攻坚”、“1+3”改革机制。2018 年提出“推动国有文化企业‘双效统一’”、“1+3”改革框架。2019 年提出推进“深化市属国有文化企业薪酬绩效改革”专题。并根据新形势新情况新任务，适时谋划实施了“新时代农民（市民）讲习所助推脱贫攻坚”等改革专题。二是“多方式”聚智。坚持运用调查研究这一“传家宝”搞清楚“改什么、怎么改”，以专项小组名义召集会议，要求各专题组、有关单位结合实际，开展负责领域内调研，拟定改革议题，提请市委深改委研究是否纳入全市改革工作“大盘子”加以统筹。充分运用征集意见、专题小组讨论、网络留言、行业专家座谈等方式，向各有关单位和部门及群众收集意见建议40余条并加以转换在改革课题中。自2017年以来成功将“文化产业助推脱贫攻坚”“深化国有文化企业改革推动‘双效统一’”“深化市属国有文化企业薪酬绩效改革”“新时代农民（市民）讲习所助推脱贫攻坚”等4项改革专题纳入市委全面深化改革年度工作要点。三是“规范式”审议。按照《专题改革工作流程管理规定》，扎实做好议题方案前期工作，改革方案在深入调研起草的基础上，还明确规定以专项小组名义提请市委深改委会议研究的方案，需经专项小组组长研究把关后再提请上会，涉及政府方面的改革事宜须提交市政府专题会、常务会议审议同意，并通过文件合法性审核后，才能提请市委深改委会议审议。

“实体化”推进改革举措落地落实。一是领导领衔推动。按照市领导分管业务与主抓改革“一岗双责”“管改一体”及市领导领衔推动分管或联系领域的改革事项工作制度，文化体制改革和精神文明建设改革专项小组组长至少领衔一项以上改革项目或重大事项，对改革项目的资金筹措、人员优化、资源整合等方面予以协调和支持，助推“示范效应”最大化。目前，文化体制改革和精神文明建设专项小组组长已牵头领衔推动“文化旅游市场行政综合执法”改革项目和全市茶产业高质量发展2个重大改革课题。二是项目包装拉动。按照“产业文化化、文化产业化”的导向，在推进“文化产业助力脱贫攻坚”、“1+3”改革专题中，以包装优质项目、招引特色项目、跟踪在建项目为依托，将“1+3”改革专题意见细化为52条办法举措，合理分配给29家市直单位和10个县（区），确保改革政策向纵深推进。目前，全市谋划包装了40个高效优质的特色精品项目，招引推动黔西县莲城金街文创街区、织金县《丁宝桢》电视剧拍摄等大型项目落地，跟踪建成七星关鸡鸣三省景区和同心文化产业园、大方顺德广场文化街区及织金古城等重大文化产业项目。三是样板示范带动。以“大党建”为统领创新抓典型抓示范，以脱贫攻坚帮扶联系点纳雍县羊场乡戈落村为“试验点”打造文化产业扶贫“示范点”，在全市选择6个少数民族贫困村作为文化企业帮扶贫困村助力脱贫攻坚工作试点村，使“试验”变“示范”、“试点”

变“样板”，不断释放改革红利外溢效应。目前，纳雍县羊场乡戈落村通过文化企业带动，为每个贫困群众年均提高了500元纯收入。织金县官寨乡、茶店乡苗族同胞与唯品会电商平台达成1000万元的蜡染刺绣产品合作，助力了贫困群众脱贫致富。

“同步化”形成改革督促检查合力。一是日常检查与领导抽查相结合。建立改革单位日常检查和专题组对改革事项推进情况抽查“双结合”机制，要求承担改革专题事项的直接部门、有关单位按照改革方案分工要求、强化日常业务指导和督促检查，明确专题组组长和专项小组组长要采取专题抽查、随机抽查等多种形式，对所联系或分管的改革专题工作开展情况进行查探，帮助解决改革推进过程中的睹点难点盲点。2019年以来，对4家国有文化企业推进国有文化企业党建工作开展指导8次以上，开展改革业务指导4次以上。二是室内调度与室外观摩相衔接。坚持室内会议调度与室外观摩调研相衔接，按季度召开室内会议调度安排推进改革工作，按年度召开“现场观摩会”把改革方法论和措施搬到农村、社区、园区，促进涉及文化体制改革部门及各县（区）找差距、比进度，把疑难问题解决在现场。2018年以来，市文化体制改革领导小组办公室召开调度会议15次，2018年和2019年连续两年召开全市文化产业项目观摩会。三是激励先进与督促后进相统筹。建立“抓两头、带中间”常态化推进机制，将文化产业发展专项资金由原来的每年500万元提高到每年2000万元，对助推改革工作带动好、落实好、见效好的文化企业采取通报表扬等方式予以激励，对改革工作滞后的单位通过现场督查等方式进行集中督导，实现改革举措一体推进、一体落实。2019年11月在百里杜鹃管理区召开的全市文化产业项目观摩会上，对推动文化产业项目建设较好的织金县、百里杜鹃管理区给予通报表扬，推动文化产业项目相对滞后的威宁自治县做了表态发言。

“多元化”评估叩问检验改革成色。一是深改述职“打分”。按照市委深改委建立的重点改革事项牵头单位、责任单位、试点单位“一把手”现场述职制度，在市委深改委会议上对牵头推进的改革事项进行述职汇报，展示改革成果、明确下步改革方向。截至2019年9月，文化体制改革和精神文明建设专项小组针对新时代农民（市民）讲习所“1 +5”改革专题、“文化产业助力脱贫攻坚”、“1 +3”改革专题等领域改革工作情况进行述职汇报3次，接受会议“打分”并获取肯定。二是群众体验“给分”。围绕推进的改革事项，充分利用板凳会、院坝会、群众会等方式，邀请群众代表、“两代表一委员”、乡贤寨老、媒体工作者、返乡人士、农村党员、致富带头人、群众代表等对改革成效进行体验测评，检验改革效果。七星关区适时组织了300余名群众代表，在七星关区碧海街道办事处砂锅寨社区，开展体验式“冬季充电”深化农村产业革命主题大讲习活动。三是网络平台“亮分”。充分借助“贵州改革”、“毕节改革”、《毕节试验区改革发展》等平台作用，积极向平台报送工作动态、典型经验及改革案例，组织参与贵州省年度改革优秀案例网络评选活动，吸引网民支持改革、宣传改革，促使一批立得住、叫得响、推得开的典型经验不断扩大外溢效应。《毕节市探索创建“新时代农民讲习所”助推脱贫攻坚》获2017年度贵州全面深化改革优秀案例。

### （五）生态建设逐步推动绿色发展

近年来，毕节市林业系统采取有力措施，全方位推动林业建设，为全市加快绿色发展打下坚实基础。

坚持“三个结合”搞好布局。一是坚持政府引导和群众意愿相结合。制定《毕节市“十大林业产业基地”实施方案》，充分尊重群众意愿，坚持规划引领、政府引导，优化林业产业结构，推动市场需求与群众意愿有效对接，重点打造核桃、油茶、樱桃、刺梨、皂角、苹果、竹产业、生态茶园、花卉苗木和其他精品果业为主的“十大林业产业集群”。二是坚持主体培育与群众参与相结合。制定出台产业结构调整奖励办法，加快培育和引进龙头企业，建立“村社一体”等新型农村经济组织，大力推广“公司+基地+农户”“专业合作组织+基地+农户”等经营模式，让群众充分参与发展生态产业。三是坚持精品示范与引领群众发展相结合。督促落实各县（区）党政主要领导和分管领导抓好5000亩以上、各乡（镇）党政主要领导和行政分管领导抓好1000亩以上示范点建设。示范点在特色产业培育、建设质量标准、配套设施建设等方面为群众做表率、树标杆。

注重“四种模式”抓好实施。一是政府出资造林。各县（区）抢抓产业结构调整机遇，加大财政投入，扶持种植特色经果林。金沙县参照新一轮退耕还林标准，将全县25度以上坡耕地全部实施退耕还林，种植经果林6.75万亩。二是平台融资造林。各县（区）均组建林投公司平台，积极对接金融资本，用好用活脱贫攻坚产业子基金发展经济林建设。七星关区融资4.4亿元用于经济林管理与基础设施建设，赫章县融资6亿元发展苹果经济林6万亩。三是招商引资造林。开展林业招商引资，引导企业、种植大户等市场主体参与造林绿化。金沙县依托“中国贡茶之乡”品牌效应，引进浙江露笑集团，采取“集团公司+村集体股份经济合作社+农户”发展模式，投资建设茶叶基地20万亩。四是社会出资造林。按照“谁栽植、谁管护、谁受益”原则，鼓励和吸引企业、合作社、承包大户等社会资本参与造林绿化。黔西县水西樱花旅游公司采用企业全额投资，栽植樱花大苗2000亩。

破解“三个难题”促进转型。一是破解造林用地难题。创新保底分红、返租倒包、入股经营、自主发展等多种机制，推动各类土地资源顺畅流转、入股，破解种植结构调整所需用地难题。二是破解集中连片难题。坚持“点、线、片”结合，在全市建成一批面积千亩专业村、万亩示范乡、10万亩以上产业带，以点带线、连线成片，全面推进产业示范基地建设。威宁自治县规划建设10万亩以上苹果产业带，沿都香高速公路上的猴场、迤那、牛棚、中水等乡（镇），高标准、高起点、高规范建设苹果基地精品示范带。三是破解造林管护难题。强化教育培训和管理，充分发挥生态护林员作用，聘用护林员10661名（其中，建档立卡贫困人口生态护林员7548名），将新造林地纳入管护范围，实现森林管护全覆盖。

狠抓“四个到位”强化保障。一是组织领导到位。市委、市政府强化组织保障，建立退耕还林管理责任制，出台了《退耕还林考核管理办法》，市委书记、市长亲自到国家和省级林业部门汇报争取项目。市级层面制定了

100万亩皂角、50万亩刺梨、100万亩茶叶产业推进方案。二是责任落实到位。结合全市可实施退耕还林地块和石漠化耕地资源情况，将造林绿化任务分解到县、乡，层层签订责任书落实目标任务。三是技术指导到位。建立有关工作制度，将造林技术指导任务落实到人，切实开展指导，强化过程管理。四是督导考核到位。按照“月排名、季考核、年总评”的督查考核办法，每月对包括造林绿化在内的县区农业产业结构调整推进情况进行排名通报，督促各县区在争比进位中加快造林绿化步伐。①

## 二　毕节试验区改革发展存在的问题

### （一）经济总量不大，人均GDP过低，人均财政收入低，导致区域总体贫困尚存

毕节试验区当下存在贫困人口较多、贫困程度较深问题，易地扶贫搬迁和总体经济发展水平较低。

项目推进不平衡。截至2019年6月30日，只有大方、黔西、织金、纳雍、百里杜鹃、金海湖6个县（区）全部搬迁入住，七星关区和金沙县入住率分别为88.35%、80.03%。2018年项目中，全市还有3891套安置房装修未完工，安置房装修进度为81.62%。2018年新增4万人项目中，七星关区梨树安置点（幸福小镇）房屋主体共87栋，正进行主体施工33栋；威宁祥和佳苑二期房屋形象进度仅16.4%。

“搬出不易、留下更难”。各安置点反映，移民搬迁最难做的工作是思想动员，特别是边远的少数民族村寨群众和无就业、50岁以上群众不愿意搬出故地。多数群众入住后，从“喝自己挑的水，吃自己种的菜”向“喝点水、吃点葱都要花钱”转变，在城镇承载产业和就业压力不足、农村“三块地”没有得到有效盘活的情况下，部分搬迁群众感到城市生活压力较

① 毕节市林业局：《毕节市加快林业建设推动绿色发展》，《毕节试验区改革发展》2019年第1期，第9～10页。

大，面临“搬出不易、留下更难”的现实问题。比如，七星关区碧海阳光移民新城搬迁群众“回迁”人数达185人；金海湖新区响水乡陈某户搬迁入住锦绣金海不到2个月，就返回原居住地。

社会治理面临“三难”。一是融入难。搬迁群众文化程度普遍偏低，难以适应新环境、新生活、新工作。截至2019年6月30日，七星关区柏杨林安置点有34人次出门后无法找到自己住处，有的甚至走失，派出所民警、社区干部帮助找回；有350人次因酗酒无法回家由社区干部送回；有17人次因精神有问题被送往医院救治；部分群众怕出门找不到回家的路而不愿出门。二是相处难。安置点群众来自不同地方，搬来后不适应新的生活环境，邻里矛盾突出。部分无业人员长期无所事事，易导致偷盗现象发生。比如，2019年6月上旬，柏杨林安置点王某某潜入搬迁户家中偷盗现金2000多元；部分搬迁户甚至偷盗附近居民菜地里的蔬菜。三是治理难。搬迁群众中，贫困户占81.8%，有的是身体残疾，有的是精神病患者，有的是长期酗酒，有的是因懒致贫。比如，七星关区碧海阳光移民新城、纳雍县城安置点、威宁自治县五里岗安置点分别有精神病、残疾人、长期酗酒等特殊群体1076人、922人、908人，这些群体从分散居住变为集中安置，社会风险隐患较大。

公共设施配套滞后。一是教育配套有缺口。全市搬迁的32.5万人中，有适龄学生7.73万人，需配套建设中小学、幼儿园138所，共需资金34.55亿元，到位17.94亿元，缺口16.61亿元。二是医疗机构不健全。根据安置点人口规模、周边医疗资源情况，全市易地扶贫搬迁安置点应设置医疗机构134个，截至2019年底已完成新改扩建126个、在建2个、拟建6个。全市有19个卫生服务站租用安置点房屋开展工作。三是综合设施有短板。按照省“1+7”文件要求，“安置点至少要设置一个综合性的社区服务站，面积不低于400平方米；设置街道办事处的安置点至少拥有一个综合性的社区服务中心，面积不低于800平方米；合理配置搬迁群众办理红白喜事场所”。但各县区城市安置点周边购物、文化、体育等便民设施短板比较突出。比如，七星关区柏杨林安置点公共服务用房面积小，社区“老年服务中心”

和“文体活动中心”未分开设置，只能满足30人左右同时活动，上百名老年人长期在户外无序活动。

培训就业不充分。一是人岗不匹配。培训针对性不强、不精准，部分群众培训只为获取务工补贴；部分群众期望值和实际技能之间存在较大差距，工资低的不想干，工资高的干不了；部分群众不适应企业的工作制度和纪律约束，宁要低保不要就业。比如，柏杨林安置点推荐2000人到七星关经开区奥丽依服装厂就业，仅147人成功就业；赫章县金银山社区安排10人到野马川园区就业，不到两天就全部离岗。二是高龄群众就业难。搬迁群众年龄偏大、文化程度普遍偏低，身患残疾或无业可就、无法离乡、无力脱贫人员占比大，思想观念、劳动技能难以达到企业用工标准。比如，赫章县金银山安置点45～60岁的有565人，就业85人，就业率仅15%。三是就业培训不充分。安置点搬迁群众大多是留守老人、妇女和小孩，组织实施技能培训难度大。

基层组织不完善。一是新增机构设置缓慢。全市拟申报新增街道15个，截至2019年6月30日，仅批复2个（七星关区柏杨林街道、黔西县锦绣街道），还有13个待省政府审批。拟设置社区44个，已设置33个，设置率为75%。二是基层党建短板突出。搬迁群众中党员数量少、年龄大、文化程度低，离任村干部、年轻党员群众、致富带头人等较少，从搬迁群众中培养社区干部队伍难度大。比如，七星关区柏杨林安置点已搬迁入住2.05万人，党员120人，占比仅为0.59%。三是管理力量薄弱。13个安置点还没有设置办事处，没有落实管理人员，干部服务管理跟不上。比如，金沙县光明小镇·幸福家园安置点共搬迁了9476人，但只有9名社区干部进行服务管理，服务能力和服务水平不能满足群众需求。①

### （二）城市化水平落后，经济发展核心与动力不足

城市功能有待进一步完善。一是公共服务设施建设滞后。近年来，虽然

① 李永喜：《毕节市易地扶贫搬迁后续发展工作研究》，《毕节试验区改革发展》2020年第1期，第30～33页。

毕节市公共服务设施建设力度不断加大，功能不断完善，但随着城市新区开发建设的深入推进，城市空间不断拓展，城市建成区常住人口迅猛增长，存在“老城区布局不优，新城区较为缺乏”的问题。同时，也存在单项功能考虑多、综合统筹欠缺等问题。在建设中存在重形象、轻功能的现象，发展不均衡不充分，实际供给能力严重不足，不能满足人民群众日益增长的美好生活的需求，严重影响人民群众的幸福指数和城市竞争实力。二是基础设施规划建设缺乏前瞻性。突出表现在建设城市道路时未同步规划修建地下综合管廊，造成二次建设，极大增加了基础设施建设费用。特别是许多新区建设，新建道路却未实施综合管廊建设。部分城镇污水垃圾处理设施建设结合实际不足，建成后运行情况不理想，尤其在中水回用方面利用率极低，集约型、生态型城市建设发展严重不足。三是海绵城市建设进展缓慢。多数县（区）对海绵城市建设重视不够，仍停留在口头上、汇报材料里，专项规划、资金筹备、项目建设等均无实质性进展。四是提升城市发展的重大项目进度较慢。城市轨道交通、高铁客运枢纽中心、毕节国际内陆港、归化水库等重大项目建设工作进展仍较慢，对于提升城市形象，打造区域中心城市发展目标影响较大。

房地产产业发展面临新挑战。一是过去很长一段时间以来，受各方面因素影响，政府将大宗成片、整块的土地分割挂牌，零星开发，其项目品质不高，开发结构单一，形成大量同质化的低端产品，导致当前已建楼盘配套设施、居住环境等较差，小区生活品质不高。二是在规划方面只注重控制容积率，没有控制密度，建筑密度过高，多为钢筋混凝土的建筑森林，居住环境难以改善，相关配套设施更是先天不足。目前，毕节市尚无一个规模大、品位高的小区楼盘。三是由于棚户区改造政策的强力拉动，毕节市房地产产业的开发投资、销售甚至固定资产投资等方面都是非常有利的，仍将处于卖方市场，但是到 2019 年以后，如果不提前研究新政策和新的发展路径，全市整个房地产市场活跃度将出现大幅下降。

小城镇建设投入力度不够。自 2013 年承办第二届全省小城镇建设发展大会以后，毕节市特色小城镇建设发展总体迟缓。各地重视不够，投入乏力，“8+X”项目不完善，镇村联动覆盖率较低，建设品质不高，风貌不突出，基础设施和公共服务设施离镇村联动共建共享的要求差距较大。小城镇建设引导资金投入不足。

## 三　毕节试验区改革发展的对策与建议

毕节试验区作为习仲勋、胡锦涛等老一辈政治家立足于探索西部欠发达地区现代化发展转型战略思考的国家级农村改革试验区，承载着为反贫困战略探索道路的重要使命，承载着“近期做示范，长远探路子”的重要责任，在历史发展方式转型的重要关口，有责任、有义务在实践新发展理念的毕节试验上做出有力的探索。

### （一）聚焦主旋律，贯彻新理念，以高质量改革推动高质量发展

我国经济已经从高速增长转向中高速增长，在新的一年，毕节试验区要以改革增添发展新动力、以改革增强干事积极性、以改革增进群众获得感。要提高政治站位牢记改革“必须为”，增强“四个意识”，坚定“四个自信”，做到“两个维护”，不折不扣地完成全面深化改革各项任务，让新发展理念在毕节落地生根、普遍实践。要聚焦重点关键坚持改革“务实为”，围绕事关全市发展的重大战略、影响经济持续健康发展的薄弱环节、制约社会和谐稳定的重点领域和人民群众关心期盼的热点问题，在实施上级部署的重点、落实各方安排的试点、推进自身谋划的要点工作中，拿出更多务实管用的硬招实招。要勇于担当尽责做到改革“亲力亲为”，各级领导干部要负起改革主体责任，带头认领本地区、本领域具有全局性、牵引性的重点难点改革任务，勇为改革负责，敢为改革拍板，善为改革用人，全方位、全过程、全身心抓改革，善始善终、善作善成。要讲究方法创新推动改革“善于为”，健全责任压实、方案调度、督导考核、落实问责、汇报述职等工作运行保障机制，善于使巧劲，适时鼓干劲，督促出实劲，以行之有效的工作方法增强改革落实力度。要强化示范引领助力改革“有所为”，突出重点、

集中精力做好经验总结、亮点打造、典型推介工作，通过“试验探索、复制推广、深化运用”，将改革实践中的鲜活经验转化为助推全市经济社会发展的新动力，推动改革工作以点带面、出新出彩。①

### （二）推动发挥工匠精神，通过重点领域改革突破引领新发展

毕节试验区各级各部门要把贯彻落实党的十八届三中全会部署的改革事项、党的十九大明确的改革举措和省委安排的改革任务作为重大政治责任，强化党的领导，发扬“工匠精神”，下足“绣花功夫”，以高站位、宽视野紧盯目标抓具体，聚焦重点抓深入，通过重点领域改革突破引领带动全局发展，为“打赢攻坚战、建设示范区”夯实基础。

要求学习中央全面深化改革委员会第六次会议精神，审议了《中共毕节市委全面深化改革委员会工作规则》《中共毕节市委全面深化改革委员会专项小组工作规则》《中共毕节市委全面深化改革委员会办公室工作细则》《中共毕节市委全面深化改革委员会成员领衔推进重大改革项目暂行办法》等改革工作运行制度文件，以及《毕节市贯彻落实〈贵州省教育综合改革方案〉实施意见》等“1＋2”改革文件和《毕节市全面推动预算绩效管理改革实施意见》等“1＋5”改革文件，安排部署下步工作。

将全面深化改革领导小组调整为委员会，是健全党对全面深化改革工作领导体制机制的一项重要举措。全市各级各部门要深刻认识设置全面深化改革委员会的重要意义，切实加强党对全面深化改革的统筹领导，建立健全工作运行制度，狠抓统筹协调、整体推进、督促落实，推动各级领导干部特别是委员会成员既挂帅也出征，亲自把方向、定方案，带头抓重点、推典型，确保各项改革任务不折不扣得到落实。

强调教育是最大的民生，教育改革事关群众切身利益，决定着教育的未来。要强化党的领导，加强和改进教育系统党的建设，牢牢把握党对教育工

① 吴道明：《周建琨在市委全面深化改革会议上的讲话》，《毕节试验区改革发展》2019 年第 1 期，第 5 页。

作的领导权。要聚焦立德树人，充分发挥课堂教学的主渠道作用、评价体系的催化剂作用、社会资源的助推器作用，全面提高育人水平，培养社会主义合格建设者和接班人。要回应社会关切，及时研究解决教育改革发展的重大问题和群众关心的热点问题，强化教育扶贫，统筹好“均衡推进”和“头雁引领”的关系，推动教育提质增效。要激发管理活力，探索现代教育治理体系，加快形成充满活力、富有效率、更加开放、有利于教育事业科学发展的体制机制。要夯实教育基础，进一步完善多元化投入、信息化武装、法治化保障等工作机制，为人民群众提供更高水平的普及教育、惠及全民的公平教育、更加丰富的优质教育。

指出预算绩效管理是政府绩效管理的重要组成部分，有助于提高政府管理效能，建设高效、责任、透明政府。要增强“花钱必问效、无效必问责”的绩效意识，按照“预算编制有目标、预算执行有监控、预算完成有评价、评价结果有应用”的要求，完善事前、事中、事后绩效管理机制，构建管理科学、运转高效的全过程预算绩效管理体系，提高防范化解财政风险能力，确保每一笔资金花得安全、用得高效。

### （三）以大党建为统领，按时打赢脱贫攻坚战

习近平总书记关于把毕节试验区建设成为贯彻新发展理念示范区的指示，是毕节试验区在新时代肩负的重大历史使命，是要把握关键、要聚焦“大党建”统领体系谋划改革。围绕建立健全“不忘初心、牢记使命”制度，推进各领域基层党组织标准化规范化建设工作机制，构建权力运行制约机制和全面高效监督体系，完善多党合作和政治协商制度等重点，谋划推出一批改革专题。要聚焦“大扶贫”工作体系谋划改革。围绕建立完善强基层、打基础的组织保障机制，建立和完善相对稳定和动态调整的政策支持机制，建立社会扶危济困的帮扶机制，建立奖勤罚懒、催生内生动力的激励机制等重点，谋划推出一批改革专题。要聚焦“大安全”保障体系谋划改革。围绕深化“法治毕节”“平安毕节”创建，纵深推进扫黑除恶专项斗争，整体提升乡村治理水平，推进风险防范化解常态化制度化等重点，谋划推出一

批改革专题。要聚焦“大发展”推进体系谋划改革。围绕健全习近平总书记对毕节试验区重要指示批示精神跟踪落实制度，完善重大项目推进机制，提升产业发展质效，加快民生事业发展，建设贯彻新发展理念示范区等重点，谋划推出一批改革专题。[①]

近年来，特别是市委提出实施基层党建提质攻坚行动以来，全市各级党组织认真贯彻新时代党的建设总要求和新时代党的组织路线，坚持以“大党建”为统领，突出党的政治建设，以提升组织力为重点，统筹推进农村、社区、机关、学校、国有企业、非公企业和社会组织等领域基层组织全面进步、全面过硬。特别是围绕脱贫攻坚，优化设置村级党委 19 个、党总支 716 个，在符合条件的自然村寨、合作社、产业链等建立党支部 2252 个。聚焦尽锐出战，在原有帮扶力量不减的基础上，对全市贫困发生率在 10% 以上的 157 个非贫困村、贫困发生率在 10% 以下但产业发展滞后的 11 个非贫困村新增选派了 168 个驻村工作组，同时增派 103 名市直单位干部到 3 个深度贫困县所辖乡镇定点帮扶，进一步增强了驻村和帮扶工作一线力量，全市广大村第一书记、驻村干部、帮扶干部积极带领广大贫困群众冲锋陷阵、攻城拔寨，向脱贫攻坚发起总攻，奋力攻克了一座又一座“碉堡”、啃下了一块又一块“硬骨头”。全市基层党建提质攻坚行动取得了阶段性成果，初步实现各领域基层党组织队伍立得起、制度抓得严、责任落得实、任务推得开、形象树得好。

### （四）创新完善体制机制，推进试验区治理体系与治理能力现代化

在 2019 年 9 月 9 日的中央深改委第十次会议中，习近平总书记强调，要把着力点放到加强系统集成、协同高效上来，推动各方面制度更加成熟更加定型。总书记的重要讲话高瞻远瞩、统揽全局，鲜明阐述了各阶段全面深化改革的各项任务，明确了未来深化改革的施策方向，极具系统性、科学

① 吴道明：《周建琨在市委全面深化改革会议上的讲话》，《毕节试验区改革发展》2020 年第 1 期，第 10 页。

性、指导性。我们要全面深入贯彻习近平总书记的重要讲话精神，坚持以习近平新时代中国特色社会主义思想为指导，努力提高思想政治能力、动员组织能力、驾驭复杂矛盾能力，扎实谋划和推进具有毕节特色的改革事项。2019 年 10 月 28 日召开的党的十九届四中全会对推进国家治理体系和治理能力现代化若干重大问题进行研究部署，会议的召开对推动国家改革发展将具有里程碑式的重大意义。我们要增强改革的紧迫感、危机感、责任感，深化改革创新，完善体制机制，切实谋划和推进具有毕节特色的改革事项，推进试验区治理体系和治理能力现代化。加强系统集成、协同高效，推动改革举措在价值取向上相互配合、在实施过程中相互促进、在改革成效上相得益彰，激发制度活力，激活基层经验，激励干部作为，形成有利于推动高质量发展、有利于建设贯彻新发展理念示范区、有利于满足人民群众美好生活需要的长效机制，推进试验区治理体系和治理能力现代化，汇聚起全面深化改革助推经济社会发展的强大正能量。①

1. 关于深入学习“塘约经验”推进党支部领办村集体合作社助推脱贫攻坚工作

为认真学习贯彻《中国共产党农村工作条例》精神，深入贯彻落实贵州省委关于学习推广“塘约经验”的有关要求，推行党支部领办村集体合作社，是推动基层党组织强化政治引领功能、更好发挥脱贫攻坚战斗堡垒作用的有效途径，对调整生产关系、重建治理体系，走出一条支部有作为、群众得实惠、集体有收益的乡村振兴之路具有重要意义。一是要加强组织建设。创新基层党组织设置方式，强化村党组织对经济建设的领导，充分发挥党支部发展集体经济的核心和引领作用，确保所有村都在党支部领导下因地制宜建立合作社，增强风险管控能力和带动村民增收致富能力。二是要激活生产要素。搭建统一规范的农村产权交易平台，构建交易风险可控的农村产权流转交易服务体系；采取租赁、承包、联合开发等形式，盘活资源资产，

① 吴道明:《周建琨在市委全面深化改革会议上的讲话》,《毕节试验区改革发展》2019 年第 10 期，第 7 页。

提高经营水平，用好用活农村各类生产要素。三是要壮大集体经济。突出县级主导作用，围绕“村村有实体”目标，做到规划长远、发展多元、激励给力，建立充满活力的集体经济自我发展机制，推动村级集体经济高质高效发展。四是要统筹乡村治理。健全党组织领导的自治、法治、德治相结合的乡村治理体系，以自治增活力、以法治强保障、以德治扬正气，构建共建共治共享的社会治理格局，推动乡村社会治理有效、充满活力、和谐有序。

2. 关于创新全面从严治党监督首责机制工作

监督是纪检监察机关的基本职责、第一职责，作为从事监督检查工作的专责部门，必须在实践中不断探索，切实把首责摆在首位，做深做细做实监督职责，提高监督质量。一是要提高政治站位。牢牢把握纪检监察机关是政治机关这一政治定位，切实肩负起“两个维护”政治任务，牢固树立“四个意识”，加强对执行党的路线方针政策等情况的监督检查，善于从政治上发现问题、分析问题、解决问题。二是要优化方式方法。构建上下联动监督、左右贯通监督、前后互补监督的“六维”监督机制和政治画像“面对面”、责任传导“面对面”、整改问效“面对面”的工作机制，强化监督，创新监督，把监督贯穿于工作的全过程。三是要聚焦重点领域。围绕中央、贵州省委和毕节市委的决策部署，紧盯重大工程、重点领域、关键岗位，强化对权力集中、资金密集、资源富集的部门和行业的监督，下沉监督力量，跟进一线督查，做到中央和省委的决策部署到哪里，监督检查就跟进到哪里，为改革发展稳定提供坚强的纪律保障。

3. 关于促进民营经济发展工作

民营经济是推动经济社会发展不可或缺的重要力量，是经济发展的主力军、科技创新的主动力、吸纳就业的主渠道，必须毫不动摇地鼓励支持引导，让其在建设现代化经济体系、推动高质量发展中发挥更加重要的作用。一是要破解制约发展难题。扎实开展政策落实、领导干部联系服务企业、降本减负、扩大民间投资、营商环境整治、金融服务民营经济六个专项行动，持续释放政策红利，让民营企业有实实在在的获得感。二是要开展营商环境整治。深化“放管服”改革，规范权力运行，简化审批程序，落实减负政策，靠前主动服务，着力破解服务企业中看似无关紧要却容易造成不良影响的“小问题”“小风险”，构建全方位监管体系，全面构建“亲”“清”政商关系。三是要压紧压实工作责任。完善对民营经济发展的领导和工作机制，把支持和引导民营经济发展成效纳入绩效目标考核体系，加强统筹协调、统计监测和跟踪问效，进一步激发和提振民营企业发展信心，让民营企业创造活力充分迸发，民营经济地位作用更加突出。

4. 关于县域医疗卫生共同体建设工作

县域医共体建设是解决基层医疗体制问题的重大探索和突破，有利于完善县域医疗卫生服务体系，提高县域医疗卫生资源配置和使用效率，加快提升基层医疗卫生服务能力，推动构建分级诊疗、合理诊治和有序就医新秩序。一是要打造“服务共同体”。整合县域医疗卫生资源，探索县乡一体、乡村一体管理，促进县级优质资源下沉和基层卫技人员能力提升，做好双向转诊便捷服务、家庭医生签约服务、兜底医疗保障服务，打造县乡村服务共同体。二是要构建“利益共同体”。建立健全财务管理、收入分配等工作管理机制，完善医共体内各医疗机构绩效考核制度，以岗位为基础，以绩效为核心，改出广大群众获得感、改出财务经营好状况、改出医疗队伍新活力。三是要形成“责任共同体”。以完善权责一致工作机制为重点，落实分级诊疗制度，明确界定医共体成员单位功能定位和服务范围，构建医共体成员单位相互依存、责任共担、成果共享的良性工作格局。四是要建立“管理共同体”。建立健全内部管理制度，坚持政府办医主体责任、成员机构性质、人员隶属身份、财政投入方式、机构职责任务五个不变，完善医共体内各医疗机构人力资源、财务核算、药事服务、医疗业务、绩效考核、乡村一体化等方面管理制度，理顺医共体行政管理体制。

5. 关于加快乡村旅游发展工作

乡村旅游是打赢脱贫攻坚战和实施乡村振兴战略的重要抓手，也是推动建设贯彻新发展理念示范区的重要载体。一是要激发乡村旅游助推脱贫攻坚活力。乡村旅游扶贫属于造血式扶贫，是旅游扶贫的重要抓手。要因地制宜采取差异化、个性化发展策略，整合农村资源参与发展，激发乡村旅游辐射带动活力，提高乡村旅游组织化水平，多渠道构建发展成果分享机制，让越来越多群众吃上“旅游饭”“生态饭”，带动新型城镇化建设，实现贫困人口受益，形成乡村旅游共建共享新格局。二是要发挥乡村旅游推动乡村振兴作用。依托全域可避暑、四季宜度假的条件，整合力量共同培育适合接待外来游客的农村人居环境，引导各界更加珍惜和积极扩大生态建设成果，提升乡村人文素养、树立乡村文明风尚、培养居民积极向上生活情操，丰富以乡村旅游为代表的乡村互助自律、自治共管等基层治理探索和实践，把乡村旅游培育成乡村经济振兴的主体产业，为乡村振兴注入新的产业动力。三是要切实谋划乡村旅游服务示范区建设举措。着力创建一批特色生态旅游示范村镇和精品线路，大力发展乡村游学体验、乡村森林康养、乡村避暑度假等，引领示范区绿色发展。强化对广大农民的从业技能培训，鼓励、引导乡村旅游企业和专业合作社等组织就地就近吸纳农民就业，实现乡村人力资源充分开发利用。及时借鉴、吸收、转化深圳先行试验区的相关经验，在乡村旅游领域进行试点示范，为推动示范区建设先行先试。

6. 关于深化文化市场综合行政执法改革工作

深化文化市场综合执法改革是党中央、国务院的重大决策部署，对于提升文化市场综合执法效能、推进文化市场体系建设、维护文化安全和意识形态安全具有重要意义，务必抓好落实。一是要突出重点。结合辖区地域面积、执法任务等情况，明确各级文化市场综合执法机构的职责任务，按照精简高效原则，统筹考虑、科学配置人员，将有限的人力资源向执法一线倾斜。二是要加强协调。按照行政体制改革的要求，配合有关部门建立执法机构职权清单，推进政务信息公开；协调有关部门建立文化市场跨部门、跨区域执法协作联动机制，加强执法体系建设，促进文化市场执法全覆盖。会同人力资源社会保障、编办等部门做好有关工作，注重维护干部职工合法权益，保证改革稳妥有序推进。三是要夯实责任。改革期间，要采取有效措施，瞄准时间节点，落实工作责任，严守机构编制纪律，及时研究解决改革中遇到的困难和问题，推动全市文化市场综合行政执法改革工作同步推进，确保高质量、高效率完成改革任务。

7. 关于党政群机关和参公事业单位工勤人员参加工伤保险工作

将党政群机关和参公事业单位工勤人员纳入工伤保险统筹范围，是贵州省人社厅支持毕节市先行先试的一项重要举措，目的在于创新和完善社会保障体系，抓好此项改革具有重要意义。一是要把着眼点放在创新上。此项改革一方面使用人单位工勤人员工伤权益有了政策保障，另一方面化解了用人单位的工伤风险，有利于保护职工权益、减轻财政负担，也为脱贫攻坚工作提供了重要保障。各级各部门要提高认识，共同做好机关和参公事业单位工勤人员参加工伤保险工作，确保改革成果在全省起到创新示范作用。二是要把着重点放在落实上。人社部门要全面掌握应纳入工伤保险参保范围的参保单位和人员状况，做好政策解释宣传，培训好经办流程，按时启动参保工作，将符合参保条件的职工纳入工伤保险统筹范围，确保工勤人员工伤保险全覆盖，切实保障职工的生命健康安全和工伤权益。用人单位要确保主体责任、财政资金、宣传教育、配合落实到位，保障参保工作顺利推进。三是要把着力点放在服务上。各级社保经办部门要进一步优化办事流程，简化办事程序，减少办事环节，以优质高效的政务服务方便服务对象。要指导和协助参保单位及时办理参保手续，严格执行标准，依法进行工伤认定鉴定，及时为工伤职工兑现工伤待遇，保障工伤职工合法权益。

### （五）践行绿色发展理念，推动试验区产业生态化、生态产业化发展

优化城镇化空间布局，按照“山为景、桥隧连、组团式”的发展路径，推进以人为核心的新型城镇化建设。推进小城镇基础设施提升工程和特色产业培育工程，打造一批特色小镇和小城镇。促进农业转移人口市民化，积极推动易地扶贫搬迁人口融入城镇，享有与城镇同等基本公共服务，持续加大后续扶持力度。健全农业转移人口市民化机制，积极促进进城农民工市民化，坚持实施全面放开城镇落户的户口迁移政策，完善以居住证为载体的城镇常住人口就业、教育、医疗、住房等基本公共服务提供机制。

加强现代农业基础设施建设，实施坡耕地高标准农田综合整治，强化机

耕道配套和农村产业路建设，完善基本农田防洪排涝设施，增强产业基地生产保障能力。围绕农业特色产业，积极发展设施农业，加快水源水系联通和配套渠系、喷滴灌等现代农业生产基础设施设备建设。加快农村物流体系建设，鼓励商贸、邮政、供销、运输等企业加大在农村地区的设施网络布局。加快发展现代山地特色高效农业，实施特色优势农业示范工程，推进产业标准化、规模化、品牌化，以绿色、有机及地理标志农产品为方向，大力发展特色优势产业，积极发展林业和林下经济，推进森林资源保护、开发和利用，积极发展立体林业，加强国家储备林基地建设。积极发展森林康养旅游，因地制宜培育各具特色的森林特色小镇和森林人家，建设一批健康与产业融合发展的森林康养基地。大力发展农产品加工业。立足特色资源优势，面向市场需求，强化政府推动，做大做强农产品精深加工，大力发展清洗、分拣、包装等配套产业，积极发展饲料、屠宰、分割等生产加工企业，建设全产业链配套体系，推动农产品加工业集聚集群集约发展，建设绿色生态食品加工基地。着力发展现代生态循环农业，推动农业生产清洁化、废物利用资源化、资源利用高效化。大力发展绿色食品和有机农产品，推进农业产业绿色发展。

筑牢“两江”上游生态屏障，深入实施大生态战略行动，加大生态环保基础设施项目资金投入，实施长江、珠江“两江”上游生态保护修复工程。加大乌江、赤水河、六冲河、三岔河、牛栏江、横江等流域综合治理力度，加快推进中小流域综合治理。实施新一轮退耕还林工程、退化防护林修复工程和水土流失综合治理工程。强化生态环境保护和治理，加强饮用水源保护，实行大气环境质量精细化管理，开展大气污染联防联治，严格控制土壤污染来源，全面建立土壤环境质量监测点位，全面开展污染场地排查，实施土壤环境分级分类管控，积极开展污染土壤治理与修复试点示范。强力推进石漠化分类治理，大力实施岩溶地区石漠化治理工程，推进石漠化治理与农村产业结构调整、区域经济发展、群众增收致富有机结合，提升综合治理成效。

## 参考文献

肖大熙、李文勇：《减贫奇迹谱新篇》，《当代贵州》2019 年第 8 期。

麦婉华：《恒大扶贫毕节三年记》，《小康》2019 年第 20 期。

马丹：《感恩奋进看乌蒙》，《当代贵州》2019 年第 3 期。

习近平：《决胜全面建成小康社会　夺取新时代中国特色社会主义伟大胜利》，中共中央党校网站，2017 年 10 月 27 日，http：//www.gov.cn/zhuanti/2017 - 10/27/content_5234876.htm。

颜晓峰：《新时代理论武装的新使命新要求》，《人民论坛》2019 年第 22 期。

刘福敏、陈井安：《行政决策的合法化：形式合法与实质合法》，《社会科学研究》2016 年第 6 期。

杨卫敏：《“四个全面”战略布局与统一战线》，《福建省社会主义学院学报》2015 年第 4 期。

吴权平：《广大干部新时代新担当新作为容错纠错机制的辩证逻辑》，《重庆行政》（公共论坛）2018 年第 5 期。

当代贵州全媒体综合报道：《贵州省委召开常委（扩大）会议　学习贯彻中央政治局会议精神研究部署下半年经济工作》，《当代贵州》2015 年第 30 期。

徐锡广：《西南喀斯特岩溶地区生态建设可持续发展的对策研究——以毕节试验区为例》，《辽宁行政学院学报》2019 年第 4 期。

《2018 年毕节市人民政府工作报告》，2018 年 1 月 10 日，http：//www.bijie.gov.cn/gk/zfgzbg/201801/t20180110_ 5482679.html。

《2019 年毕节市人民政府工作报告》，2019 年 1 月 8 日，http：//www.bijie.gov.cn/gk/zfgzbg/201901/t20190108_ 5482680.html。

# 产业发展篇

Industrial Development Reports

## B.2

## 2019年毕节试验区旅游产业发展报告

邓小海　任利刚　鄢　灿*

**摘　要：** 依托独特而丰富的旅游资源和立体多元的政策支持，2019年毕节试验区以办好第十四届贵州旅游产业发展大会为抓手，景区建设强力推进，精品线路加快推出，旅游品牌加快创建，乡村旅游规模持续壮大，宣传方式不断创新，旅游扶贫迈上新台阶，持续推动旅游产业快速增长。然而，试验区旅游产业发展的基础不够坚实、均衡发展仍需加强、发展质量仍待提高等问题依然严峻。要着力推进龙头项目建设，发挥品牌引流、吸引客源作用，辐射带动周边旅游发展；继续丰富景区业态，打造旅游新品，让游客愿意来、留得住、还想来；着力完善服务体系建设，提高游客满意度，让广大游客

* 邓小海，博士，贵州省社会科学院农村发展研究所副研究员，主要研究方向为旅游经济管理；任利刚，贵阳市经济运行服务中心副主任，主要研究方向为区域经济、生态经济；鄢灿，贵州大学2020级旅游管理专业学生。

成为免费的宣传员；加快旅游商品研发生产，让游客愿意消费、舍得消费；着力加快乡村旅游发展，为乡村振兴赋能、为建设贯彻新发展理念示范区探路。

关键词：　旅游经济　旅游产业　毕节试验区

## 一　毕节试验区旅游产业发展基础

### （一）旅游资源丰富多彩

毕节试验区旅游资源独具特色，试验区共有旅游资源单体 9668 个，优良级旅游资源单体 563 个。其中，五级旅游资源 16 个、四级旅游资源 61 个。

1. 人文旅游资源丰富多彩

毕节历史文化悠久，秦时为蜀郡属地，汉为益州之牂牁、犍为两郡所辖，晋属益州、朱提郡，唐代置牂牁、乌撒部，宋代置罗氏鬼国辖乌撒部、毗那部，元代、明代分属水西宣慰司等部，清置大定府（州），新中国成立后设毕节专员公署，1970 年更名为毕节地区行政公署，2011 年底撤地设市。毕节民族风情古朴浓郁。彝族火把节、苗族跳花节、白族山歌节等民俗活动别具一格，苗族蜡染、彝族剪纸等民族工艺古朴典雅。多个民俗入选国家非物质文化遗产保护名录，彝族古剧《撮泰吉》被誉为“戏剧的活化石”，彝族舞蹈《铃铛舞》保持着完好的原生状态，苗族舞蹈《滚山珠》荣获多项世界级民族民间舞蹈奖项。试验区各级文物点已列保的有 373 处，其中国家级 8 处（58 个点）、省级 26 处；拥有各级非物质文化遗产保护名录项目 379 项，其中国家级 7 项、省级 48 项。

2. 自然旅游资源禀赋优越

毕节试验区气候凉爽怡人，年平均气温为 13.4℃，夏季平均气温 22℃，是大自然赐予的“天然大空调”。动植物资源2800多种，纳雍高山生态有机茶、大方天麻、织金竹荪、威宁荞酥、毕节大白萝卜、赫章核桃等绿色有机特产享誉天下，享有“中国高山生态有机茶之乡”“中国天麻之乡”等美誉。

截至2019年底，毕节试验区拥有世界地质公园1个，国家5A级旅游景区1个，4A级旅游景区7个，3A级旅游景区33个，省级旅游度假区1个，共评定112个乡村旅游品牌。

### （二）政策支持立体多元

2018年7月18日，习近平总书记对毕节试验区工作做出重要指示，要着力推动绿色发展、人力资源开发、体制机制创新，努力把毕节试验区建设成为贯彻新发展理念的示范区。文化旅游业作为绿色产业、富民产业，是高成长性、高带动性、发展潜力最大的产业，具有“一业兴、百业旺”的联动效应，完全符合新发展理念和高质量发展要求。2018年10月，文化和旅游部等13部委印发《促进乡村旅游发展提质升级行动方案（2018年—2020年）》和《关于促进乡村旅游可持续发展的指导意见》；2019年3月，贵州省人民政府办公厅出台了《关于支持毕节市加快旅游业发展的意见》（黔府办发〔2019〕6号）。诸多的政策文件支持着毕节试验区旅游跨步发展，为开创文旅融合发展新局面提供了强有力的保障。

## 二　毕节试验区旅游产业发展取得的成就

近年来，毕节试验区深入贯彻落实文旅部、贵州省文旅厅有关文旅融合的安排部署，持续推进旅游业转型升级发展。2019年，试验区旅游总收入、旅游总接待人数分别达到1107亿元和12100万人次，同比分别增长33%和21%，连续4年增长超过20%（见表1）。2019年，毕节试验区以旅游项目建设为突破，旅游转型升级步伐加快，重点在建涉旅项目达到36个，较上年增长5%，其中织金洞旅游景区、百里杜鹃景区等核心精品景区实现新增投资达到7.2亿元。2019年，试验区成功创建国家4A级景区1家（黔西中果河旅游景区），通过 4A 级景区景观质量评审 6 家，评定精品级客栈 2 家、五星级农家乐 3 家、甲级乡村旅游村寨 5 家，建成旅游厕所 85 座并投入使用；完成旅游项目招商 11 个，旅游项目到位资金达 4.3 亿元；365 个村纳入贵州旅游精准扶贫云系统，6.12 万名贫困人口实现受益。①

**表 1　2015～2019 年毕节试验区旅游业总收入、总接待人数**

| 指标名称 | | 2015 年 | 2016 年 | 2017 年 | 2018 年 | 2019 年 |
|---|---|---|---|---|---|---|
| 旅游总收入 | 绝对值(亿元) | 313 | 444 | 641 | 833 | 1107 |
| | 增长率(%) | 22 | 42 | 44 | 30 | 33 |
| 旅游总接待人数 | 绝对值(万人次) | 4094 | 5494 | 7700 | 10000 | 12100 |
| | 增长率(%) | 20.0 | 34.2 | 40.2 | 29.9 | 21.0 |

资料来源：《毕节市 2019 年国民经济和社会发展统计公报》。

### （一）景区建设强力推进

2019 年，围绕承办第十四届贵州旅游产业发展大会，实施旅游“1＋5 个 100 工程”项目 109 个，完成投资 48.52 亿元；织金洞、百里杜鹃景区实现了提质升级，产品业态更加丰富、综合辐射带动能力更加强劲；九洞天景区提质改造顺利推进，建成鸡鸣三省景区、九股水温泉旅游度假区。补足红色旅游产品和季节性旅游产品的短板，以重点景区为中心的“五大板块”体系基本形成。

### （二）精品线路加快推出

中央红军长征线路和红二、红六军团长征线路入选“贵州省红色旅游 10 条精品线路”，黔西县鸭池河红军战斗遗址至大关盐号、纳雍县梯子岩线路纳入全省首批 10 条“最美红军线路”。积极策划主要客源地、出入境旅

① 《毕节市 2019 年国民经济和社会发展统计公报》，毕节市人民政府门户网，http://www.bijie.gov.cn/bm/bjstjj/gk_5127345/xxgkml_5127355/tjsj_5127357/tjgb_5127358/202004/t20200428_57912076.html，最后检索日期：2020 年 9 月 30 日。

游企业赴毕节考察活动，精心打造 8 条省内外精品线路；与安顺、遵义签订合作发展框架协议书，联合打造以“黄果树、织金洞、遵义会址”为核心的精品旅游线路，共同推出联票优惠政策。

## （三）旅游品牌加快创建

毕节市获中国气象学会授予“中国·花海洞天避暑福地”称号，织金古城入选贵州文化旅游十大新地标，百里杜鹃管理区被认定为省级文化旅游服务产业集聚区；织金洞 5A 级景区创建完成硬件软件方案、旅游标识设计方案和新游客中心地下车库项目建设；百里杜鹃管理区和黔西县全域旅游示范区创建通过省级验收，正积极推进申报国家验收各项工作；七星关、大方、金沙、织金四个县（区）全域旅游示范区创建工作有序推进；百里杜鹃管理区、织金古城加快基础设施建设和服务功能完善，旅游度假区创建工作有序推进。制定完善长征文化公园特色展示点建设方案，按照建设时限，有序推进革命遗址修缮保护项目、长征历史步道建设等工作，扎实推进长征文化公园建设上台阶。

## （四）乡村旅游规模持续壮大

乡村旅游发展形成市级牵头、县区推进的齐抓共管的良好发展态势；打造一批以避暑旅游为主的乡村旅游点，全面推进民宿、精品客栈、农家乐建设和提质升级，新增床位达 1 万张；大方木寨被文化和旅游部列入全国首批乡村旅游重点村，新增甲级乡村旅游村寨 5 个、精品级乡村旅游客栈 2 个、五星级乡村旅游经营户 3 家。全区乡村旅游接待人次、乡村旅游综合收入同比增长 30% 以上。

## （五）宣传方式不断创新

组织开展国际杜鹃花节、阿西里西狂欢季系列活动、“花海毕节·月月旅游”活动等，提升和丰富毕节文化旅游的品质和内涵，旅游文化节庆品牌创建成效凸显。组织参加广州国际旅游展览会，世界园艺博览会期间在北京举行旅游宣传推介，赴山东、河南、四川等地开展旅游宣传，“花海毕节”品牌知晓率不断提高，有效拓展中远程客源市场。抢抓成贵高铁开通历史机遇、发展机遇，完成成贵高铁开通列车冠名，“洞天福地·花海毕节”品牌形象和影响力随冠名列车“纵贯南北、通江达海”，助推毕节旅游业随高铁客流大通道加速提质；毕节高铁站文化旅游咨询服务中心投入运行，体现了毕节文化旅游战线对疫情防控的精准预判和努力抢时间补损失、促进文化旅游业快速复苏的强烈责任担当；“贵人黔行”主题宣传将毕节作为第一期主题宣传推介对象，先后推出10余个新景区、10余条新路线，在数十家主流媒体集中发布信息600余条次，毕节景区景点知名度和影响力大幅度提升；全力做好“一码游贵州”信息采集，在“5·19”中国旅游日正式推送上线，全域旅游智慧平台建设快速推进。

### （六）旅游扶贫迈上新台阶

自2007年以来，毕节市已持续举办了十三届毕节旅游产业发展大会，分别于2012年和2019年成功举办第七届贵州旅发大会和第十四届贵州旅发大会。特别是第十四届贵州旅发大会，沿袭了第十三届“旅游扶贫”的主导思想，试验区紧扣“促文旅农商融合·走旅游扶贫新路”主题，既注重从文化旅游助推面上扶贫和具体文旅项目精准脱贫两个方面着手，又注重“旅游+”多产业跨部门融合发展助推脱贫攻坚。一是旅游业发展带动强劲。全力推进旅游项目建设和旅游业态丰富，持续优化利益联结机制，2019年试验区旅游业发展带动6.1万名建档立卡贫困户增收受益。二是乡村旅游扶贫持续发力。通过开展国家级、省级乡村旅游重点村创建工作，结合乡村旅游深改任务，突出抓点做样、示范带动，选取6个乡村旅游点重点打造，加快精品客栈、特色民宿和文化驿站项目建设，屯上村、金新村、青山村3个村推荐为第二批全国乡村旅游重点村进行省级公示；做好贫困劳动力就业岗位开发工作，试验区文旅行业开发600余个文化旅游项目类和乡村文化旅游类服务岗位。三是“旅游+”多产业跨部门融合扶贫成效显著。试验区各地结合农业产业机构调整，涌现出一批以樱桃种植等特色经果林和旅游业融合发展助推脱贫的典型案例。纳雍县厍东关乡种植玛瑙红樱桃3万余亩，市、县文旅部门加强指导，乡镇党委政府通过引导成立专业合作社等方式，在农旅结合上下足功夫，把樱桃种植、销售与田园观光、采摘体验等进一步结合起来，不断完善宣传营销、利益联结、组织模式等，进一步丰富了业态、提升了价值。四是东西部扶贫协作成效明显。加强广州、毕节两地文化交流，组织民族音乐舞蹈诗《夜郎》剧目参加广州艺术节，邀请广州市热门武侠杂技剧《笑傲江湖》到毕节开展惠民演出；争取广州支持在重要媒体平台传播毕节旅游好声音，广东前十强旅行社均有毕节旅游产品上架，广东赴毕节旅游人数稳步增长。

## 三 存在的问题

### （一）从产业自身来看，发展基础不够坚实

毕节试验区旅游产业发展取得了一些成效，但发展基础还不够坚实，高质量发展依然存在一些困难和问题。一是受试验区脱贫攻坚任务重、资金投入不足等客观因素影响，试验区文旅融合深度与广度不够，旅游景区景点文化休闲产品供给总量严重不足，“以文促旅、以旅彰文”作用不明显。二是“洞天福地·花海毕节”知名度不高、影响力还不强，整合优势、统筹联动的合力还未形成。三是产品业态与文化旅游资源不相匹配，资源创新高效利用能力还不强。四是旅游配套服务还不完善，服务体系还不健全，面对旅游旺季游客井喷应对能力不足。

### （二）从内部比较来看，均衡发展仍需加强

从各县（区、管委会）旅游发展情况来看，毕节试验区旅游内部发展依然存在不均衡情况。截至2019年底，毕节试验区拥有国家A级景区共41家，其中5A级景区1家、4A级景区7家、3A级景区33家。但A

级景区内部分布较为不均衡，A 级景区拥有量最多的为大方县和黔西县（8 家），最少的为织金县（1 家）。① 从旅游总收入和旅游接待人数来看，2019 年试验区旅游总收入和旅游接待人数最多的为七星关区，分别为 220.59 亿元和 2181.62 万人次，是旅游总收入最少的金沙县（94.94 亿元）的 2.32 倍，是接待人次最少的纳雍县（943.36 万人次）的 2.31 倍（见表 2）。

**表 2　2019 年毕节试验区各县（区）旅游发展指标**

| 行政区 | 旅游总收入 | | | 接待游客 | | |
|---|---|---|---|---|---|---|
| | 收入(亿元) | 增长(%) | 占比(%) | 人数(万人次) | 增长(%) | 占比(%) |
| 七星关区 | 220.59 | 37.1 | 19.50 | 2181.62 | 32.2 | 20.58 |
| 大方县 | 114.68 | 20.8 | 10.14 | 1376 | 26.7 | 12.98 |
| 黔西县 | 155.04 | 32.4 | 13.71 | 1506.75 | 22.5 | 14.22 |
| 金沙县 | 94.94 | 9.1 | 8.39 | 1010 | 19.6 | 9.53 |
| 织金县 | 164.84 | 32.2 | 14.57 | 1827.75 | 32 | 17.24 |
| 纳雍县 | 102.03 | 38.29 | 9.02 | 943.36 | 28.94 | 8.90 |
| 威宁县 | 175.05 | 36.1 | 15.48 | 1753.85 | 36.1 | 16.55 |
| 赫章县 | 103.88 | 38.39 | 9.18 | — | — | — |
| 合　计 | 1131.05 | — | 100.00 | 10599.33 | — | 100.00 |

资料来源：毕节试验区各县（区）2018～2019 年国民经济和社会发展统计公报，黔西县绝对值系根据 2018 年数据与 2019 年增长数据计算得出。特别说明，各县（区）合计数与试验区总数存在一定偏差系全省统计核定导致。

## （三）横向比较来看，发展质量仍待提高

2019 年，毕节试验区接待游客人均花费 914.88 元，比同期全省接待游客人均花费（1085.11 元）少了 170.23 元，在全省市州排名靠后（见表3）。

① 《旅游景区名录》，贵州省文化和旅游厅网站，https：//whhly.guizhou.gov.cn/ggfw/whlyml/lyjqml/，最后检索日期：2020 年 10 月 1 日。

表3　2019年贵州省及部分市州旅游指标

| 市州 | 旅游总收入(亿元) | 旅游接待人数(亿人次) | 人均花费(元) |
| --- | --- | --- | --- |
| 全省 | 12318.86 | 11.35266 | 1085.11 |
| 贵阳市 | 3098.79 | 2.29012 | 1353.11 |
| 遵义市 | 2106.3 | 1.93 | 1091.35 |
| 六盘水市 | 400.51 | 0.528518 | 757.80 |
| 毕节市 | 1107 | 1.21 | 914.88 |
| 安顺市 | 1004.94 | 1.03 | 975.67 |
| 铜仁市 | — | — | — |
| 黔南州 | — | — | — |
| 黔东南州 | 1212.13 | 1.289298 | 940.15 |
| 黔西南州 | 732.41 | 0.701003 | 1044.80 |

资料来源：全省资料来源于贵州省文化和旅游厅；各市州资料来源于各市州2018～2019年国民经济和社会发展统计公报；黔西南州数据为2018年数据与2019年增长率计算得出；安顺市资料来源于贵州省文化和旅游厅网站。

## 四　毕节试验区旅游产业发展的对策建议

以创建国家全域旅游示范区为目标，以项目规划建设为重点，以旅游扶贫为抓手，以旅游业供给侧结构性改革为主线，优化旅游发展格局，壮大旅游产业基础，促进年均接待游客人数和旅游收入良性增长，确保旅游经济、质量和服务再上新台阶。坚定不移地抓旅游业创新发展，以龙头景区带动乡村旅游、全域旅游。按照“全时、全景、全业、全民”发展模式，建设大项目、培育大产业、推动大发展。

### （一）着力推进龙头项目建设，发挥品牌引流、吸引客源作用，辐射带动周边旅游发展

加快织金洞5A级旅游景区创建工作，按照《织金洞景区创建国家AAAAA级旅游景区工作方案》，指导抓好环境质量提升、景区标识设置、停车场建设、旅游安全、环境卫生、新游客服务中心功能完善、游览服务提

升等工作，全面提升景区综合管理水平。持续推进总溪河景区、百里杜鹃奢香军营山地旅游景区、金海湖旅游区、织金古城旅游景区、九洞天景区、鸡鸣三省旅游区、油杉河景区 4A 级景区创建工作。切实抓好旅游度假区创建，加快推进彝山花谷、奢香古镇省级旅游度假区创建；持续推进百里杜鹃、织金古城旅游度假区创建工作，精心做好申报文本和视频制作，为申报工作打下坚实基础。

### （二）继续丰富景区业态，打造旅游新品，让游客愿意来、留得住、还想来

以织金洞、九洞天为龙头，打造毕节洞穴旅游产品；大力发展温泉产业，重点开发中、西部百里杜鹃景区启化温泉、黔西县谷里温泉，培育全季旅游产品业态，优化全域旅游产品布局、丰富康养度假产品供给。围绕旺盛的夜间消费需求，增加供给，培育平远古镇、奢香古镇等一批夜间文旅消费网红新产品、新场景，引导有条件的市区（县城）商业步行街加快推进夜间经济发展，激发城市活力。力争实现从“观光游”向“康养体验游”转变，从“景点游、景区游”向“全域游”转变，从“单一经济”向“综合经济”转变。

### （三）着力完善服务体系建设，提高游客满意度，让广大游客成为免费的宣传员

加快游客集散中心、游客服务中心、停车场、旅游厕所、旅游道路交通标识牌等基础设施建设，完善旅游服务配套设施，不断满足大众旅游时代的游客需求，提高游客满意度，让文明、舒适、便捷成为毕节旅游的代名词，用好游客朋友圈，达到一传十、十传百的效果。

### （四）加快旅游商品研发生产，让游客愿意消费、舍得消费

推进试验区文化旅游商品研发、生产和销售，提高文化旅游商品产业化、专业化、品牌化、本土化水平，不断提升商品品质和顾客吸引力，做强旅游

购物产业；加快发展以文化创意为主的民族民间工艺品诸如民族服饰、漆器、石雕、蜡染、刺绣等旅游纪念品的生产加工业，博物馆、文化馆、美术馆可以探索推出具有鲜明地域特色的文化创意产品，使其成为消费的新卖点；进一步加强与多彩贵州文化产业合作，择优培育一批有代表性的文化旅游商品、工艺品、特色食品、农副土特产品生产销售重点企业；推进非遗工坊和扶贫车间相结合，拓宽困难群众增收渠道，带动更多困难群众脱贫致富。

### （五）着力加快乡村旅游发展，为乡村振兴赋能、为建设贯彻新发展理念示范区探路

围绕全面深化改革重点工作任务，创新党建引领乡村旅游发展机制、完善乡村旅游基础设施、优化乡村旅游产品供给结构，整合乡村振兴试点建设资源，全力打造具有代表性的示范点和乡村旅游观摩线路，全方位推进乡村旅游转型升级。以七星关、金海湖、大方、黔西高铁站周边沿线为重点，大力发展精品民宿、乡村客栈、度假山庄，着力提升乡村旅游住宿业供给水平；以百里杜鹃、黔西县、大方县为重点，打造一批以避暑旅游为主的乡村旅游点，大力发展避暑旅游业；借助大景区辐射带动力强劲的优势，加快周边乡村旅游发展；以大方县、织金县、纳雍县、威宁县、赫章县等中西部县为重点，推动文化创意产品、农特产品向旅游商品转化，培育参与面宽、带动面广、辐射效果强的产业链。以国家长征文化公园建设为抓手，推出红色旅游精品路线，鼓励红色文化旅游企业积极吸纳农民工返乡创业就业，带动老区人民群众脱贫致富。

**B**.3

# 毕节试验区2020年商贸业高质量发展报告

龙海峰　任利刚*

摘　要：　近年来，毕节市不断深化供给侧结构性改革，营商环境得到极大改善，经济保持中高速增长，市场消费水平稳步提升，交通物流建设不断完善，网络批发零售业务加快发展，对外贸易规模不断扩大，文化旅游潜力不断释放。同时，存在市场发展不平衡不充分、传统业态与新兴业态发展不平衡、新旧商业模式融合发展不充分等问题。为推动毕节商贸业高质量发展，本文提出了稳就业促增收、加大商贸投入、健全市场机制、完善电商设施、优化消费模式、强化政策扶持等几点建议。

关键词：　商贸业　市场　营商环境　毕节试验区

## 一　毕节商贸业发展现状

近年来，毕节试验区抓好“促消费、稳外贸、稳外资”，全面推进商务扶贫，稳步实施消费升级，加快建设开放平台，商贸业综合实力不断提升，零售批发业务稳步增长，住宿餐饮转型升级加快，交通物流建设

* 龙海峰，贵州民族大学讲师，主要研究方向为区域经济、社会改革；任利刚，贵阳市经济运行服务中心副主任，主要研究方向为区域经济、生态经济。

不断加强，商贸投资环境逐渐改善，对外贸易规模不断扩大，文化旅游潜力不断释放。不断推动商贸业高质量发展，为全面建成小康社会做出了积极贡献。

## （一）商贸综合实力不断提升

2019 年以来，毕节试验区不断深化供给侧结构性改革，加快商贸业营商环境建设，市场活力不断提升，消费水平不断提高，商贸综合实力不断提质增效。2019 年，毕节试验区城镇和农村居民人均可支配收入分别达到 32638 元、10364 元，城乡居民可支配收入年均增长分别为 9. 2% 、10. 8% ；城乡人均生活消费性支出分别为 18716 元、9866 元，城乡人均生活消费性支出年均增长分别为 9% 、10. 6% ；社会消费品零售总额同比增长 6. 3% 。

从行业来看，批发业同比增长 5. 7% ，零售业同比增长 4. 8% ，住宿业同比增长 4. 4% ，餐饮业同比增长 16. 3% 。从保险行业来看，2019 年，毕节地区保险公司保险保费收入 35. 31 亿元，同比增长 11% 。其中，财产险保费收入 19. 70 亿元，同比增长 12. 3% ；人身险保费收入 15. 61 亿元，同比增长 9. 4% 。保险公司赔付支出 17. 45 亿元，同比增长 3. 5% 。其中，财产险赔付支出 10. 59 亿元，同比增长 4. 8% ；人身险赔付支出 6. 86 亿元，同比增长 1. 6% 。从城乡消费来看，2019 年，城镇社会消费品零售额同比增长 6. 9% ，乡村社会消费品零售额同比增长 3. 2% 。地区网络零售额 7. 48 亿元，同比增长 54. 6% 。传统商贸行业增长较慢，网络电商等新兴商贸业迎来快速发展期。

从消费价格指数来看，2019 年，毕节地区居民消费价格比 2018 年同期上涨 1. 6% 。从类别上来看，食品、服装、医疗、其他用品和服务消费指数明显上升，食品烟酒类上涨 6. 2% ，衣着类上涨 0. 1% ，医疗保健类上涨 1. 1% ，其他用品和服务类上涨 0. 4% 。住房、交通、通信、教育、生活用品及服务消费指数明显下降，居住类下降 0. 7% ，交通和通信类下降 1. 2% ，教育文化和娱乐类下降 0. 2% ，生活用品及服务类下降 0. 3% 。

从市场主体来看，2019 年，全市年末市场主体总量 45.87 万户，注册资本 5736.37 亿元。其中：企业 7.31 万户，注册资本 5182.49 亿元；个体工商户 37.06 万户，资金数额 278.95 亿元；农民专业合作社 1.5 万户，出资总额 274.93 亿元。

从进口贸易来看，2019 年，毕节试验区进口规模不断扩大，全市进出口总额 22236 万美元，同比增长 2.5%。受内部消费动力影响，进口总额 1548 万美元，同比下降 72.4%，出口总额 20688 万美元，同比增长 28.6%。

整体来看，近年来，随着毕节试验区交通物流环境的不断完善、人民生活水平的不断提高，消费能力不断增强，消费市场不断完善，商贸业发展综合实力不断提升。

### （二）商贸基础设施不断完善

改革开放以来，毕节试验区由于受到交通的制约，商贸经济长时间处于内部循环的状态，和外部的商贸物流来往相比周边地区比较落后。近年来，毕节试验区加快交通物流建设，逐渐形成了西南内陆地区商贸物流中转站和聚集口岸。随着南下新通道和“一带一路”的建设，毕节试验区内外联通的立体交通物流网络逐渐形成，为毕节试验区商贸业发展创造了良好的交通物流运输条件。从交通运输业发展建设来看，截至 2019 年末，毕节地区铁路通车里程达 538 公里，公路通车里程达 32250 公里。完成 14640 公里农村“组组通”硬化路建设，实现 30 户以上自然村寨 100% 通硬化路。地区实现电信业务总量 599.35 亿元，同比增长 93.6%。移动电话用户 622.57 万户，比上年末增长 3.9%，互联网宽带接入用户 92.85 万户，同比增长 34%，移动互联网用户 516.56 万户，同比增长 6.7%。邮政行业业务收入完成 6.05 亿元，同比增长 10.0%。

### （三）商贸投资环境不断改善

近年来，毕节试验区坚持以市场主体需求为导向，加快政府职能转变，积极为各类市场主体营造公平、稳定、透明、可预期的商贸投资环境，政务服务水平明显提高。通过大力精简行政审批事项、压缩行政审批时限，加快行政权力事项“证照分离”改革，极大缩短了行政审批时间，到2019年底，企业平均申办时间缩短至1.5天，极大提高了行政审批效率。依托“一云一网一平台”，毕节试验区实现了政务数据“一云统揽”，企业行政审批实现“一网通办”，商贸投资服务实现“一平台服务”，政务信息化水平大幅提高。商贸市场投资环境进一步优化，积极落实国家减税降费政策，大力推进降成本措施，通过为实体经济企业降低用能、税费、融资、物流、制度性交易成本等，切实为商贸投资企业减轻了负担，不断激发商贸业的投资活力、释放投资潜能。到2019年底，新增重点产业招商引资到位资金606.08亿元，新引进重点产业项目687个，合同约定投资799.3亿元。固定资产投资同比增长0.9%。其中，工业投资同比增长34.1%，交通投资同比下降45.1%，房地产开发完成投资同比增长28.2%。

### （四）文化旅游潜力不断释放

近年来，毕节试验区抢抓大旅游发展机遇，加快推进全域旅游发展，促进文化、科技、旅游、商贸等产业融合，努力打造具有山地特色的生态文化旅游资源，形成了一批“商贸+旅游”“文化+旅游”“康养+旅游”的旅游景区和项目，带动了毕节试验区商贸旅游消费产业的快速发展，为餐饮住宿、文化娱乐、商务旅行等带来了强劲发展动力。从旅游项目建设来看，2019年，毕节地区涉旅在建项目共36个，同比增长5%。织金洞旅游景区、百里杜鹃景区等精品景区完成项目总投资7.2亿元。黔西中果河旅游景区成功创建国家4A级旅游景区，6家景区通过国家4A级景区景观质量评审。建成乡村旅游品牌3个，建成甲级乡村旅游村寨5家，五星级农家乐3家，精品级客栈2家。旅游招商引资签约项目11个，到位资金4.3亿元。从接待旅游人数来看，2019年，毕节地区接待境内外游客12100万人次，同比增长21%。其中，接待国内游客12090万人次，接待入境游客10万人次。实现旅游总收入1107亿元，同比增长33%（见表1）。

表 1　2015～2019 年毕节市旅游业总人数、总收入

| 指标名称 | 2015 年 | 2016 年 | 2017 年 | 2018 年 | 2019 年 |
|---|---|---|---|---|---|
| 旅游总人数(万人次) | 4094 | 5494 | 7700 | 10000 | 12100 |
| 旅游总人数同比增长(%) | 20 | 34 | 40.2 | 29.9 | 21 |
| 旅游总收入(亿元) | 313 | 444 | 641 | 833 | 1107 |
| 旅游总收入同比增长(%) | 22 | 42 | 44 | 30 | 33 |

资料来源:《毕节市 2019 年国民经济和社会发展统计公报》。

## 二　毕节试验区商贸业发展存在的问题

随着经济社会高质量发展，为适应多元化、高端化、特色化和国际化发展趋势，一批大型商圈和购物中心、批发市场以及餐饮业加快转型升级，新旧动能叠加，使得商贸业发展面临新的困难和挑战，归纳起来，主要有以下几个方面。

### （一）区域市场发展不平衡、不充分

一是城乡市场发展不平衡。从社会消费品零售总额构成看，2019 年毕节地区零售总额为 382 亿元，其中，城镇 296.1 亿元，占 77.51%，乡村 85.9 亿元，占 22.49%；五年间城镇消费额比重从 72.54% 上升到 77.51%，乡村社会消费品零售比重从 27.46% 下降到 22.49%，显示出城乡市场消费水平存在明显不均衡的现象，城乡消费差距明显，人口占比较大的农村市场未能有效支撑起整个消费体系的协调健康发展。二是区域市场发展不平衡。从毕节市所辖县区统计结果看，存在区域间消费发展不平衡的状态，市级政府行政所辖中心城区消费明显高于其他县区和乡镇。

从县区情况来看，占比最高的七星关区占据消费市场的 30.45%，占全市近 1/3 的比例，而占比最低的百里杜鹃管理区仅为 1.94%，相比而言，区域间差距较为明显（见图 1）。市场发展不充分主要体现在：第一，农村

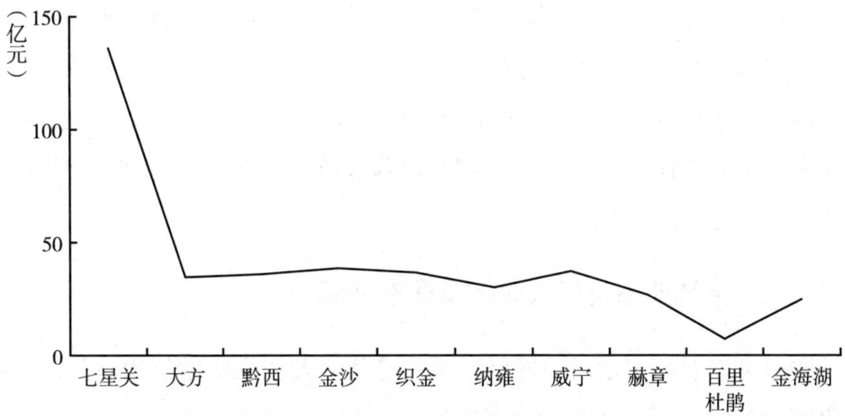


**图1　毕节市2019年分区县社会消费品零售总额**

资料来源：《毕节市2019年国民经济和社会发展统计公报》。

市场基础设施建设相对滞后。从全市消费品结构看，农村消费品市场发展明显滞后于城镇，总体消费水平不高，对2019年全市数据进行分析发现，农村社会消费额仅占22.49%。受交通基础设施的影响，毕节市广大农村地区交通基础设施建设较城市起步晚，大多数乡镇居民居住在较为偏僻的地域，商业网点布局少且较为分散，农村居民消费品来源主要依赖于传统集贸市场和个体商店采集的商品，且商品种类较为单一、消费需求品质不高，与城区居民消费层次及需求存在较大差距。第二，消费习惯的局限性大。农村地区消费受制于收入水平及消费习惯的影响，对商品多样化、高端化、品质化方面的需求有限，消费结构较为单一，首要考虑解决的是食品、基本衣着、医疗等方面的需求，其次才考虑对文化、旅游等其他消费品进行消费。第三，市场主体经济意识不够强，经营理念比较传统，不适应网络社会的发展。在大多数农村地区，具有经商意识及经营管理经验的人才缺乏，对群众消费需求缺乏有效的了解，多数是以居民日常消费的商品作为采购主体，考虑到消费群体的消费需求和消费能力，对较为高质量高价值的商品不会轻易进货，担心商品销路不好积压一定资金，影响流通的正常运转。第四，农村地区在物流配送和电子商务经营模式方面还不够完善。近年来物流业发展速度较快，给城乡居民生活带来了极大的便利，缩短了商品运输时间，提高和丰富了产品需求种类，但还存在电子商务运营模式在部分农村地区的发展步伐缓慢的情况。这与传统消费习惯和消费方式有关，对新型消费模式的接受和适应还有一定的过程；加之农村地区交通基础设施相对滞后，也在一定程度上制约了物流配送的时限性。

### （二）传统业态与新兴业态发展不平衡

2019 年，从毕节地区限额以上批发零售企业实现的销售额看，共实现销售额 342.22 亿元，其中通过互联网实现的商品销售额为 71.37 亿元，占全部的 20.86%，其中，食品、饮料及烟草制品批发类实现网络销售的量最多，占全部网络销售额的 94.1%，其他行业实现的网络销售额仅占 5.9%，主要的酒类销售公司通过网络实现的销售额占全部酒销售额的 5.8%。从人们日常消费方式看，现在大部分消费群体通过网络实现的消费数量的上升幅度呈现加速增长趋势，电子网络支付及网购消费模式已逐渐替代传统消费方式成为人们的选择，互联网发展和信息技术的进步引领消费方式发生着重大变革，同时对传统消费模式形成的冲击波也不断延伸，使传统经营方式面临较大的挑战。从行业来看，传统产业与新兴产业发展存在不同步现象。2019 年，毕节市食品、饮料及烟草制品批发行业实现的销售额占比最高，达 35.76%，其中仅烟草制品批发业实现的销售额占全部的比重就高达 31.97%。其次为摩托车、汽车、零配件和燃料及其他动力销售行业，占比为 32.57%。汽车、摩托车及零配件的销售额就占 14% 的比重，特别是汽车专卖店的发展速度呈现大幅度提高趋势，截至 2019 年底，毕节汽车销售公司纳入统计的共 126 家，仅 2019 年一年内就新增 64 家，新增企业占据一半，加上二手车交易公司，总数达 130 家，占毕节市全部限上批发零售业总数的 30.7%；汽车能源消费主要是中石油、中石化两家企业，2019 年其实现的销售额占比高达 17.4%，伴随汽车大量进入家庭并逐渐成为人们日常生活工作的必需品，对燃料的需求和带动效应明显增强，且油价连续上涨也对零售额做出较大贡献。排在第三的为矿产品、建材及化工产品批发行业，占比为20.07%，充分反映出近两年来毕节市房地产市场的活跃程度较高，尤其是实施棚户区改造以来居民对住房的需求呈现日趋旺盛的态势。初步汇总看，以上三类行业实现的销售额占据毕节市全部线上销售额的88.4%，成为毕节市消费品市场的重要支撑，对全市消费额的增长变化起着举足轻重的作用。

### （三）城乡居民消费升级与动力转换不同步

从居民消费方面分析，城乡居民恩格尔系数的变化也反映出地域间消费的差别。2019年，毕节市城镇和农村居民恩格尔系数分别为38%、39.96%，消费支出结构逐步向多样化的模式转变。城区范围内商业购物中心、专卖市场、超级市场及新型集购消娱乐等为一体的商业中心不断兴起，很大程度上带动城市特别是中心城区的消费向纵深发展。相比而言，广大农村地区的消费则呈现较为疲软的状态，消费需求单一、产品不丰富、消费层次不高、收入水平制约等，不同程度上都导致了农村消费市场发展呈现较为缓慢和活跃程度不高的现象。近年来国家各项惠农政策的出台，加大了对农村区域经济发展的有力支撑，很大程度上带动了农村消费市场的进一步发展壮大，特别是家电下乡带动了农村消费市场结构发生着改变，但农村消费市场的总体发展动力还受制于诸多因素的影响，特别是内生动力明显不足，对整个消费市场的拉动和延伸作用不强。

### （四）新旧商业模式融合发展不充分

随着互联网技术的飞速发展，电商销售模式正逐步取代传统营销模式。传统销售模式是以产品的促销为导向，商品销售商的销售重心更多放在产品本身，营销理念是以产品为导向、产品为中心的销售模式；而新型电商销售模式则更多关注客户的需求，是传统销售模式的补充而非对立，更加注重产品线上线下的融合，销售重心更多放在客户身上，是以需求为导向的营销模式。但在整体发展过程中，由于各方体制机制建设还不完善，渠道畅通上保障力度有待加强，线上线下消费还未探索出如何更好实现融合发展的模式，多数线下经营主体受电商冲击的影响较大，一段时间以来线下消费乏力的现象较为明显。

### （五）消费质量与消费档次提升不充分

从整体消费市场看，常规产品的市场需求已过于饱和，而高端化、精品化、个性化产品的供给存在较大缺口，导致消费市场呈现消费质量与消费档次普遍偏低的状况。对目前毕节市市场状况进行分析发现，有一定规模的大型超市、专卖店较少，目前较为大型的零售商如沃尔玛、合力超市等，因在毕节市是分支机构，未能纳入统计范围，不能真实反映毕节市零售业的消费水平；以临街门面或小卖部数量居多的商家又存在营业额普遍不高的情况，占比较大的餐饮行业又普遍存在以个体商户居多，缴纳一定的定额税，即使达到规模也不愿纳入统计的现象。综合分析：一是生产商与市场需求之间缺乏有效的衔接机制，存在信息不对等的现象；二是大多数生产商缺乏对不同阶段市场需求的调查分析研判，在策略措施上缺少长远性前瞻性眼光；三是占比较大的中小微企业因受资金、人力、技术等因素的限制，创新能力、创新意识不强；四是由于城镇化水平普遍偏低，消费能力不强，未能形成强有力的带动效应，整个消费市场表现为提质不充分的现状；五是受地域、消费习惯及收入水平等因素的制约，整体消费质量和消费水平不能得以有效提升。

### （六）消费品市场发展不平衡、不充分

综观全市消费市场整体情况和各县区区域消费发展状况，普遍存在市场发展不平衡、不充分的现象，特别是广大农村地区消费市场较为疲软。具体分析原因，主要有以下方面。一是城乡基础设施建设推进不同步化：城镇化推进进程缓慢，交通基础设施网络建设有待进一步完善，系列公共服务配套建设力度有待加强，整体推进步伐存在不同步性。二是消费需求群体收入水平差异化：虽然近年来农村居民人均可支配收入增长速度高于城镇，城乡居民收入差距正在逐步缩小，但从 2019 年数据来看，城乡居民收入比仍然高

达3.14倍，收入差距较大的现状仍未从根本上得到缓解。三是消费需求结构单一化、产品同质化程度深：由于受消费地域、消费习惯、消费水平等相关因素的制约，消费群体的消费层次、消费品质、消费质量及消费档次都千差万别，消费市场不能最大限度地满足各种消费群体的不同需求。四是城乡消费市场间融合发展制约因素多样化：受交通基础设施的限制，农村消费市场活跃程度不高，商品结构单一化、同质化程度较深，城乡消费理念存在较大的不同，城乡消费市场两极分化现象严重，大多乡镇沿袭的还是利用传统的赶集时间采购生产生活用品，常规市场采购品种少而不全，实现网络购销的范围不宽，购销商品品种较少，城乡融合发展、相互促进的体制机制还不健全。五是消费区域发展不均衡：从地域分布看，中心城区消费水平、消费层次要普遍高于县区和乡镇。

## 三　促进毕节地区商贸业高质量发展的对策和建议

为进一步促进毕节地区商贸业高质量发展壮大，不断提高和规范市场建设及完善管理机制水平，提升城乡居民消费水平和消费档次，以满足人们日益增长的物质文化生活水平等各方面的需求，充分反映出扩大内需促进消费对整个经济社会发展的显著性支撑作用，提出以下建议和对策。

第一，稳就业促增收。建立和完善促进城乡居民增收的体制机制，拓宽就业渠道增加就业岗位，创造更多的就业机会，逐步缩小城乡收入水平差距，破解制约城乡消费市场统筹协调发展的难点、关键点，打破农村消费市场乏力的现状，不断提升消费质量和消费档次。

第二，加大商贸投入。加大政策支持和倾斜力度，特别是加大对农村地区交通基础设施建设及公共服务保障方面的投入，逐步缩小城乡二元结构差异；解决打通农村市场发展最后一公里的瓶颈，进一步拓展商品流入渠道、降低商品流入成本；加大对农村地区经济发展的政策、产业、资金、技术、服务等方面的支持和倾斜力度，积极探索以城带乡、以城促乡的统筹发展模式，逐步营造和优化全市城乡融合发展的良好氛围和发展环境。

第三，健全市场机制。积极构建城市、农村居民消费市场融合发展的引导机制。推动城乡消费市场的深度融合发展，逐步改变消费市场结构单一、消费层次不高、消费产品同质化的格局，不断丰富和完善城乡消费市场结构，实现消费层次和消费档次的升级转化，进一步拓展和延伸消费的广度和深度。

第四，完善电商设施。大力发展电商平台在促进和活跃消费市场中的支撑作用。进一步完善城乡规划体系建设，完善消费市场的整体布局和谋划，充分借助“互联网 +”网络技术，倾力打造线上线下融合发展新模式，为实现“毕货出山”开辟广阔的通道，不断拓展产品销售渠道。

第五，优化消费模式。进一步优化和细分市场，最大化满足消费群体不同层次需求。探索创新传统营销业态与新兴业态相互渗透、相互促进、共同发展的新模式，合理有效规划市场定位，逐步形成规范有序的市场环境，为消费者提供方便快捷高效的消费平台，最大限度满足不同消费群体的个性化需求，进一步促进消费市场提质增效。

第六，强化政策扶持。推动激励和扶持政策措施落到实处，为扩大内需、促进消费转型升级营造良好氛围。各级党委政府要统筹地方经济发展全局，持续稳步推动三次产业协调融合发展，进一步加大对中小微企业发展的政策扶持力度，探索创新激励企业发展的体制机制建设，逐步推进地方经济社会发展从依靠投资拉动型向消费促进型转变，进一步扩大消费内需，充分激发消费市场活力，助推经济社会实现可持续发展。

## 参考文献

毕节市统计局、国家统计局毕节调查队：《毕节市 2019 年国民经济和社会发展统计公报》，《毕节日报》2020 年 4 月 28 日。

陈玲：《现代商贸业的产业先导作用及创新发展路径》，《城市问题》2010 年第 10 期。

张姝雅：《城市副中心下的通州区商贸业发展战略选择研究》，《商业经济研究》2015 年第 2 期。

龙海峰、安宏：《清镇市中高端商贸业发展对策研究》，《贵阳市委党校学报》2019 年第 5 期。

# B.4
# 毕节试验区特色文化产业助推乡村产业振兴的路径探析

王红霞　颜 强*

摘　要：深入挖掘毕节试验区优秀传统文化资源，着力将文化资源优势创造性转化为产业发展优势，从而促进乡村特色文化产业创新性发展，这对推动毕节试验区乡村产业振兴和文化振兴具有双重意义。本文通过系统梳理毕节试验区文化产业主要成效，分析发展优势，总结经验启示，系统提出五大发展路径以期助推毕节试验区乡村产业与文化协同振兴。

关键词：特色文化产业　产业振兴　毕节试验区

毕节试验区是一个多民族集聚地区，民族文化、红色文化、历史文化底蕴深厚、多姿多彩，丰富的乡村优秀传统文化也具有鲜明的地域特色，是毕节试验区传承、保护、发展地方特色文化产业的重要基础。当前，毕节试验区正处于脱贫攻坚与乡村振兴有效衔接的过渡期，面对巩固拓展脱贫攻坚成果与全面实施乡村振兴战略的交织时期，毕节试验区因地制宜、开拓创新，积极探索乡村产业扶贫和产业兴旺的结合点，大

* 王红霞，贵州省社会科学院农村发展研究所助理研究员，主要研究方向为乡村产业；颜强，贵州省社会科学院工业经济研究所助理研究员，主要研究方向为农业经济管理、生态经济、应用经济学、绿色发展等。

力发展地域特色文化产业，对推动毕节试验区乡村产业振兴和文化振兴具有重要的实践意义。

## 一 主要成效

### （一）“红色文化+旅游”深度融合，增强产业带动效果

深入挖掘毕节试验区红色文化资源，依托长征国家文化公园贵州重点建设区，将红色文化与旅游深度融合，促进文化旅游高质量发展。以七星关区鸡鸣三省旅游景区为例，该景区以红色文化为品牌支撑，融入苗寨风情、养生文化及山林生态环境，着力发展文化产业，形成以峡谷风光、峡谷探险、山林养生、文化体验等功能为核心的复合型旅游景区。

一是试运营成效明显。鸡鸣三省旅游景区于 2018 年 6 月开始试运营，景区试运营以来，得到社会各界及游客广泛好评，其中端午节、春节和国庆节期间单日游客量均超过 1 万人。截至 2019 年 10 月，景区共接待游客 30 万余人次，直接营业收入 300 多万元，带动实现地方旅游综合收入 1.6 亿元。

二是景区定位明确。景区被列为贵州省 100 个旅游景区建设名录。2018 年，鸡鸣三省会议会址被列为贵州省省级文物保护单位，被授予贵州省省级爱国主义教育基地和毕节市爱国主义教育基地。在贵州省 2019 年 4A 景区景观质量评审中，鸡鸣三省景区获得高度好评。

三是助力脱贫成效显著。鸡鸣三省景区于 2016 年开始建设以来，周边村庄近千名外出务工群众纷纷返乡创业就业，仅景区建设工地就解决临时就业 300 余人。景区运营团队组建后，在招聘员工时优先考虑景区周边村民和贫困户，景区现有员工 72 人，其中 53 人均为本地村民。同时结合景区实际情况，通过减租免租优惠等多种方式引导周边群众在景区内开设餐饮和旅游商品店近 10 家，带动景区周边农家乐 10 余家，解决就业人数 100 余人，红色旅游带动贫困户脱贫成效显著。

四是助力产业结构调整成效显著。鸡鸣三省村围绕旅游发展，成立了贵州三省缘旅游服务公司，带领30多户群众主营餐饮。返乡创业的某村民成立红色一家亲农业发展公司，带领20多户农户发展种植业、养殖业，开办农家乐，在当地这样的例子比比皆是。事实证明，景区的开发建设，不仅推动了当地餐饮服务、旅游商品、交通运输、商业贸易等多业态发展，还推动了农村剩余劳动力更多向第二、三产业有序转移，对促进农村产业结构调整起到积极作用。

### （二）履行社会责任，彰显国企担当

按照“突出主业、转型做实、市场运作”的基本思路，毕节试验区推进公司转型升级，向实体化企业改革发展，促进国有企业资源配置更加优化，法人治理结构更加完善，发展机制更加灵活，经济效益、社会效益更加明显。在加快自身发展的基础上，履行好企业社会责任，彰显国企担当，更好地回馈社会，造福于民。如雍康文旅集团，自重组整合以来，充分彰显了国企担当。

一是推进整合重组，做强主导产业。围绕股权划转、资产包装、风险管控等重点工作，推进集团公司重组整合，做强做优主导产业。通过股权划转，组建贵州雍康文化旅游开发投资（集团）公司。围绕文化旅游投资开发及运营，旅游产品设计、制作，旅游景点管理运营，文化旅游特色街区经营，特色餐饮等服务业务，传媒载体建设管理及运营、宣传策划等业务做强主导产业。规范各项资金的使用，提高各项资金使用效益，对风险发生的可能性、影响程度、潜在后果等进行系统分析，制定防控方案，采取有效措施，及时应对处置，并结合工作实际，提高识别化解风险的能力。

二是围绕中心工作，履行社会责任。完善帮扶机制，彰显国企担当，建立完善贫困户与企业的利益联结机制，让贫困群众分享企业红利，变简单“扶持到户”为“效益到户”，把千家万户的小生产和千变万化的大市场联结到一起，实现稳定增收、稳定脱贫。做好结对帮扶，着力充分发挥

自身资源优势履行帮扶职责，落实帮扶工作，针对结对帮扶村的实际困难，通过资金帮扶、人力帮扶等方式着力帮助贫困户改善生产生活条件、补齐基础设施建设短板。履行社会责任，塑造企业形象，利用送文化下乡、走访慰问等形式进一步履行社会责任，不断塑造良好的企业形象。开展“送文艺进移民搬迁点”活动，丰富群众文化生活。慰问防疫一线人员，集团积极组织为医务人员、公安干警、基层干部等在防疫一线的人员送生活物资，让他们在投身疫情防控工作的同时生活物资得到保障。积极开展走访慰问活动，主要慰问贫困户、老党员等特殊群众，并为帮扶村提供财力、物力、人力支持。

### （三）坚持体制机制创新，保持文化产业蓬勃发展态势

从管理体制和管理模式创新出发，不断探索实践行业管理与社会管理，充分发挥政府主导作用，持续推进市场化运作。比如，近年来，百里杜鹃景区不断加强体制机制创新，文化旅游产业发展保持蓬勃态势，周边配套设施及服务逐步完善，景区竞争力和品牌影响力持续增强。其具体做法如下。

一是采取“管委会＋公司”模式。百里杜鹃景区为做好实体建设，专门成立集团公司，按照现代企业制度对景区进行经营管理，重点优化景区业态布局，以实体化、市场化推进景区发展。2019 年，百里杜鹃景区呈现井喷发展，常态化举办国际杜鹃花节、彝族火把节、苗族神鼓节、白族团圆节、满族颁金节等文化节庆活动，吸引了大量游客到百里杜鹃景区观光体验。全区共接待游客 500 万人次，同比增长 31.3%，实现旅游综合收入 34.2 亿元，同比增长 30.2%。

二是采取“公司＋合作社”模式。集团公司与村集体建立利益联结机制，旅游集团公司搭建书记“交流台”，通过与 11 个村党支部合作，在产品包装、产品分销、品牌树立等方面共建共商，实现了农户、游客零距离的产销新格局。重点开发“百里杜鹃·千里情缘”文创产品品牌，形成了多样化的文化旅游产品类型。

三是采取“公司＋农户”模式。集团公司引导群众将闲置民房入股，在鹏程街道启化村、普底乡大荒村试点发展共享民宿8栋。截至2019年底，培育发展乡村旅游村寨10余处，发展特色乡村旅游点20余处，建设的住宿、餐饮等配套服务，直接带动从业人员9300余人，间接从业人员4万余人。

## 二　发展优势

### （一）资源优势

1. 历史文化深远厚重

毕节试验区的黔西观音洞是中国南方人类发源地，同时，也是中国长江以南旧石器时代早期文化的典型代表，其史前文化被著名历史学家白寿彝誉为我国旧石器时代早期文化的三个古文化区之一，同山西西侯度和匼河文化、北京周口店文化鼎足而立。毕节在秦汉时期已初开昌明，被列入中国十大考古新发现的赫章可乐遗址、威宁中水遗址的考古发掘，证明了古夜郎国的文明与辉煌。蜀汉建新三年（公元225年），彝族首领济济火助诸葛亮南征有功，受封罗甸王，建立罗甸国。彝族中的阿哲氏正式成为贵州西北部乃至贵州大部的统治民族，时间长达1474年。在1400多年的统治历史中，彝族统治者建立了独具地方特色和民族特色的政治、经济和文化制度，奠定了千年彝文化的基业，创造了“百年皇帝，千年土司”的神话。明清时代，毕节文化更有发展，明代水西彝族女政治家奢香夫人为维护国家统一和民族团结，忍辱负重，带领彝族同胞开“龙场九驿”以通滇蜀。清代涌现了丁宝桢、李世杰等一代名臣。清晰的历史文脉、大量的考古资料和遗物遗迹，犹如一颗颗历史长河中闪烁的明珠，串起了毕节历史发展序列清晰的历程，充分诠释了毕节历史文化悠久、厚重与多元。

2. 民族文化浓郁多彩

毕节试验区共有汉族、彝族、苗族、回族、白族、布依族等45个民族，有 1 个彝族苗族回族自治县，77 个民族乡，少数民族人口占 28%，世居民族有 17 个，形成以彝族、苗族为主的具有鲜明地域特色的民族文化，其内涵丰富、形式多样，文化生态与自然生态互为依托，相得益彰，存续状态良好。保存完好的民族村寨，原始古朴，多彩的民族服饰、原生态的民间音乐、婀娜多姿的民族舞蹈，独具地方民族特色，丰富多彩的传统工艺彰显出民族民间文化的无穷魅力。少数民族传统舞蹈《撮泰吉》《滚山珠》《铃铛舞》，民俗“箐苗服饰”彝族火把节，传统技艺“大方漆器制作工艺”被列入国家级非物质文化遗产保护名录，传统舞蹈、传统音乐、传统戏剧、传统工艺、传统杂技与竞技、传统医药、民族服饰、民族节庆、民族习俗等省级非物质文化遗产保护名录 40 余个。

3. 红色文化凝重辉煌

毕节试验区有 8 个县（区）及 179 个镇、乡、办事处，共有革命遗址 116 处，沉积着丰富的红色文化资源。中国革命时期，5000 多名民族同胞积极为红军提供方便并踊跃报名参军，先后在毕节成立了中华苏维埃川滇黔省革命委员会、贵州抗日救国军司令部等革命政权。1934 年 1 月贵州省第一个中共地下党支部在毕节建立，1935 年 2 月中央政治局在现七星关区林口镇的鸡鸣三省村召开了常委分工会议（这是继遵义会议后中央政治局召开的又一次重要会议）。丰富的红色文化资源已成为毕节试验区历史文化教育、国防教育、革命传统教育和爱国主义教育的重要资源优势，也是红色文化、革命史迹游览圣地及宣传毕节试验区和革命老区的重要窗口，同时，也为毕节试验区红色文化旅游带来广阔的发展空间。当前，毕节试验区正在聚力项目推进，以点带面的战略布局，加快推进长征国家文化公园（毕节段）建设，积极维护修缮川滇黔省革命委员会旧址，强化革命遗址展览效果，精心谋划 3 条长征徒步线路，其中 2 条属省级“最美红军线路”。

4. 生态旅游资源独特

毕节试验区所处的乌蒙山片区为典型的喀斯特地貌，气候凉爽怡人，年平均气温 13.4℃，是大自然赐予的“天然大空调”。生态环境优质，自然景观丰富奇特、神奇优美，旅游资源富集，大气磅礴。毕节试验区具有“洞天湖地、花海鹤乡、避暑天堂”的美誉，同时，独具特色的乌江水体景观、奇峰、峡谷、飞瀑、石林、溶洞、湖泊、杜鹃花林带等比比皆是，许多地方仍保留着自然原始风貌，且各种文化旅游生态资源保护较好，开发潜力巨大，后发优势特别明显，是毕节试验区发展特色文化产业取之不尽的宝贵资源。截至2019年底，毕节试验区共有旅游资源单体9668个，已开发的有国家5A级景区百里杜鹃、4A级景区织金洞、4A级景区韭菜坪等知名景区。毕节试验区适宜的生态气候资源，是休闲度假、运动体验、文化旅游的重要承接地。

### （二）政策优势

1. 政治高地

毕节试验区是全国唯一以“开发扶贫、生态建设、人口控制”为主题的试验区。党的十八大后，中共中央、国务院和贵州省委、省政府高度重视，把毕节试验区建设提升到国家和省的层面持续推进。特别是近年来，中央政治局常委、各民主党派中央、贵州省委省政府主要领导均多次对毕节试验区做出重要批示、指示。2014年习近平总书记做出重要批示，毕节试验区为贫困地区全面建成小康社会闯出一条新路子，且在多党合作服务改革发展实践中探索新经验。2018年7月18日，习近平总书记对毕节试验区做出重要指示，要求“确保按时打赢脱贫攻坚战”，“努力把毕节试验区建设成为贯彻新发展理念的示范区”，为新时代试验区改革发展赋予了新的历史使命，指明了前进方向，注入了强大动力，不仅增强了试验区各族人民跨越发展的信心和斗志，也给特色文化产业的发展带来了前所未有的机遇。

2. 政策支持

党的十七届六中全会以来，党中央、国务院和贵州省委、省政府高度重视发展文化事业和文化产业，出台一系列支持西部、支持贵州、支持毕节试验区的政策措施。《中共中央国务院关于深入实施西部大开发战略的若干意见》（中发〔2010〕11号）、《国务院关于进一步促进贵州经济社会又好又快发展的若干意见》（国发〔2012〕2 号）、《国务院办公厅关于同意深入推进毕节试验区改革发展规划的函》（国办函〔2013〕35 号）、《国务院关于加快构建现代公共文化服务体系的意见》（国发〔2015〕2 号）、《文化部、财政部关于印发〈藏羌彝文化产业走廊总体规划〉的通知》（文产发〔2014〕11 号）、《文化部办公厅关于对出台支持毕节试验区文化事业和文化产业发展倾斜政策意见的复函》（办财务函〔2014〕435 号）、《中共贵州省委贵州省人民政府关于进一步支持毕节试验区全面深化改革发展的若干意见》（黔党发〔2014〕11 号）、《中共贵州省委贵州省人民政府关于支持毕节试验区按时打赢脱贫攻坚战夯实贯彻新发展理念示范区建设基础的意见》（黔党发〔2018〕23 号）等文件的出台，使毕节试验区改革发展上升到国家和省的层面，为加快毕节试验区经济社会发展提供了有力的政策保障。

### （三）后发优势

毕节试验区文化遗产资源富集，山地运动旅游资源大气磅礴，生态修复较好，发展潜力和空间巨大，文化产业后发优势特别明显。随着城乡居民收入不断提高，人民群众内生动力不断增强，人民群众精神文化消费水平也随之提高，精神文化消费已成为毕节试验区文化事业和文化产业繁荣发展的内在动力和明显趋势。同时，随着社会主义市场经济体制的不断完善，我国文化市场体制机制也日趋完善，全国文化产业呈现健康向上、蓬勃发展的良好态势，正成为推动社会主义文化大繁荣大发展的重要引擎和经济发展新的增长点，为毕节试验区文化产业发展创造了良好的外部环境。

## 三　经验与启示

### （一）坚持文化产业创新发展理念

文化产业创新发展是推动文化产业高质量发展的主要路径，也是彰显文化魅力的助推器和突破口。党的十九大报告指出，要推动文化产业创新性发展、创造性转化，通过“双转”必定会大力促进文化产业快速健康发展，从而更好地实现社会效益和经济效益“双赢”。一是突出特色，精准定位区域文化元素。不同区域有各自的独特文化，历史文化资源丰富的地方就要着力彰显历史文化，民族文化特色明显的区域，就要将多彩的民族文化转化成民族文化产业，重点结合区域特色，明确文化元素，然后集中火力打造区域文化品牌。二是强化全产业链思维。坚持一切从实际出发，着力推动文化与其他产业的深度融合，尤其要将文化与乡村旅游结合，形成融吃、住、行、游、购、娱为一体的乡村文化旅游，以旅游彰显文化，以文化为旅游铸魂。三是以人民为中心推进文化发展。不管在项目前期谋划阶段，还是在项目实施阶段，始终要以人为本，一切以人民利益为第一位，做到人民群众在乡村文化产业发展中是真正的受益者、获得者。

### （二）机制创新是加快文化产业发展的动力

文化产业管理机制创新是促进乡村文化产业可持续发展的活力源泉。一是着力管理机制创新，探索出既传承优秀传统文化，又增加人民群众获得感的发展之路，从而促进乡村物质文明与精神文明协同发展，传承与创新“比翼双飞”。二是管理模式创新。积极探索多元管理模式，依托现代企业制度，走实体化、市场化的可持续发展道路，从而促进乡村文化产业高质高效，乡村宜居宜业，农民富裕富足，进而有利于乡村文化产业实现社会效益、经济效益相统一。

### （三）业态多元是增强乡村文化产业竞争力的重要举措

通过“文化+”的发展模式，依托生态气候、数字技术、体育旅游等要素的深度融合，形成多样化、多层次的新业态。一是充分运用生态资源优势，把乡村生态文化作为一篇“大文章”，大力推进乡村生态文化产业化发展。二是利用贵州大数据综合试验区契机，将数字技术深度融入乡村文化产业中，形成乡村文化创意产业、数字文化产业，让乡村优秀的传统文化通过现代数字技术“活”起来。三是依托毕节试验区独特的喀斯特地貌，发展体育旅游，为贵州省体育旅游示范区建设先行先试。总而言之，文化与其他产业深度融合，形成业态多元的产业体系，形成具有区域特色的文化业态，是促进乡村文化产业高质量发展的重要举措。

## 四　以特色文化产业助推毕节试验区乡村产业振兴的路径

### （一）聚焦“文化+”深度融合，大力推动乡村文化产业创新发展

融合发展激发文化产业新活力，是发展壮大文化产业的根本动力，同时也是推动文化产业与相关产业融合发展、激发文化产业活力的核心关键，更有利于加快实现社会效益和经济效益相统一。

1. 围绕“文化旅游+农业”，着力提升乡村一二三产融合水平

深刻把握文化旅游与农业的辩证统一关系，用文化旅游赋能农业多业态发展，增加附加值，用农业传承和发展乡村优秀传统文化，促进文化旅游与农业相融互促、相得益彰。重点围绕毕节试验区红色文化、民族文化与百里杜鹃、织金洞、韭菜坪等景区深度融合，夯实文化旅游融合发展基础，再将毕节试验区的蔬菜产业、食用菌产业、中药材产业、生态畜牧业等农业特色优势产业融入文化旅游中，丰富文旅内涵，发展有毕节试验区地域特色的休闲观光农业、体验农业游等多种新兴业态，从而培育文化旅游与农业融合发展新的增长点，提升文化旅游品质，促进文化旅游高质量发展。

2. 围绕“乡村文化旅游+农户增收”，增强乡村文化产业带动能力

推进乡村旅游景区建设，依托美丽乡村建设，大力促进“乡村文化旅游+农户增收”快速发展。发挥生态优势，挖掘民俗文化，开发一批形式多样、特色鲜明的民族村寨（镇）型景区。鼓励乡村积极开发非物质文化，使其产品化、市场化，市场主体通过生产种植用工，订单文创产品、手工艺品等劳动力需求，有效解决农民就近就业，提升乡村旅游就业吸纳能力和惠

民富民能力。按照景区带动乡村加分政策，鼓励3A级及以上景区带动周边村落乡村旅游发展，探索景区带村、能人带户、企业（合作社）+农户等多种类型的乡村旅游模式。通过民宿餐饮、就地打工、产品加工、资产入股、租金收益、公司带户、专业合作等途径，创新乡村营收新模式，构建“主客共享”的新型乡村社会发展新空间。

### （二）以项目带动为基础，强化乡村文化旅游支撑

坚持以项目带动、建设推动的发展战略，全面做足文化产业项目助推乡村产业振兴的基础支撑。

1. 突出优势，选好项目

项目是文化发展的重要载体，是文化产业发展系统牵引的“牛鼻子”。大力推进建设一批业态结构优、发展后劲足、高质量、高水平、高效益的重大文化发展项目。抢抓国家长征文化公园建设契机，按照“建好特色展示点、建优核心展示园、建强集中展示带”要求，建成一批集中反映毕节长征文化特色的项目，谋划项目纳入长征文化公园贵州重点建设区规划，按照“点—园—带”逐步推进建设。

2. 持续发挥项目战略带动作用

抓项目就是抓产业，抓项目就是抓发展。按照重点项目坚持集中布局、集约发展、集群带动的思路，着力打造聚集优良资产、优良资源的文化产业集群。持续推进百里杜鹃度假区、织金洞旅游景区、大方慕俄格古彝文化旅游景区、七星关拱拢坪旅游景区、鸡鸣三省旅游景区、赫章阿西里西旅游区、九股水温泉旅游景区、九洞天旅游景区、金海湖竹园乡歹鸡村、响水青山村、威宁“黔韵紫海”景区、板底彝族风情小镇等重大景区项目建设。大力推动署仲河暗流溶洞漂流、枪杆岩温泉酒店、慕俄格古城三期温泉旅游康养中心等一批新项目。围绕旺盛的夜间消费需求，增加有效产品供给，培育平远古镇、奢香古镇等一批夜间文旅消费网红新产品、新场景，加快推进夜间经济发展。

## （三）以品牌培育为突破，增强特色文化产业竞争力

品牌既是产品标签，也是身份标识。进一步强化品牌意识，实施文化品牌战略，充分发挥品牌创建的引领示范作用。

1. 着力打造红色文化品牌

做亮红色文化，强化文化产业品牌竞争意识，将鸡鸣三省景区、大关盐号景区、枪杆岩景区打造成为长征国家文化公园（毕节段）亮丽名片。

2. 着力打造藏羌彝文化产业走廊文化品牌

紧紧抓住《藏羌彝文化产业走廊总体规划》政策利好和大好机遇，弘扬民族文化，提升文化旅游形象品牌和知名度。打造“奢香故里、古彝圣地”文化品牌，重点打造古彝文化休闲观光胜地——慕俄格古城、中国彝族博物馆、古彝影视动漫制作拍摄基地和民族文化创意产业园区，大力发展民族演艺、彝文古籍抢救性收集整理和彝族音乐出版、民族食品、民族医药、民族工艺品，实现古彝文化产业的高度集聚和高附加值。

## （四）建立健全文化产业投融资体系

积极争取中央各部委和省直各厅局对毕节试验区的支持，在文化建设项目和资金方面给予倾斜。设立农村文化建设专项资金，进一步拓展资金来源渠道，注重引入社会资本，创新投入方式，采取 PPP 等模式，加快文体基础设施建设。落实相关公益性文化事业优惠政策，鼓励创办民间文艺院团。采取政府购买服务，落实贷款贴息、给予一定补助等扶持措施，发展政府与社会多元主体共同参与的公共文化发展模式，形成多元化的文化事业和文化产业投入机制。

## （五）加大文化产业人才培育力度

人才是第一资源，要全面打造文化产业人才高地，以文化产业发展需求为导向，为全力推动特色文化产业助推乡村产业振兴提供坚实保障。

1. 抓好专业人才培养和引进使用

文化产业发展的关键在于创新，而创新的关键在于人才。根据文化产业链条结构与产业融合需求，制定人才培养计划和人才引进机制。以培育使用文化产业领军人才为重点，聚焦经营、管理和理论研究各方面的理论与实践人才，为文化产业发展提供全方位的智力支持。重点引进或培育文旅产业方面人才，尤其是长征国家文化公园运营和管理类人才，围绕长征国家文化公园（毕节段）建设内容，培育长征文化运营和管理类人才团队，讲好长征故事、传承长征精神。

2. 构建人才服务平台建设

要留住人才、吸引人才，做好配套服务是关键，尤其要重视人才服务平台的构建与建设。由此，依托产业集聚，为文化产业与相关产业融合提供必要的协作便利，还为人才培养和成长提供优质平台。应充分考虑环境与人之间的相互作用，将人才库建设和产业集聚区建设通盘规划，致力于人才培养与乡村产业发展，依托政策支持和配套服务，为特色文化产业助推乡村产业振兴提供强有力的人才支撑。

## 参考文献

李忠斌、陈小俊：《特色村寨文化产业高质量发展与乡村生态振兴》，《青海社会科学》2020 年第 4 期。

王超群：《乡村振兴战略下的乡村特色文化产业——宁城县食用菌产业》，《赤峰学院学报》（自然科学版）2019 年第 9 期。

陆梓欣、齐骥：《乡村振兴视域下特色文化产业人才优化路径初探》，《发展研究》2020 年第 4 期。

关月婵：《广西少数民族特色文化产业发展研究——乡村振兴背景下我国农村文化资源传承创新方略研究系列论文之一》，《广西民族师范学院学报》2020 年第 1 期。

李忠斌、陈小俊：《特色村寨文化产业业态创新与乡村振兴：价值、机制与路径》，《南宁师范大学学报》（哲学社会科学版）2020 年第 2 期。

**B**.5

# 毕节市促进战略性新兴产业集群发展研究

罗先菊*

**摘　要：** 集群发展现已成为战略性新兴产业发展的必然趋势。毕节市应充分利用资源禀赋，结合产业基础，从强化规划引领、强化组织领导、强化创新能力、强化金融支持、强化人才建设、强化用地管理六个方面努力，大力发展以先进煤化工产业集群为核心，以大数据电子信息产业集群、锂电池产业集群、生态特色食品产业集群等产业集群为支撑的战略性新兴产业体系。

**关键词：** 战略性新兴产业　集群发展　毕节市

在世界经济增长过程中，在需求不断变化和科技进步影响下，新兴产业逐步替代传统产业，已成为产业发展的基本规律。经过 10 年的发展，我国战略性新兴产业从小到大、从弱到优，逐渐形成了集群发展的态势。2019 年，我国启动战略性新兴产业集群发展工程，并公布了第一批 66 个国家级战略性新兴产业集群名单。国家战略性新兴产业集群主要包含新一代信息技术、高端装备、新材料、生物医药和节能环保等领域。在国家政策导引下，各省纷纷把战略性新兴产业集群发展作为“十四五”时期的发展方向。例如，广东省已出台《关于培育发展战略性支柱产业集群和战略性新兴产业

---

* 罗先菊，贵州省社会科学院对外经济研究所助理研究员，主要研究方向为财税理论与政策、产业经济。

集群的意见》，山东省已出台《山东省战略性新兴产业集群发展工程实施方案（2020—2021年）》。贵州省也高度重视战略性新兴产业集群发展工作，已完成全省战略性新兴产业集群发展的调研工作，贵阳市信息技术服务产业集群和铜仁市新型功能材料产业集群成功入选第一批国家战略性新兴产业集群名单。集群发展，成为我国各地战略性新兴产业发展的必然趋势。毕节市应顺应历史潮流，把握国家的政策机遇，促进本地区战略性新兴产业集群发展。

## 一　毕节市战略性新兴产业集群发展现状

### （一）产业整体发展态势良好

近年来，毕节市紧紧围绕主基调、主战略，深入实施工业强市战略，以全市工业项目观摩会为契机，狠抓产业园区和重大项目建设，培育打造现代化工、高端装备制造、新型建材、大数据电子信息、生态特色食品等新兴产业集群，全市工业发展呈现运行平稳、总量提升、转型加快、后劲增强的良好势头，走上具有毕节特色的新兴产业发展之路。

### （二）产业集群发展格局初步形成

毕节市电子信息技术产业基础较好，先进煤化工、新材料产业、锂电池产业、新型建材产业等有较大培育潜力。新型能源化工方面，在“煤电”支柱产业转型升级基础上，发展资源深加工和资源综合利用，促进煤电化一体化产业集聚，主要化工产品有乙二醇、硫酸、复合肥、工业气体等。先进装备制造方面，全市装备制造业涵盖载货汽车、汽车配件、摩托车、电动汽车、煤矿机械、铸铁件、风电装备等制造领域。大数据电子信息方面，全市大力开展电子信息制造业招商，初步形成了以金沙经济开发区、毕节经济开发区和七星关经济开发区几个区域为代表的电子信息制造业集聚区。新型建材产业方面，全市新型建材产品结构复杂、种类多样，水泥、预拌混凝土、加气砖、玻璃、钢结构及石膏板等，年可消纳化解粉煤灰、煤矸石、脱硫石膏等大宗固体废弃物400万吨以上。随着明钧玻璃、皇冠建材等项目建成投产，毕节市初步形成新型建材产业体系。生态特色食品产业方面，以推动金沙窖酒、贵奇酒业、金沙古酒、毕节大曲、蓝雁农牧科技、雪榕科技、冠香坊等企业发展为重点，壮大特色食品产业，实现了“接一连三、以二带一”有机结合。

## （三）产业创新能力不断提升

根据毕节市统计局2020年3月公布的《毕节市第四次全国经济普查公报（第五号）》：2018年末，毕节市从事战略性新兴产业生产的规模以上工业企业法人单位46个，占规模以上工业企业法人单位的7.76%；全市规模以上高技术制造业企业法人单位37个，占规模以上制造业的11.94%；全市规模以上工业企业开展R&D活动（全称研究与试验发展，以下简称R&D）的企业法人单位52个，比2013年末增长940%。全市规模以上高技术制造业企业法人单位中，开展R&D活动的企业法人单位7个，占规模以上高技术制造业企业法人单位的18.92%，规模以上高技术制造业企业法人单位R&D经费支出4935.9万元，比规模以上制造业企业平均水平高0.97个百分点；R&D人员折合全时当量为88.3人年，占规模以上制造业的15.85%。全市规模以上工业企业法人单位R&D人员折合全时当量为927人年，比2013年的72人年增长1187.5%；R&D经费支出36701.6万元，比2013年的2473.8万元增长1383.61%。规模以上工业企业法人单位专利申请量147件，比2013年的101件增长45.54%。其中：发明专利申请量48件，比2013年的9件增长433.33%；发明专利申请占比为32.65%，比2013年的8.91%提高23.74个百分点。

## （四）龙头企业引领产业发展

全市战略性新兴产业产品结构日益优化，一批龙头企业开发了不少高技术含量、高附加值、高竞争力的特色优势产品，逐渐成为引领全省战略性新兴产业发展的中坚力量。例如，黔希煤化工为贵州省、毕节市现代化工重点企业，被贵州省工业和信息化厅纳入高成长性企业名单，在黔西县经济开发区投资63亿元建设的30万吨/年煤制乙二醇项目已投产，2019年累计生产乙二醇26.78万吨，实现产值11.72亿元，年缴税总额达863万元；贵州能化是从事煤炭资源清洁高效利用的特大型能源化工企业；丕丕丕电子科技是一家集锂离子电池正极材料（锰酸锂）研发、生产、销售为一体的高技术企业；金海湖新区引进投产的聚诚识别科技、纳雍县引进的赛德丽锂电池正极材料生产项目、金沙县引进的中龙机电公司属于行业内优强项目、企业。

## 二　毕节市战略性新兴产业集群发展面临的问题

### （一）产业结构不合理，整体发展水平不高

全市煤、电、烟等传统支柱产业占全市规模工业产值的比重达50%以上，尽管近年来全市加大新型能源化工、装备制造等新兴产业培育发展力度，但由于起步晚、基础弱，高端装备制造、新型建材、特色食品等新兴产业产值在工业中占比仅为20.47%，尚未形成良好支撑。

### （二）企业盈利水平不高，创新能力较弱

目前，全市大部分工业产品属于中间产品，科技含量低、市场竞争力弱、产品附加值不高。随着企业人力、资金、土地等要素成本普遍上升，企业盈利水平持续下降，2019年上半年毕节市工业企业主营业务成本同比增长0.9%；规模以上工业企业营业收入利润率仅为5.58%。2019年，全市国家级高新技术产业化基地1个，省级工程技术研究中心3个，市级工程技术研究中心8个，市级重点实验室6个，高新技术企业40家。企业创新主要停留在技术管理改造，对新产品、新技术的研发能力和投入不足，创新发展动力没有得到充分激发。毕节市科技型企业中，知识密集型、技术密集的企业较少，缺少具有创新活力、行业领先的龙头企业。

### （三）制造业水平低，缺乏高端装备制造企业

从全市工业的基本面上看，2019 年，“采选业”和“电力、热力、水的生产和供应业”占规模工业产值的比重达 69.6%，整个制造业占比仅为 30.4%。其中，烟草制品占比为 8.94%，非金属矿物制品占比为 13.33%，酒、饮料和精制茶制造业占比为 3.04%。全市高新技术企业 40 家，仅占全省 1644 家高新技术企业的 2.43%。

### （四）园区产业配套能力弱，发展活力不足

园区主导产业不明显，产业配套能力弱，发展活力不足，园区企业存活率低，市场竞争力不强，缺乏技术、人才支撑。部分入驻园区企业投资强度小，占用厂房面积过大。工业领域生产性服务业发展滞后，物流体系不健全，物流周转慢，导致企业生产成本居高不下。园区经营公司总体运行不理想，未能真正盘活园区资产，融资工作无法落到实处。园区基础设施投资及配套设施投入能力不足。园区整体绿色发展水平不高。

### （五）产业人才队伍建设滞后，高端领军人才缺乏

战略性新兴产业是人才创新创业的主要舞台，而人才特别是高端人才是战略性新兴产业培育发展的关键所在。由于毕节市经济社会条件限制，高级管理人才、高级技术开发人才及高级复合型人才缺乏，特别是中小型企业很难吸引、留住高端人才，严重制约了企业自主创新能力的提升和战略性新兴产业的进一步发展。

## 三　毕节市战略性新兴产业集群发展形势分析

### （一）国际形势

世界正面临百年未有之大变局，战略性新兴产业正在深刻影响这一大变

局。以万物互联、大数据、云计算、人工智能等为代表的信息技术跨界发展，加速了全球经济格局和生产生活方式的重构。基因组学、增材制造、超材料、低碳技术、数字创意等前沿技术群体性突破，推动了传统工业体系分化变革。同时，全球经济贸易格局、产业分工格局、能源资源版图正发生重大调整，发达国家制造业回归、新兴经济体同构竞争，使得战略性新兴产业成为全球竞争的主战场。

### （二）国内形势

我国经济社会发展进入战略转型期，推动经济高质量发展对我国战略性新兴产业提出了新要求、提供了新空间。创新驱动发展、供给侧结构性改革、大众创业万众创新、中国制造 2025、互联网＋、国际国内双循环等重大战略的深入实施，“一带一路”、长江经济带等区域发展的全面推进，以及经济、社会、科技等领域改革的不断深化，为战略性新兴产业集群发展带来了更大发展空间。为鼓励和引导地方积极培育新动能、打造区域经济发展重要增长极，2019 年国家启动了战略性新兴产业集群发展工程，并确定了首批 66 个国家级战略性新兴产业集群名录。集群发展，已成为我国战略性新兴产业发展的必然趋势。

### （三）省内形势

贵州省属于泛珠三角经济合作区，国家“一带一路”倡议正在深入推进实施，为全省战略性新兴企业对外交流合作、扩大产品市场提供了有利条件。贵州省发展环境不断优化，发展基础日趋完善，发展后劲明显增强。在第一批国家战略性新兴产业集群名单中，贵州省贵阳市信息技术服务产业集群和铜仁市新型功能材料产业集群成功入选。同时，贵州省也在积极谋划出台全省战略性新兴产业集群发展规划。集群发展，成为提升贵州省战略性新兴产业综合竞争力的有效模式。

从自身来看，毕节是全国唯一以“开发扶贫、生态建设、人口控制”为主题的试验区，“贫困落后是主要矛盾、加快发展是根本任务”的基本形势没有变，既要“赶”又要“转”的双重任务没有变，快于西部快于全省的发展态势没有变。要确保按时高质量打赢脱贫攻坚战、建设贯彻新发展理念示范区，必须后发赶超，保持较高的经济增长速度。毕节煤炭资源丰富，具有显著的比较优势，但目前主要用于火力发电，资源转化利用效率不高、产业经济效益带动不强。大力发展以新型煤化工为主的现代化工产业集群，同时促进大数据电子信息、生物医药、新能源汽车等新兴产业集群发展，将资源优势转化为经济优势，既是顺应集群发展趋势的现实需要，也符合当前毕节经济社会绿色发展要求。

## 四　加快毕节市战略性新兴产业集群发展的对策建议

“十四五”时期，毕节市应充分发挥其资源、政策和区位等优势，发展以先进煤化工产业集群为核心，以大数据电子信息产业集群、锂电池产业集群、生态特色食品产业集群等产业集群为支撑的战略性新兴产业体系。为促进毕节市战略性新兴产业集群发展，现针对发展中存在的问题和面临的困难提出“六强化”的发展对策。

### （一）强化规划引领

综合考虑毕节市发展基础、资源禀赋、市场需求、发展趋势，遵循产业集群形成发展的内在规律和阶段特征，加强集群发展顶层设计。制订符合产业领域特点和区域优势的产业集群建设发展规划，并注重与城市总体规划、土地规划、交通规划充分衔接。选择合适的产业细分领域作为集群发展方向，分领域编制实施产业集群发展专项行动计划，明确重点产品和服务、重点依托企业、重大工程项目、重点招商方向、主要发展目标，强化组织实施。建立一批产业集聚区，引导要素向区内集聚，围绕产业链布局创新链，围绕创新链强化资金链和服务链，力争实现突破发展，以重点突破带动整体跃升。

### （二）强化组织领导

建立毕节市战略性新兴产业集群发展领导小组，由市领导担任组长和副组长，省有关部门领导为成员，审议产业集群发展中的重大决策部署。分领域建立集群发展专项行动联席会议制度，每个专项行动明确一位市领导作为联席会议召集人，有关部门作为联席会议成员，负责协调解决各专项行动中的重大问题。领导小组定期发布年度重点任务和工作目标，专项行动间建立项目、资金安排计划沟通机制。组建市战略性新兴产业集群发展专项行动专家咨询委员会和专家库，为重要政策制定和重大项目决策提供咨询服务。

### （三）强化创新能力

加强科技创新体系建设，形成以政府为主导、企业为主体、市场为导向、政产学研用相结合的科技创新体制机制。构建一批具有一定影响力的化工产业联盟，在新型煤化工、精细化学品、化工新材料等重点领域建成行业创新平台，支持开展互联网“双创”平台建设，营造“大众创业、万众创新”的良好社会氛围。强化科技成果转化运用，鼓励企业加大先进技术引进、消化、吸收、创新力度，加大投入开展关键核心技术研究，支持有条件的企业建立研发机构、技术创新中心、重点实验室、工程技术研究中心等，重点聚焦大型先进煤气化、高附加值煤制化学品、精细化工及新材料产品和“三废”资源综合利用等应用技术研发，力争在自主知识产权关键核心技术取得突破，引领行业发展。支持企业与高等院校联合开展联合技术创新活动，提高职工技能和知识水平，促进企业发展。

### （四）强化金融支持

加强企业服务和指导，积极争取国家和省专项资金、产业发展基金支持战略性新兴产业项目建设，力争资金尽快到位、确保资金发挥效益。引导企业用足用好国家、省财税优惠和地方招商引资优惠政策，对产业链发展项目优先争取国家财政资金、专项建设基金、产业发展基金支持，加强财税、金融、土地、环境等政策支持力度，形成政策配套扶持体系。强化政银企合作，积极推动各政策性银行或商业银行等金融机构扩大信贷规模，创新金融服务产品，为战略性新兴产业项目在生产经营和项目建设方面提供贷款，鼓励金融机构为龙头企业、高成长性企业优先贷款、低息贷款，支持融资性担保机构加大对战略性新兴产业领域的担保力度。鼓励国有工业投资平台参与战略性新兴产业项目建设，适时设立市级战略性新兴产业投资基金，积极撬动社会资本和金融资产，最大化发挥政府引导资金的杠杆效应，保障战略性新兴产业项目融资需求。

### （五）强化人才建设

加快建设适应战略性新兴产业集群发展和市场所需的人才队伍，推动市内高校设立完善战略性新兴产业学科方向和开展职业技术教育，构建从研发、转化、生产到管理的人才培养体系，努力培养一批专业素质过硬、具有宏观战略思维和市场思维的复合型青年人才队伍。积极推进高校与企业开展合作，鼓励企业优秀专家人才到高校开展学科交流，积极推进高校在企业建立战略性新兴产业专业实践（实习）基地。做好高层次骨干人才及团队培养，引进和培养一批站在世界先进技术前沿、勇于创新的技术带头人，认真落实相关优惠政策，逐步壮大高校和企业战略性新兴产业人才队伍，为全市战略性新兴产业集群发展提供有力人才支撑。

### （六）强化用地管理

创新用地方式，强化土地管理，加大战略性新兴产业用地保障。完善升级一批、规划新建一批各具特色、集聚度高、关联性强、带动效应好的战略性新兴产业基地和园区。大力推动年度新增建设用地指标适度向战略性新兴产业集聚区倾斜，优先保障战略性新兴产业重大项目用地。积极探索建立以单位土地面积投资强度、产出效益、创造税收等为指标的分区域、分行业用地标准体系。根据产业类型和产业生命周期弹性确定土地出让（租赁）年限，探索实行租让结合、先租后让、区别产业类型确定出让年限的工业用地供应制度。加大战略性新兴产业用房供给，允许符合条件的闲置产业用地建设战略性新兴产业用房，租金予以优惠。积极实施土地资源市场化配置，实行战略性新兴产业项目用地的产业类型、用地定额、建筑容积率与地价挂钩的办法，通过价格杠杆促进节约集约用地。引导土地用途兼容、综合高效利用，支持标准厂房建设，推动战略性新兴产业向现有开发区、产业聚集区布局，促进产城融合。

## 参考文献

付荣华、赵文德：《战略性新兴产业集群协同创新能力评价研究》，《经济研究导刊》2020 年第 11 期。

李欣峰、张晓燕：《因类施策促进战略性新兴产业集群发展》，《现代管理科学》2019 年第 12 期。

孙国民、陈东：《战略性新兴产业集群：形成机理及发展动向》，《中国科技论坛》2018 年第 11 期。

陆丽娜、胡峰等：《战略性新兴产业集群梯度差异与协同发展——基于江苏的数据分析》，《科技管理研究》2019 年第 20 期。

王吉恒、张钊：《战略性新兴产业的区域定位与选择》，《河南社会科学》2019 年第 6 期。

暴平菊、王硕等：《供给侧改革背景下的河北省县域战略性新兴产业培育和发展研究》，《河北工程大学学报》（社会科学版）2018 年第 3 期。

**B**.6

# 2020年毕节试验区农文旅融合发展报告

林　玲*

摘　要： 本文梳理归纳毕节试验区的农业资源、文化资源、旅游资源禀赋，以及乡村旅游、文化旅游、品牌建设、营销模式、智慧旅游等方面农文旅融合发展现状，总结国内农文旅融合主要方式和启示，指出毕节试验区农文旅融合发展存在的重基建轻内涵、形式单一、品牌效应不足等问题，对毕节试验区农文旅融合发展提出展望与建议。

关键词： 农文旅融合　品牌效应　毕节试验区

习近平总书记对毕节试验区的重要指示指出："着力推动绿色发展、人力资源开发、体制机制创新，努力把毕节试验区建设成为贯彻新发展理念的示范区。"毕节试验区以新发展理念为指引，创建全国旅游脱贫示范区、生态康养样板区、全域旅游试验区，先后出台《关于加快文化旅游产业转型跨越的决定》《毕节市旅游产业创新提升规划》等文件，以百里杜鹃、织金洞、草海三大景区为带动，建设国际知名山地康养度假旅游目的地。2019年9月，以"促文旅农商融合，走旅游扶贫新路"为主题的第十四届贵州旅游产业发展大会在毕节市织金县平远古镇举行。毕节试验区以旅游为媒介，重点抓好农旅融合、城旅融合、文旅融合、商旅融合，推动"旅游+"

* 林玲，贵州省社会科学院对外经济研究所副研究员，主要研究方向为产业经济、对外经济。

融合发展。2016～2019 年，毕节市累计接待游客 3.53 亿人次，年均增长 30.1%；累计实现旅游总收入 3025.46 亿元，年均增长 35.55%①。

## 一　毕节试验区农文旅资源基础

### （一）农业资源

毕节试验区农业资源丰富，有核桃、茶叶、油菜、辣椒、马铃薯等农特产品，以及天麻、杜仲、半夏、五倍子等中药材，是中国核桃之乡、高山生态有机茶之乡、天麻之乡、竹荪之乡、豆制品之乡等。此外，赫章可乐猪、贵州黑山羊、威宁黄牛、威宁绵羊、乌蒙乌骨鸡等已列入农业部《中国畜禽遗传资源志》。

毕节试验区立足自然资源禀赋，推进蔬菜、茶叶、皂角等 12 个特色优势重点产业做大做强，聚焦“55441111”农业产业规模化提升工程，大力发展特色养殖、马铃薯、特色经果林、蔬菜、中药材、茶叶、皂角、刺梨产业。7 个基地 18 个产品获粤港澳大湾区“菜篮子”基地备案。初步实现了农业产业规模化和特色化。

农业经营主体日益壮大。截至 2019 年，毕节试验区拥有国家级龙头企业 2 家、省级龙头企业 108 家，市级龙头企业达 260 家；农民合作社 15568 个，正常经营的 7867 个；家庭农场和专业种养大户 760 家，其中，旅游观光类 13 家。②

### （二）文化资源

毕节试验区有着悠久的历史。它是中国南方古人类文化的发祥地，毕节扒耳岩是中国第三个巨猿化石发现地，黔西的观音洞古文化遗址是代表中国

① 根据《毕节市 2020 年国民经济和社会发展统计公报》数据计算得出。

② 《毕节市农业农村局 2019 年工作总结和 2020 年工作打算》。

旧石器时代早期文化的三个文化区之一，威宁中水考古填补了贵州新石器时代末期至青铜时代早期考古的空白。毕节还有古夜郎文化、古彝文化、红色文化等。赫章可乐考古展示了古夜郎国的社会文化状况，水西和乌撒遗存展现了千年彝族历史文化，毕节曾是红军长征时期的“三省红都”，建立了“中华苏维埃共和国川滇黔省革命委员会”。

毕节试验区还有丰富的少数民族文化。毕节是少数民族地区，有彝、回、苗、布依等多个少数民族。少数民族文化丰富多彩，有威宁彝族《撮泰吉》、赫章彝族《铃铛舞》、纳雍苗族《滚山珠》、纳雍“箐苗服饰”等非物质文化遗产。

### （三）旅游资源

毕节试验区拥有多样化的旅游资源，有织金洞、九洞天等洞穴奇观，有百里杜鹃、韭菜坪等花海景观，有乌江百里画廊、威宁草海等喀斯特湖泊群，有平远古镇、奢香古镇等特色古镇，有中华苏维埃人民共和国川滇黔省革命委员会旧址、鸡鸣三省会议会址等红色旅游资源，还有化屋村、木寨村等乡村旅游村寨，等等。其中：国家5A级景区百里杜鹃景区是世界上最大的天然花园，享有“地球彩带、世界花园”之美誉；世界地质公园织金洞被誉为“中国最美旅游洞穴”之首；威宁草海是世界十佳观鸟地、中国三大高原湿地之一；“贵州屋脊”韭菜坪是世界最大面积的野生韭菜花带；还有许多享有盛名的旅游资源。此外，毕节气候宜人，冬无严寒，夏无酷暑，夏季平均气温20℃左右，中国气象学会授予毕节“中国花海洞天避暑福地”称号，年空气优良天数达353天，是天然的大空调、绿色大氧吧。

## 二　毕节试验区农文旅融合发展情况

毕节试验区积极宣传“洞天福地，花海毕节”旅游品牌形象，打造农产品公共品牌“乌蒙山宝，毕节珍好”。围绕“促文旅农商融合，走旅游扶贫新路”主题，成功承办第十四届贵州旅游产业发展大会，积极举办文旅农商产品展销会、文旅招商宣传推介会等活动，推广毕节农文旅资源和产品，促进乡村旅游、文旅小镇、农旅观光等旅游形式多元化融合发展，推动毕节试验区农文旅产业高质量融合发展。

## （一）乡村旅游

1. 旅游农业

毕节试验区积极推进旅游农业发展，形成农业产业园、体验农庄、乡村旅游合作社等形式的旅游农业发展模式。织金桂花休闲农业产业示范园采用“公司＋基地（合作社）＋农户”的利益联结机制，通过流转土地、反租倒包、劳动力转移等带动周边农户增收，以“黄金芽”茶叶种植为主导，拓展园区农业休闲观光、民族风情体验等功能，打造“茶山花海、果蔬四季、农旅民宿”生态产业“农文旅一体”的发展模式。黔西海子村大力发展旅游休闲观光农业，打造农业园区，将原生态村落和农业观光体验相结合，发展高效农业、体验农庄等旅游形式，形成了“山上果园、山下田园、秀美海子”的农业生态旅游地。纳雍将玛瑙红樱桃特色优势产业与旅游发展有机结合，发展股份合作型、劳动就业型、经营分红型等乡村旅游合作社发展模式，让农户参与到旅游发展中。大方木寨村成为全国旅游重点村，采用将农户个人资产和集体资产量化入股的方式发展乡村旅游，将企业、农民和集体的利益联结在一起，盘活了资源资产，形成多赢发展格局。

2. 民族村寨

毕节化屋基苗寨是黔西最具代表性的苗族聚居村落，也是中国民间文化艺术之乡、苗族歌舞之乡、贵州最具魅力民族村、中国旅游特色村，因如画的风景被称为“乌江百里画廊”。青山村将彝族特色民居和玫瑰花基地结合，建设农业观光园，借助彝族火把节、玫瑰花节吸引游客，构建乡村旅游农旅结合品牌，实现“吃住玩”一体化。上小河村利用优美的自然风光和淳朴的民族风情，打造“贵州白族第一村”，建设康养度假中心、蝴蝶泉雅兴园、垂钓中心、兰花基地等。

## （二）文化旅游

毕节试验区大力实施大旅游战略，积极推进旅游产业与文化产业深度融合，形成了独具特色的多元化旅游业态。相继建成大方慕俄格古城、黔西水西古城、织金古城、威宁乌撒古城、金沙贡茶古镇等一批“五古”文化景区。毕节丰富的民族历史文化衍生出独具特色的文化剧目。2017 年，彝族古剧《撮泰吉》在法国尼斯狂欢节上获得“最佳表演团队”“最佳导演”奖。2019 年，大型民族音乐舞蹈诗《夜郎》在广州友谊剧院上演。此外，大型彝族歌舞剧《索玛花开》、歌舞剧《历》等剧目也深受游客欢迎。每年定期举办的彝族火把节、苗族花坡节等民族节庆活动，以及民间器乐大赛、民间达人技艺大赛、乌蒙欢歌集体舞比赛等系列活动，推进了毕节多彩文化繁荣发展。截至 2019 年，毕节已举办 7 届乌蒙文化艺术节，通过艺术节发掘更多民间的文化基因，宣传弘扬民族与历史文化，为毕节文化的繁荣发展提供助力。

## （三）品牌打造

积极打造农产品公共品牌。按照“绿色生态、品质安全、健康营养”的农产品品牌发展战略，毕节试验区打造了农产品区域公共品牌——“乌蒙山宝，毕节珍好”。2019 年，该品牌入围“中国区域农业品牌影响力排行榜”。截至 2019 年底，“乌蒙山宝，毕节珍好”公共品牌涵盖 81 家企业 115 个产品。品牌质量得到有效提升。金沙县是第二批国家农业绿色发展先行区，七星关区是第二批国家农产品质量安全县，威宁、织金是洋芋、竹荪中国特色农产品优势区，白萝卜、马铃薯等农产品受到国外特别是迪拜、越南及缅甸等国家青睐，“威宁苹果”在 2019 年中国果品区域公用品牌价值榜上排名第 111 位，是贵州省唯一上榜的果品品牌。截至 2019 年，毕节有地理标志保护农产品 11 个、绿色食品认证 22 个、有机认证 126 个，7 个基地 18 个产品获粤港澳大湾区“菜篮子”基地备案。[①]

---

① 《毕节市农业农村局 2019 年工作总结和 2020 年工作打算》。

## （四）营销模式

1. 展销会

毕节试验区积极举办和参与农文旅展销会、博览会、交易会等。2019年，毕节参加了中国·贵阳国际特色农产品交易会、广州博览会、茶叶博览会、辣椒博览会等展会，参加农交会企业44家，广博会11家，辣博会64家。2019年9月28日，贵州省文旅农商产品展销会在毕节市织金县举办，展销的商品主要有农特产品、文化创意产品、非遗产品、旅游商品等，有茶叶、食用菌、蔬菜、中药材、水果、生态畜牧、生态渔业等贵州特色农产品，还有“贵银+施华洛世奇”系列水晶、紫袍玉带、苗族银饰、铜鼓餐盘、朱砂工艺品等文创产品。通过举办和参与展销会，扩宽了农文旅产品的销售渠道，促进了品牌的传播和全产业链的发展。

2. 农产品产销对接

毕节试验区开展了农产品“七进”、毕菜进京、毕菜进粤、毕菜进渝等产销对接活动。2019年，毕节开展农特产品产销对接县区行，在广东和毕节建立连锁超市，承接毕节农特产品的流通和销售，拓展毕节农特产品外销渠道。赴北京开展贵州毕节绿色农产品北京产销对接洽谈推介活动，与北京农产品批发市场、食堂、超市达成毕节农产品销售框架协议。积极参与粤港澳大湾区“菜篮子”建设，威宁超越农业有限公司、织金农耀农业开发有限公司等7家企业成为粤港澳大湾区“菜篮子”备案企业，涉及基地面积3820亩。①

3. 节庆活动

毕节试验区承办贵州旅发大会、举办毕节旅发大会等开展的系列活动为助推毕节旅游产业发展搭建了节会平台，提升了毕节旅游的知名度。少数民族节庆活动如苗族花坡节、彝族火把节、彝族年等也吸引了八方游客。自2008年以来，百里杜鹃景区每年连续举办“贵州百里杜鹃国际杜鹃花节”，该节庆活动还入选人民网“2011年度十大国际影响力节庆”。

---

① 《毕节市农业农村局2019年工作总结和2020年工作打算》。

### （五）智慧旅游

毕节试验区携手腾讯深化“互联网＋旅游”多产业融合发展，建设数字毕节，带动乡村旅游等持续发展。毕节以百里杜鹃、织金洞等景区数字化升级为引领，推进全市旅游景区提质升级，启用“乐游毕节”小程序，推动大数据与旅游经济深度融合，带动乡村旅游持续发展。百里杜鹃景区打造了“智慧百里杜鹃”大数据平台，通过“一个中心、二个平台、三大门户、四大智慧”智慧旅游系统，结合购票与交通实时共享数据，解决了景区旺季堵车问题，提升游客体验感与满意度。

## 三　国内农文旅主要融合方式及启示

### （一）乡村旅游

乡村旅游是以乡村景观欣赏和乡村活动体验为主要内容，以农产品采摘、生态养生、民俗节庆表演等为主要表现形式，以与当地文化习俗紧密结合的农家乐与民宿为主要载体，对乡村自然景观、民俗文化开发利用的一种旅游形式。主要有：依托城市或景区周边区位优势而发展的城市、景区近郊游；依托历史文化、古建筑等特色而形成的古村落游；依托良好的自然人文环境而发展的美丽乡村游；依托少数民族文化而形成的民族村寨游；等等。

### （二）特色小镇游

依托自然风光、文化底蕴、历史积淀、产业基础等特色与优势，经过挖掘自然、文化、产业等旅游资源，建设的集特色餐饮、休闲娱乐、农耕体验、旅游购物、文化演艺等于一体的多元化旅游小镇或旅游城，形成吃、住、行、玩一条龙的全域旅游，实现文化与旅游产业化发展。主要包含文化小镇游、产业小镇游、民族风情小镇游、自然风景观光小镇游等旅游形式。

### （三）农特产品游

以农文旅融合发展为前提，利用良好的生态资源和农业产业示范基地等，将农产品种植养殖、加工、销售与乡村旅游有效结合，开发附加产品及特色食品农家乐，实现“一业多收”。在种植养殖、加工、销售上提升农特产品质量，打造产品品牌，做优做特农产品，将农产品优势和旅游资源融合，促进一、二、三产融合发展。将农特产品变身为旅游商品，用线上、线下销售以及与餐饮结合的方式推广农特产品，是线下旅游体验、线上推广销售的结合。

### （四）文化遗产游

对文化遗产的旅游开发有利于其文化价值的挖掘和保护，也有利于发挥其正外部效应，是对文化遗产传承与推广的重要途径。文化遗产游的主要载体有遗产地、文化小镇、博物馆等。主要包括非遗+文创、非遗+研学、非遗+演艺等形式，比如敦煌博物馆就是非遗与展览、研学游的结合，昆曲《牡丹亭》演出是非遗与演艺的结合，以民族刺绣、蜡染等非遗展示和民族手工艺品销售为主的贵州丹寨就是非遗与文创的结合。

### （五）节庆会展游

节庆会展游是依托地域特色，借助举办节庆活动或展览会、研讨会等开展的旅游活动，有助于宣传当地文化，构建区域品牌形象，促进经贸洽谈、商品展销、观光休闲。节庆活动具有独特性、地域性、文化性、体验性特征，能够塑造地区形象，丰富游客的游览体验。例如青岛啤酒节、洛阳牡丹花文化节、傣族泼水节等。

## 四　毕节试验区农文旅融合发展存在的不足

### （一）重基建轻内涵

有的地方或项目过于注重基础设施的建设，而忽略文化塑造、特色塑造。重视项目建设与开发，轻视前期的文化与特色挖掘、后期的内涵塑造与支撑，有了硬包装，缺乏软包装，有形而没有魂，缺乏长久吸引力，不能持续发展，昙花一现，造成资源与人财物力的浪费。

### （二）形式单一化

有的农文旅融合形式较初级与简单，单纯依靠自然资源优势发展，内容较单薄、特色不突出；有的以传统游览观光产品为主，旅游形式单一化，业态陈旧，“低小散”，体验性旅游产品不足；有的缺乏文化特色和文化创意，导致旅游目的地之间的同质化、低层次和重复性旅游开发。游客逗留时间短，单体消费能力低，未形成规模，难以满足人们对个性化、多元化旅游产品和服务的需求，没有形成具有影响力的文化旅游品牌。

### （三）品牌效应不足

一些农文旅品牌建设还缺乏科学的规划，加上产品同质化导致品牌优势与特色不突出，不能形成独具影响力的品牌。品牌宣传效果不佳，品牌知名度还不够。品牌设计不够专业，品牌建设缺乏系统化。农业文化旅游资源还应进一步整合，变资源链为产业链，形成有较大传播力与影响力的农文旅品牌。

## 五　毕节试验区农文旅融合发展的展望与建议

### （一）多元化发展

以产业为核心，以文化为灵魂，以旅游为依托，改变传统农业生产和经营方式，推进农文旅融合发展，将农产品加工与乡村旅游有效结合，发展新型业态。深掘乡土文脉，多元跨界创新，带入跨界、多元、创新元素。坚持高端引领，聚力业态更新，通过创新旅游的体验形式，创造品牌、丰富内容，满足游客多样化、个性化的需求。促进民宿、非遗、体验、观光、工厂结合发展，开展美食游、节日游、研学游、创意游等特色旅游形式。

### （二）品牌价值提升

抓好顶层设计，构建品牌价值体系，提升文化内涵，创新营销方式。深入挖掘、梳理、整合当地特色文化资源，如具有地域文化特色的传统民俗节庆、表演、技艺以及古建筑、历史街区、遗址遗迹等，建立地方标志性 IP，与地方建立联系。加强旅游业与其他产业尤其是与文化产业的融合，提高旅游和文化品牌知名度，带动旅游市场快速发展。利用“世界地质公园”织金洞、“地球彩带、世界花园”百里杜鹃等知名名片，以及威宁彝族《撮泰吉》、纳雍苗族《滚山珠》等非物质文化遗产的影响力，带动文化旅游业的发展，提升旅游商品的附加值。突出地区之间的差异性，根据本地的自然人文资源，明确发展定位，推进旅游资源、产品、服务的差异化。促进农产品“两品一标”的申报，以绿色高端农产品项目带动农文旅产业发展。

### （三）营销模式拓展

通过特色农产品、文化产品、民族手工艺产品的展示与销售，扩大知名度。借助设置广告牌、制作宣传片等方式对农文旅资源进行推介与宣传，举办云观赏、进行网络直播等提高知名度。利用农销会、展销会、旅发大会、产销对接活动等，大力宣传毕节农特产品及文化旅游产品，促进商贸合作和产销对接。整合区域文化旅游资源优势，搭建农特产品销售平台，搭配销售，实现资源共享。通过搭建线上线下产销对接平台，优化农产品销售渠道，促进农企与电商、商超对接，拓宽市场与产品销售渠道。采用“农户＋合作社＋商会＋商户”销售模式，建立合作社集中配送、智慧系统平台销售等渠道，实现农产品的统购统销。加强农产品加工企业、景区、旅游商品营销企业之间的合作，开发特色农副产品、旅游商品，延伸传统农副产品产业链与销售链。构建文化会展的管理运营机制，耐心培育地方文化盛会，将节庆会展纳入地方旅游营销计划中。

### （四）全域旅游开发

借助百里杜鹃“世界上最大的天然花园”、织金洞“中国最美六大旅游洞穴”之首等知名景区的号召力与吸引力，将游客吸引到毕节，再通过乡村旅游、文化旅游等形式，借助古镇、农业产业园、特色民宿与农家乐等载体，通过快旅慢游的方式将游客留下来，发展全域旅游。发挥景区、民宿、农家乐的农文旅融合纽带作用，建立联结，促进全域旅游。深挖地方资源，推进农文旅融合，打造农产品与文化旅游产品结合的公共品牌，建立公共品牌、企业品牌、产品品牌的品牌体系，统一对外宣传毕节产品。

**参考文献**

高大涛：《毕节旅游：揭开乌蒙神秘面纱，找准发展动力源》，《毕节日报》2020 年 11 月 18 日。

张黎、张晓佳、卯昌福：《洞天福地　花海毕节——毕节旅游景点魅力不减》，《毕节日报》2018 年 12 月 3 日。

陈迅：《大方县核桃乡木寨村：盘活资源，带富群众》，《贵州日报》2018 年 9 月 5 日。

邵明华、张兆友：《国外文旅融合发展模式与借鉴价值研究》，《福建论坛》（人文社会科学版）2020 年第 8 期。

黄益彬：《乡村旅游发展与乡村文旅品牌建设研究》，《中国民族博览》2020 年第 18 期。

# B.7
# 毕节试验区农村产业革命发展报告

陈昊毅*

**摘　要：** 2020年，毕节试验区深入贯彻贵州省委关于“来一场振兴农村经济的深刻的产业革命”的总要求，结合自身资源禀赋和比较优势，以农业供给侧结构性改革为主线，以农业产业结构调整为工作重点，紧扣产业发展“八要素”，践行“五步工作法”，大力发展现代山地特色高效农业，向纵深推进农村产业革命，并探索出了“党支部领办集体合作社”“4321工作法推进坝区农业产业结构调整”“四链一体打造食用菌产业”等好的经验做法，有效促进了农业农村经济发展和农民增收，为全面实施乡村振兴战略奠定了坚实基础。但与此同时，毕节试验区农村产业革命仍然存在农民主体作用发挥不足、基础设施建设相对落后、合作社与农民利益联结不够紧密、高素质劳动者短缺等现实问题，因此，未来毕节试验区农村产业革命需要不断提升农民思想认识、转变政策扶持导向、改革农村产业发展的体制机制、优化农业产业结构、加大科技要素投入。

**关键词：** 毕节试验区　农村产业革命　产业发展

## 一　毕节试验区农村产业革命取得成效

2020 年毕节试验区通过大力推进农村产业革命，成功克服新冠肺炎疫情

---

* 陈昊毅，贵州省社会科学院农村发展研究所助理研究员，主要研究方向为农村发展。

及宏观经济下行带来的不利影响，实现农业增加值472亿元[①]，同比增长6%，实现畜牧业增加值139亿元，畜牧业增加值占农业增加值比重提高到29.45%，农村常住居民人均可支配收入达到11452元，同比增长10.5%，并在以下三个方面取得了显著成绩。一是农业产业发展紧紧围绕“55441111”[②]特色农业产业提升工程，重点发展了蔬菜、食用菌、中药材、畜牧业等12大优势特色产业，全市种植的蔬菜、食用菌、水果、茶叶、中药材面积分别达到425.72万亩、10.08万亩（亿棒）、160.34万亩、100万亩、101.74万亩，同比分别增长14.21%、21.59%、15.24%、36.48%、45.14%，产量分别达到676.75万吨、25.32万吨、59.03万吨、1.35万吨和5.43万吨，同比分别增长21.14%、36.04%、40.19%、19.15%、43.61%。存栏猪、牛、羊、禽分别为346.94万头、112.93万头、86.06万只、2406万羽，同比分别增长43.15%、14.6%、11.3%、26.97%，猪、牛、羊、禽出栏数量分别为422万头、41.18万头、65.58万只、3197万羽，同比分别增长24.88%、19.1%、19.6%、23.55%；肉类总产量达58.4万吨，禽蛋产量达12.98万吨，同比分别增长18.05%和45.7%；水产品产量达0.87万吨（冷水鱼），同比增长36.34%。二是农业坝区建设取得显著成效，全市共建设农业坝区207个，面积达55.9万亩，参与坝区经营的政府平台公司38家、县级以上农业企业189家、党支部领办合作社595家，共流转耕地41.1万亩，实施各类主导产业72.4万亩，农作物参保率达63.4%。其中11个样板坝区平均亩产值20788元，68个达标坝区平均亩产值9464元；经营主体覆盖坝区耕地面积48.5万亩，结构调整覆盖群众50.25万人，累计带动农民增收8.9亿元，人均增收1778元。三是新型农业经营主体蓬勃发展，2020年全年共发展市级及以上龙头企业420家，其中国家级2家、省级113家、市级305家，累计从业人员32660人，带动参与农户14.28万户，带动农户增收达12.99亿元；培育合作社16652个，成员达198.97万户，其中建档立卡贫困户41.32万户，实现

① 本文中各项统计数据均由毕节市农业农村局提供。

② 即马铃薯500万亩，家畜500万头，蔬菜和经果林各400万亩，茶叶、中药材、皂角和刺梨各100万亩。

100%贫困户加入合作社；共培育市级及以上合作社示范社 747 家，其中国家级 33 家、省级 331 家、市级 383 家；培育家庭农场 1147 家，认定示范家庭农场、专业大户 760 家（其中：44 家获省级示范家庭农场荣誉称号），示范家庭农场、专业大户实有成员 4780 人，成员出资总额为 7.91 亿元，实现年经营收入 4.16 亿元。

## 二　毕节试验区农村产业革命的成功经验

毕节试验区在推进农村产业革命的过程中，着力先行先试、大胆探索创新，不断破除制约农村产业发展的障碍，鼓励发挥人民群众首创精神，创造了很多极具推广价值的成功经验。

### （一）党支部领办村集体合作社的毕节探索

毕节试验区在推进农村产业革命的过程中，认真学习贯彻《中国共产党农村工作条例》，创新推动党支部领办村集体合作社，实现了脱贫攻坚与乡村振兴有效衔接，主要做法如下。

1. 突出支书挂帅，明确领办主体

一是充分发挥支书在村一级农村产业革命中的领头雁作用，结合推进农村集体产权制度改革、创新农村集体经济运行机制的需要，明确村党支部书记通过法定程序担任理事长，在村党支部书记职务停止或终止时，按法定程序改选合作社理事长，若村党支部书记是机关事业单位下派干部的，合作社理事长由村党支部副书记担任，支部书记仍然履行领办责任，切实发挥党支部对发展村集体经济的组织和引领作用。二是发挥村、支两委“顶梁柱”作用。细化落实村“两委”成员领办责任，推行村“两委”成员与村集体合作社理事会、监事会成员双向进入，交叉任职，鼓励村“两委”成员、合作社管理人员出资入股村集体合作社，引导村组干部全部参与合作社事务，各领其责、各司其职。三是发挥群众“主力军”作用。通过召开党员大会、村民会议、村民代表会议，以及“田坎会”“板凳会”“院坝会”等方式，把群众组织起来，广泛宣传发动群众入社，鼓励群众出资入股。

2. 突出市场导向，找准领办路径

一是选准发展路子，支持村集体合作社立足市场需求，依托资源禀赋及区位条件，引入市场化运作机制，探索景区带动型、高效农业型、资本撬动型、乡村旅游型、加工贸易型等各具特色的发展路子，推动合作社发展特色成块、基地成片、产业成带。二是拓展经营模式，探索推行自主经营、合作经营、外包经营、托管经营、订单经营等多种经营模式，引导村集体合作社“接二连三”“跨二进三”，推进“粮头食尾”“农头工尾”，拓宽产业幅，延伸产业链。三是强化风险防控，围绕退股风险防控、自然风险防控、集体资产流失风险防控、破产风险防控、廉洁风险防控等方面，建立合作社风险防控机制，增强合作社抗风险能力。把党支部领办村集体合作社业务事项纳入理事长任期和离任审计，防止侵占、挪用、截留集体资源资产等违纪违法行为，加强村集体“三资”监管，确保村集体资源资产入股合作社保值增值。

3. 突出合作属性，统筹领办利益

一是增加集体股比。鼓励村集体整合集体土地、集体资产、集体资金、帮扶项目和资金等资源，采取单一或组合方式入股合作社，确保村集体持股占比不低于20%。二是吸纳社会参与，鼓励和支持村党支部领办的村集体合作社采取集体控股、社会资本参股的方式，吸纳从事与农民专业合作社业务直接有关的生产经营活动的企业、社会组织，以及致富能人、种养大户等入股合作社。三是兼顾各方利益，建立“217”利益分配机制，明确村集体合作社纯收益的20%留存作为合作社发展资金和风险防控资金，用于扩大生产经营和弥补亏损，10%作为合作社管理人员奖励资金，由合作社结合实际制定考核奖励办法报乡镇党委审定实施，其余70%按集体股、个人股等占股比例进行分配，壮大集体积累，带动群众增收。

## （二）毕节试验区“4321”工作法推进坝区农业产业结构调整

在推进坝区建设工作中，毕节试验区对标全省坝区创建的4类8项指标，创新采取“4321工作法”，全面推进500亩以上坝区产业结构调整。

1. 构建“四大推进体系”

一是一、二、三产融合体系：“一产”重点发展“三白”蔬菜、食用菌、香葱等见效快、效益高的经济作物；“二产”主要引进和培育经营主体发展农产品加工；“三产”突出坝区农产品生产与休闲旅游有机融合，拓宽农业功能。二是“规模化+特色化+标准化”的生产体系。在规模化方面，实施产业规模提升工程，解决“样样都有，样样都不成规模”的问题；在特色化方面，重点发展“三白”等特色优势产业。三是“龙头企业+合作社+农户”的组织体系，突出龙头企业引领产业发展，突出合作社提升组织化程度。四是建立“批发配送网+冷链物流网+电商互联网”的市场体系。

2. 配置“三类资源要素”

一是做好资金筹措，整合各个渠道的涉农资金，解决好坝区资金筹措问题。二是做好设施保障，将恒大集团援建的蔬菜大棚拆股量化到贫困户，采取租赁、入股的方式投到坝区经营主体，并将高标准农田建设重点安排在500亩以上坝区。三是提供技术服务，将全市4652名农业科技人员分派到119个坝区，其中306名市级农技人员重点分派到样板坝和达标坝，实现技术服务全覆盖。

3. 抓住“两个关键环节”

一是抓好示范引领带动关键环节，建立市级领导领衔产业发展和县区干部包保坝区制度，重点推进11个样板坝区、68个达标坝区创建，在扩大产业规模、拓展销售渠道等方面发挥示范作用。同时，明确坝区创建由县（区）党委书记、县（区）长、副书记、分管副县（区）长作为第一责任人，截至2020年底已创建县级领导示范点39个，坝区示范基地面积19.5万亩。二是抓好县级统筹推动这一关键环节，以县为单位，统筹产业布局、资源要素的配置和配套基础设施建设，推进坝区产业培育、资金投入、产销对接等工作。

4. 健全“一套工作机制”

一是清单提示机制，建立健全提示办理机制，对工作中存在的问题清单式列出提示事项。二是督促调度机制，通过建立专题会议制度，每月召开一次专题会议，每季度召开一次调度会，听取坝区创建工作进展情况汇报，并建立督查通报制度，市级组建1个巡查组和3个督查组开展专项督导，按月通报考核排名。三是统计监测机制，围绕种植面积、种植品种、产量效益等核心指标，制定坝区结构调整统计监测方案，按季度监测汇总坝区创建监测数据，为坝区结构调整提供决策参考。

## （三）各民主党派中央聚焦“八要素”，助力试验区农村产业革命

实施农村产业革命以来，各民主党派中央倾情帮扶毕节试验区，对照产业发展“八要素”，充分发挥自身独特优势，有力助推了毕节试验区农村产业革命。

### 1. 因地制宜、试验推广，提升了产业选择的科学性

为着力破解农村产业选择不精准的问题，各民主党派中央充分发挥联系广泛的优势，组织农技专家实地考察论证，因地制宜确定了重点产业，联引企业引种试验，试验成功后再进行全面推广，规避了群众产业选择风险，全面提升产业选择的科学性和可行性。

### 2. 工学结合、增技增收，提升农民培训的实用性

为着力破解农村产业发展农技人员不匹配的问题，各帮扶党派坚持“贴近生产、实在管用”的原则，创新培训模式，在引种试验的过程中，采取“以工代训、工学结合”的方式对当地农民进行培训，实现了农民“就业学习”两不误，“增技增收”双促进的目标。

### 3. “点穴问诊”、远程咨询，提升技术服务的全面性

为着力破解农村产业发展技术服务不专业的问题，各民主党派中央积极协调有关部门和单位，组建基地技术服务和远程咨询专家服务团队，对重大技术问题现场“点穴问诊”，常规问题提供远程咨询服务，形成“问题就地攻关、技术远程指导、成果就地转化”的技术服务新格局。

### 4. 多元投入、规范高效，提升资金筹措的针对性

为着力破解农村产业发展资金来源不充足的问题，各民主党派中央积极协调企业无偿捐赠资金注入村集体，作为贫困村发展村集体经济的产业引导金，帮助联引企业直接投资建设产业发展基地，积极帮助争取国家产业扶贫

资金支持等，多渠道、多形式帮助筹集产业发展资金。

5. 龙头带动、品牌引领，提升组织方式的示范性

为着力破解农村产业发展示范带动不明显的问题，各民主党派在帮扶过程中坚持“强龙头、创品牌、带农户”的工作思路，联引企业组建龙头公司带动，创建品牌推动，发动群众联动，创新组织方式，突出示范引领，优化资源配置，凝聚各方力量，激发产业革命的持久动力。

6. 广泛动员、订单收购，提升产销对接的保障性

为着力破解农村产业发展销售渠道不稳定的问题，各民主党派中央充分发挥联系广泛的资源优势，通过联引企业订单收购、积极发动消费支持、搭建网络平台销售等方式，助力毕节农特产品销售。

7. 机制保障、共建共享，提升利益联结的长效性

为着力破解农村产业发展利益分配不合理的问题，各民主党派中央指导建立了“定薪取酬、定比分配、定股分红”的“三定分配”利益保障机制，通过联引企业，与当地农民签订长期用工合同，确定工资待遇，与乡村签订分配协议，确定贫困户分配比例，与合作社签订股权合同，确定村集体的利润分红，充分保障产业经营主体、村集体及农民的利益，形成长期共存、合作共赢的利益联结长效机制。

8. 党委领导、党派助力，提升基层党建的引领性

为着力破解农村产业发展党建引领不强劲的问题，各民主党派中央本着“帮忙不添乱，到位不越位”的原则，严格按照“党委领导、党派助力”的要求，通过选派干部挂职、联引企业注资村合作社、开展民主监督等方式，助力基层党组织“做给群众看，带着群众干，帮着群众赚”，全面提升基层党组织引领农村产业发展的能力和水平。

### （四）毕节试验区“四链一体”打造食用菌产业大市

实施农村产业革命以来，毕节试验区始终把发展食用菌产业作为推进农村产业结构调整的重要抓手，一体化培育建设生产链、供应链、价值链、利益链，全力打造食用菌产业大市。2019 年以来，累计种植食用菌 8.38 亿

棒，采收鲜菇28.67万吨，销售额达35.93亿元，分别占全省的27.13%、23.50%和26.67%，种植规模位居全省第一。

1. 重规模，培育“生产链”

一是建好生产基地，按照“项目带动、集中连片、规模发展”思路，制定毕节市食用菌产业发展三年规划，以坝区、产业园区和恒大集团援建大棚为重点，根据现有食用菌种植规模及产业发展趋势，用足用活国家退耕还林、国储林、森林抚育等政策，建好菌种保供、菌材供应、鲜菇生产三个基地。二是壮大经营主体，健全落实“龙头企业+合作社+农户”发展机制，制定毕节市食用菌产业发展支持政策“红十条”，引进培育了一批辐射带动能力强、联结产销两端的食用菌龙头企业，同时发挥好村级党组织带头作用，不断培育壮大党支部领办村集体合作社、家庭农场、种植大户等经营主体，带动群众发展食用菌产业。三是强化技术服务。依托贵州工程应用技术学院食用菌研究院和金蟾大山公司，成立菌种研发中心、新品种选育及新技术示范推广试验站；实施食用菌“人才兴菌”工程，围绕品种选育、菌种生产、栽培管理、产品加工等环节，引进国内食用菌高层次人才5名、培养专业技术骨干46名；依托市、县两级职教中心，新时代农民讲习所、实训基地等平台载体，从食用菌种植管护、采收分级等方面，培训懂技术、善管理的职业菇农354名。

2. 重产销，拓展“供应链”

一是抓住线上市场，健全落实食用菌冷链物流体系，推进毕节国际内陆港、黔西北农产品（电商）物流园等8个物流园区、冷链物流、电商物流项目建设；利用贵州大数据产业平台，采取“互联网+食用菌”模式，健全落实食用菌互联网营销机制，搭建互联网销售平台，建成商业营销网点936个；推进食用菌电子商务，培育线上品牌，拓宽线上销售市场，实现食用菌产业“产销两旺、质效双升”。二是稳固省内市场，健全食用菌省内营销体系。实施食用菌进市场、进学校、进超市、进医院、进机关、进企业、进高速公路服务区“七进”活动；以实施“中央厨房”“净菜配送”等工程为抓手，加强与生产端、销售端精准对接，建立稳定直销渠道和直供关系，提高省内市场占有率，实现食用菌既“种得好”又“卖得好”。三是扩大省外市场，构建华南、华中、西南、华北、东南亚地区毕节食用菌五大营销联盟，增强食用菌产品的市场份额；利用东西部扶贫协作资源，拓宽销售渠道，在对口帮扶城市农产品直销窗口增设食用菌产品营销专区，用好用活粤港澳大湾区“菜篮子”工程毕节配送中心平台，做大“长三角地区”市场，持续推动食用菌进粤、进京、进川渝行动，实现“黔货出山”。

3. 重质量，延伸“价值链”

一是严格质量标准，坚持“走生态路、打有机牌”，树牢“绿色有机无公害”品牌意识，建立健全“市、县、乡、基地”四级食用菌质量安全监管体系和监测体系，采取农机农艺融合、良种良法配套，扩大土壤有机质提升规模和范围，推进绿色、有机栽培，开展无公害、绿色和有机产地产品认证，实现标准化生产。二是实现全程溯源管控，建立健全产地准出、上市检测制度和质量安全追溯体系，建立从原种、栽培到鲜品、干制品的生产全程质量安全监测体系。三是做响特色品牌，坚持“稳定大宗品种保供应、发展特色品种提品质”的思路，依托“中国竹荪之乡”“中国天麻之乡”等品牌优势，重点推进红托竹荪、冬荪、羊肚菌等珍稀食用菌和香菇、木耳、海鲜菇等大宗食用菌品牌建设。

4. 重联结，完善“利益链”

一是股份联结有“红金”。建立“龙头企业＋合作社＋贫困户”“公司＋合作社＋农户”“公司＋合作社＋村集体经济＋农户”等模式，以股权为纽带，通过土地量化入股、扶贫资金量化入股、特惠贷入股等方式，把企业、合作社、村集体、农户连成一个利益共同体，形成村企联合、产业连片、基地连户、责任连体、股权连心格局。二是劳务协作有“薪金”。引导有劳动能力的贫困群众在食用菌生产基地务工，采取“保底工资＋绩效工资”方式，经营主体采取计件工资、加班工资、奖金等多种计酬方式，增加农户务工收入。三是承包经营有“利金”。积极引导有条件的贫困户承包食用菌生产大棚，由企业（合作社）提供菌棒、技术指导和产品保底回收，让贫困户获得种植收益。

## 三　毕节试验区农村产业革命存在的问题和面临的挑战

### （一）农村产业革命农民主体作用发挥不足

当前毕节试验区在推进农村产业革命的过程中，主要依靠政府强力推动实施，这虽然促进了农村产业结构调整在短时间内取得了比较好的成效，并对推进农村产业革命起到积极作用，但也加重了农民“等靠要”的依赖思想，不利于农民群众在产业选择、产销对接、资金筹措、学习先进农业科技知识等方面主体作用的发挥，不利于农村产业革命的可持续纵深推进。

### （二）农村基础设施仍较落后，与农村产业革命要求存在差距

主要表现在，大部分农业产业基地的水、电、路等基础条件较差，机耕道，田间便道，水利排灌、冷链物流、分拣包装等设备设施配套不足，导致农业生产加工成本较高，农业发展抗逆能力弱，满足不了现代化农业生产的需求。部分乡村公路建设标准较低，大型的农用机动车辆无法通过，农村道路建设质量不高，缺乏后续的养护、管理人员和经费，损毁情况较为严重。农田水利设施和农业机械化水平低，农村4G网络覆盖面和宽带网络覆盖还有很大提升空间。由于耕地分散破碎，工程施工难度大、造价高，农业坝区高标准农田建设存在一定困难，如果按现行的1500元/亩的财政资金投资标准，难以实现“旱能灌、涝能排、水土留得住、农机能进能出”这一标准。

### （三）企业、合作社与农民的利益联结不够紧密

从现有的农村产业革命的利益联结机制上看，农户以资金入股企业的情况较少，多以土地入股来组建农民专业合作组织，生产规模小，抗市场风险

能力弱，管理经营能力比较低，没有起到沟通生产和市场的桥梁和纽带作用；同时利益联结的主要方式多以土地分红为主，机制单一，造成带动农户增收能力弱，带动群众增收效果不明显。

### （四）农村青壮年劳动力和高素质农业从业者短缺

近年来城镇化进程不断推进，青壮年劳动力不断涌入城市务工就业，导致毕节农村青壮年劳动力和农村从业人数不断减少，这给农村产业革命的可持续发展带来很大现实挑战。同时留在农村从事农业生产的劳动力素质整体偏低，且大都是老人、妇女，文化水平较低，对新技术、新知识的接受能力较弱，可以说高素质劳动力缺乏成了推进农业生产的最大短板。

## 四　对毕节试验区农村产业发展的几点建议

### （一）转变农民思想观念，充分发挥农民主体性作用

农民思想观念的转变是根本上破解制约农村发展的前提条件，这需要激起广大农民群众穷则思变、走出困境的斗志和勇气，使其成为加快农村产业发展原动力。一要转变农民传统观念和发展思路，坚决摒弃“得过且过”的懒惰思想，坚决破除“小富即安、小得即满”的“小农意识”，引导农民群众从“等靠要”到“主动干”，从内心思变到主动求变，主动参与到农村产业发展的变革中来。二要逐步转变政府职能，厘清政府在农村产业发展中的行动边界，变政府主导为市场引导，增强服务保障功能，运用有形之手引导农民在产业投入、发展模式、生产方式方面适应市场变化。三要转变发展思路。帮助和引导群众转变发展观念，激发致富愿望，增强市场意识，让广大群众积极支持和参与调整产业结构，推动传统低效农业向现代化、集约化、规模化的现代高效农业转变。

## （二）继续完善农业基础设施建设

要继续加大投入推进高标准农田建设，在“两区”[①] 建设一批高标准农田，实现田、土、水、路、技、管综合配套，形成更加完善的农业基础设施。继续改善农业园区水、电、路、通信、冷链物流等基础设施建设，推广应用智能温室、钢架大棚、喷滴灌、畜禽标准化圈舍等配套装备设施，提升园区生产能力和现代化水平，支持农业园区做大规模、提质增效，积极申报省级和国家级现代农业产业园。

## （三）继续抓好农业产业结构调整

继续加大农业产业结构调整力度，把“高速公路沿线、县乡公路沿线、207 个坝区、旅游景区、重要水源地及 25 度以上坡耕地”六大区域作为重点，稳定巩固已调减低效农作物面积。围绕坝区基础设施、组织方式、科技服务、综合效益四个方面要求，全面推进 207 个坝区农业产业结构调整，实现重点基础设施全配套、经营主体全覆盖、土地利用全高效、科技服务全保障，不断提升坝区亩产产值。按照现代高效农业发展要求，以坝区建设为抓手，不断扩大食用菌、牛羊、水果、辣椒、生猪、生态渔业、中药材、蔬菜、生态家禽等特色产业规模，努力提升发展质量和效益，促进农业增效与农民持续稳定增收。

## （四）继续强化利益联结机制

继续深入推广“塘约经验”和农村“三变”改革，通过改革盘活农村资源要素，支持小农户参与合作社经营，合作社与龙头企业合作，推动小农户与经营主体之间形成利益共同体，促进龙头企业、合作社、农民形成更加紧密的产业发展共同体，加大产业项目对经营主体支持力度，让更多群众分享产业发展红利，加快推进三产融合发展，不断拓宽农民就业增收渠道。

---

① 粮食生产功能区和现代农业园区。

### （五）不断提升农业科技服务农业产业发展的水平

加快推进毕节山区农业机械化普及程度，大力推广小型、多功能、智能化、组合式先进、适用的农业机械，减轻农业劳动强度，逐步提升耕种收农业综合机械化水平，提高农业生产率。加大对农业产业提供技术服务支持的力度，不断推进12个重点产业技术咨询和现场指导服务，充分利用“万名农技专家下基层”、涉农信息服务平台等，围绕种、养、加工、销售关键环节提供技术服务，实现对每个替代产业、每个产业村、每个合作社全覆盖。加大良种良法推广力度，积极开展地方种质资源保护与开发利用，切实加大新品种新技术引进示范推广，不断强化技术培训指导，继续抓好农业防灾减灾工作，指导做好农作物田间生产。

# 脱贫攻坚篇

Poverty Alleviation Reports

## B.8
## 毕节试验区脱贫成效及经验总结

赵琴　林俐*

摘　要：2020年11月23日毕节的纳雍、威宁、赫章三县正式退出贫困县，脱贫攻坚取得全面胜利，毕节彻底撕掉了千百年来的贫困标签。在党的领导和毕节人民的艰苦奋斗下，毕节脱贫攻坚取得了骄人成绩，积累了宝贵经验，为下一步“三农”工作提供了有益借鉴。本文简要梳理了毕节脱贫成效，对毕节脱贫攻坚“五个聚焦”的宝贵经验进行了总结，最后对“十四五”时期毕节“三农”工作的重点提出了一点思考。

关键词：脱贫成效　脱贫经验　毕节试验区

---

* 赵琴，贵州省社会科学院农村发展研究所助理研究员，主要研究方向为农村贫困、社会融合；林俐，贵州省社会科学院副研究馆员，主要研究方向为农村发展、图书资料管理。

2020年11月23日，贵州省人民政府宣布，全省最后9个贫困县实现脱贫摘帽，其中包括毕节的纳雍、威宁、赫章三县，自此毕节7个国家级贫困县（区）全部出列，彻底撕掉千百年来的贫困标签。毕节，地处黔西北，属典型的喀斯特地貌，境内群峰耸立，沟壑纵横，土地破碎，石漠化严重，有“八山一水一分田”之称，是乌蒙山连片特困地区，也是中国唯一以“开发扶贫、生态建设”为主题的试验区，贫困面广、贫困程度深、贫困人口多，脱贫攻坚难度大。试验区成立30多年来，特别是党的十八大以来，党领导毕节人民与贫困进行了不懈斗争，取得了骄人的成绩。

## 一　毕节脱贫成效概览

### （一）贫困人口和贫困发生率大幅下降

党的十八大以前毕节市贫困人口在200万人以上，从图1、图2中可以看出，自2011年以来毕节市贫困人口呈直线式下降，贫困人口从2011年的250.05万人下降到2019年的12.5万人（见图1），贫困发生率也由2011年

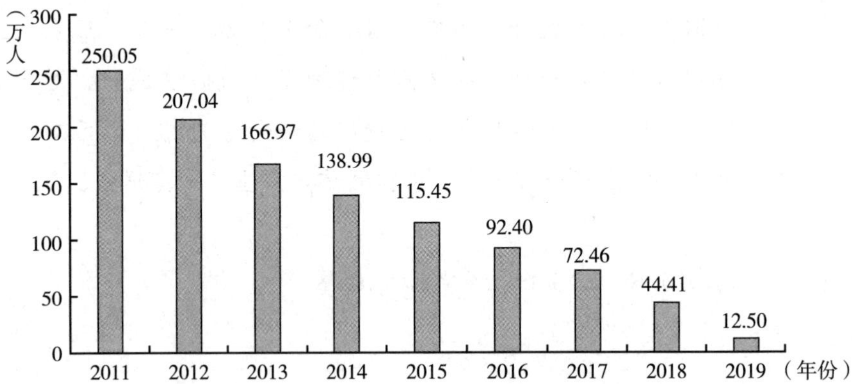


**图1　2011～2019年毕节市农村贫困人口数量**

资料来源：贵州省统计局、国家统计局贵州调查总队：《贵州统计年鉴》，2012～2020年。

的35.5%下降到2019年的1.54%（见图2）。全市紧紧围绕“一达标两不愁三保障”，以脱贫攻坚统揽经济社会发展全局，贫困人口和贫困发生率直线下降，到2020年11月23日，贵州省人民政府正式宣布纳雍、威宁、赫章三县退出贫困县序列，自此毕节7个国家级贫困县（区）全部摘帽，1981个贫困村全部出列。

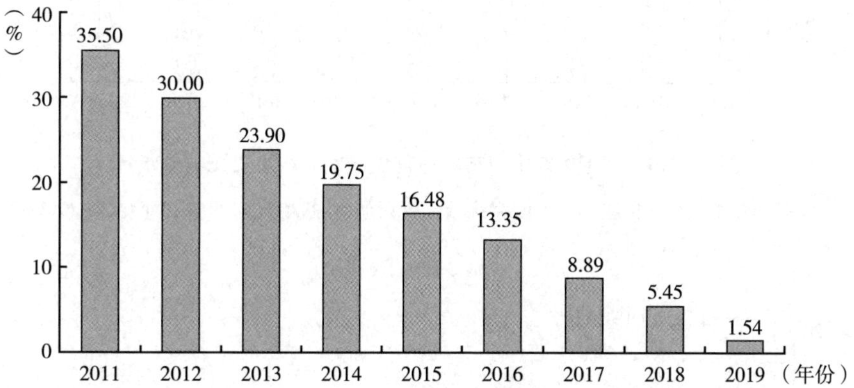


**图2　2011～2019年毕节市农村贫困人口发生率**

资料来源：贵州省统计局、国家统计局贵州调查总队：《贵州统计年鉴》，2012～2020年。

## （二）农户收入水平显著提升

毕节市将产业扶贫作为脱贫攻坚的重要抓手，大力发展农业产业，增加农户农业经营收入、务工收入、土地入股分红收入及土地流转收入等。同时，积极开发生态护林员、护路员、护河员等“十大员”就业扶贫公益专岗，多渠道增加农户收入。毕节市农村常住居民人均可支配收入从2011年的4210元增长到2019年的10364元，呈逐年递增的趋势（见图3），同比增长率2012～2019年均保持在10%以上（见图4）。

## （三）农村基础设施明显改善

农村对外联系的路、网通道更加顺畅。截至2019年，毕节已实现30户

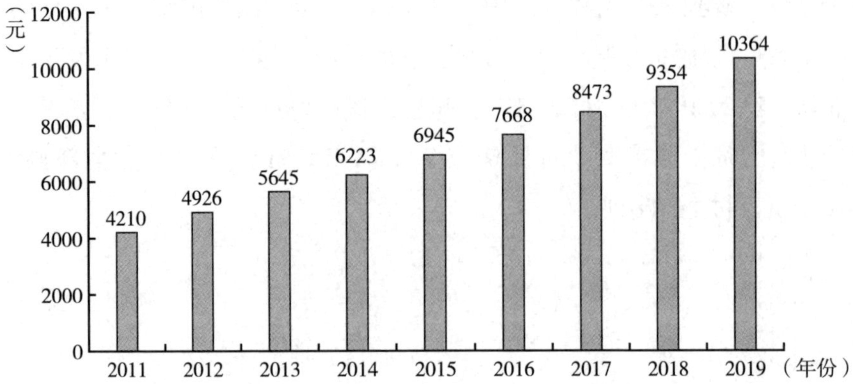


**图 3　2011～2019 年毕节市农村常住居民人均可支配收入情况**

资料来源：贵州省统计局、国家统计局贵州调查总队：《贵州统计年鉴》，2012～2020 年。

**图 4　2012～2019 年毕节市农村常住居民人均可支配收入同比增长率**

资料来源：贵州省统计局、国家统计局贵州调查总队：《贵州统计年鉴》，2012～2020 年。

以上自然村寨 100% 通硬化路目标；农村广播综合覆盖率达 92.1%；村电视综合覆盖率达 95.1%；实施多彩贵州“广电云”村村通工程，实现全市所有行政村通有线电视网络。农业生产基础设施进一步完善。农业园区不断提质增效，全市共有在建农业园区 326 个，其中省级 71 个、市级 26 个、县级 29 个、乡级 200 个，共建成标准化基地 183.95 万亩。高标准农田建设取得新进展，已开工在建高标准农田项目 83 个，面积达 27.87 万亩，建设完成 12.97 万亩，完成坝区土地整治 10.6 万亩，累计建成有效灌溉面积 46.3 万亩、田间道路 8396 千米。坝区配套设施不断完善，全市坝区累计建成生产大棚 2147 万平方米、冷库库容 7.2 万立方米，购置冷链物流车辆 104 台。农民生活设施更加齐全。实施饮水安全工程 895 处，基本解决了 109.1 万人饮水安全问题。大力推进农村“厕所革命”，建设改造完成农村户用卫生厕所 41.87 万户，建设村级公共厕所 2351 个。完成 14.77 万户农村危房改造、2.27 万户透风漏雨老旧住房治理、242 户人畜混居整治，完成 28.5 万人易地扶贫搬迁，实现住有所居。整合改造完成 157 个村综合文化服务中心、142 个文体小广场，文化休闲空间不断扩展。

## （四）农村公共服务水平不断提高

教育保障不断完善，幼有所教基本实现。全市学前教育三年毛入园（班）率达 89.07%，小学适龄儿童入学率达 99.80%，初中阶段毛入学率达 96.04%，高中阶段毛入学率达 90.23%。通过大力实施义务教育“三免两补”、高中阶段“两助三免”、高校院校“两助一免”等教育惠民政策，实现贫困人口义务教育资助全覆盖，贫困家庭辍学生动态清零，累计资助贫困家庭学生 319.16 万人次，资助资金 40.24 亿元，确保了义务教育阶段贫困学生全部实现应助尽助，达到“不因贫困而辍学，不因就学而返贫”的贫困家庭学生教育保障目的。医疗服务水平不断提升，病有所医基本实现。医疗基础设施不断完善，医疗人才不断增长。全市共有医疗卫生机构 5296 个，其中，医院 284 个，乡镇卫生院 285（社区服务中心）个；共有卫生机构床位 42365 张，其中医院 32155 张，卫生院 9222 张；共有卫生专业技术人员 35047 人，同比增长 7.9%。医疗保障体系逐步健全。建立并完善了新农合基本医疗保障、大病保险、医疗救助、医疗扶助等医疗保障体系，全面落实贫困群众“先诊疗后付费”和定点医疗机构“一站式”报销政策，建档立卡贫困户政策内参保率达 100%，报账比例达 90% 以上，贫困户家庭医生签约服务率达 100%。养老保障进一步完善，老有所养基本实现。养老服务基础设施不断完善，截至2019年，全市已建成200张以上床位的综合性示范型养老机构8个，提质改造农村敬老院5所，新建城镇老年人日间照料中心9个、农村互助幸福院50个，是民政部、财政部纳入的第四批中央财政支持的全国居家和社区养老服务改革试点地区。社会救助兜底保障更加有力，弱有所扶基本实现。全市保障城乡低保对象67.57万人，其中，农村低保对象59.20万人。实施留守儿童困境儿童关爱保护，3332名孤儿、13055名困境儿童的基本生活得到有效保障。对困难群众发放基本生活保障救助资金；发放价格临时补贴及残疾人“两项”补贴。

### （五）农业产业欣欣向荣

产业结构不断优化。合理调减粮食作物种植面积，经济作物种植面积大幅增加。全面推进207个坝区农业产业结构调整，不断扩大食用菌、牛羊、水果、辣椒、生猪、生态渔业、中药材、蔬菜、生态家禽等特色产业规模，努力提升发展质量和效益，坝区平均亩产值达9000元以上。产品质量不断提升。农产品向品牌化、有机化方向发展，当前毕节已培育农产品品牌683个，获无公害产地认证227个、绿色食品认证2个、有机食品认证20个、传统名特优农产品地理标志产品认证16个，建成国家级畜禽养殖标准化示范场4个、水产健康养殖示范场4个，省级畜禽养殖标准化示范场26个。农业增加值稳步增长。全市农林牧渔业增加值从2015年的324.7亿元，逐年增长到2019年的464.4亿元，年均增长10.76%。

## 二　经验总结：脱贫攻坚“五个聚焦”

### （一）聚焦“政治引领”下功夫，坚定脱贫攻坚信心

毕节脱贫攻坚取得的成绩来之不易，积累了很多宝贵的经验，其中最重要的就是坚持把习近平总书记重要指示批示精神作为一切工作的根本遵循。党的十八大以来，习近平总书记对试验区做出3次重要指示，6次在重要讲

话中提及毕节，为试验区改革发展把脉指航。毕节市始终把习近平总书记对毕节试验区的重要指示批示精神作为根本遵循，先后召开138次市委常委会议、36次全市领导干部大会、3次市委全会，举办研讨班6期、理论中心组集中学习研讨会38次进行学习贯彻，带动全市700余个党委（党组）开展集中学习研讨2.4万余次，组织党员干部深入学习宣传贯彻落实习近平总书记重要指示批示精神475万人次，增强按时打赢脱贫攻坚战的使命感、责任感和紧迫感。

其次是夯实基层战斗堡垒。将确保按时高质量打赢脱贫攻坚战作为“守初心、担使命”的试金石，制定落实《关于支持深度贫困县脱贫攻坚的实施方案》、《关于聚焦深度贫困地区确保按时打赢脱贫攻坚战的通知》“1+4”文件、《关于深入推进东西部扶贫协作工作的实施意见》、“1+8”文件等措施。实施后进村党组织整顿、村级组织阵地提升、“空壳村”清零、基层基础保障、示范村创建、党建责任落实、基层减负“七大工程”，整顿提升后进村党组织399个，提质改造村级活动阵地2266个，全面消除集体经济“空壳村”，村集体经济积累达9.21亿元。探索推进“跨区组合建总支（党委）、突出功能建支部、延伸服务建小组”，优化设置村级党委（党总支）883个，建立党支部3244个，划分党小组9526个，发展农民党员9328名，占新发展党员总数的67%。制定落实《毕节市党支部领办村集体合作社运行管理办法》，探索推广“党支部+合作社+农户”模式，成立村集体合作社2537个，受益群众达35.68万人。贫困村、深度贫困村合作社覆盖率达100%。

### （二）聚焦“精准发力”下功夫，把准脱贫攻坚路径

一是完善扶贫台账。健全落实脱贫攻坚精准识别“四看法”“三议三公开”等制度，精准识别贫困人口48.09万户138.99万人。全面采集“贫困户识别‘四看法’指标体系评分表”“贫困户调查登记表”“农村家庭人均可支配收入核查表”，人、房、地图三张照片，产业发展情况“三表三照一视频”信息，建立“扶贫云”大数据管理平台，保障扶贫信息共享，实现

扶贫对象动态调整、扶贫资源精准配置。

二是夯实尽锐出战。安排162个市直部门联系帮扶深度贫困县乡镇，选派92名市直单位县处级领导干部到深度贫困县的乡镇担任驻乡帮扶工作队队长，对62名不胜任脱贫攻坚战的乡镇党政正职进行调整，持续推动“四个聚焦”。

三是下足“绣花”功夫。建立“一村一脱贫攻坚行动方案”“一户一工作清单”，按照“五个一批”对贫困人口进行分析归类、实行挂图督战。建立落实产业扶贫、贫困户就业扶贫、脱贫攻坚到户工作和建档立卡贫困户档案资料“四项清单”，下足“绣花”功夫。

### （三）聚焦“协同作战”下功夫，增强脱贫攻坚动力

一是凝聚帮扶力量。协调争取统一战线实施帮扶，与广州市开展互访交流，实施对口帮扶，东部十省市组织企业与毕节112个贫困村开展结对帮扶。争取恒大集团无偿捐赠帮扶资金110亿元。统筹抓好世行贷款项目、烟草扶贫新村项目等社会扶贫项目。深化“千企帮千村”行动，组织868家民营企业帮扶1098个村，投资55.4亿元发展扶贫产业项目380余个。

二是聚合资源要素。中央统战部、各民主党派中央、全国工商联先后选派57名干部到毕节挂职。贵州省委从其他地区选派2名同志到试验区担任县委书记，选派19名省直机关处级干部挂任县区党政班子成员。省直部门支持资金199.44亿元，安排项目4136个，项目涉及投资741.02亿元。广州市选派33名党政干部、284名专业技术人员到试验区挂职帮扶，接收试验区党政干部234人次、专业技术人员630人次挂职学习，为试验区培训党政干部2642人次、专业技术人员3.6万余人次。

三是激发内生动力。按照“扶贫先扶志、治贫先治懒、脱贫先脱愚”的思路，投入专项经费2.3亿元，开展“百万农民技能培训”5250期次，培训群众31.49万人次，发放新型农民合格证30.58万个。在全国率先探索建立“新时代农民讲习所”，创新谁来讲、讲什么、怎么讲、有效讲的体制机制，打通了教室与现场、教员与学生、理论与技术、思想与实践界限，增

强了党组织的号召力和影响力，有效发挥了开启民智、凝聚民心、发挥民力、推动民富的作用。

### （四）聚焦“重点突破”下功夫，攻克脱贫攻坚堡垒

一是加快农村基础设施建设。完成交通固定资产投资1286亿元；投资81.72亿元，实施农村安全饮水工程、河流治理、水土流失治理、城镇污水处理项目，建成骨干水源工程11处，除险加固病险水库项目92个；投资52.74亿元实施农村电网改造；对8座广播电视发射台进行提质改造。

二是深入推进农村产业革命。按照习近平总书记“要因地制宜，把培育产业作为推动脱贫攻坚的根本出路”要求，坚持“五步工作法”和“八要素”，探索构建产业、生产、组织、销售、保障等“五个体系”，实施“55441111”农业特色产业提升工程，创新发展易地扶贫产业，推动“毕货出山”。

三是统筹补齐脱贫短板。全面开展“3+1”脱贫短板排查摸底工作，对建档立卡贫困户、脱贫监测户、边缘户、长期在外务工贫困户进行摸底排查，重点摸清剩余未脱贫人口当前“两不愁三保障”和易地扶贫搬迁等方面存在的短板弱项，及时制定解决措施。

四是强力推进易地扶贫搬迁。把易地扶贫搬迁作为从根本上改善贫困群众生活条件、拓宽生存发展空间的重中之重，认真贯彻“六个坚持”要求，以对象精准、建设规范、资金安全、就业落实为核心，扎实推进易地扶贫搬迁各项工作。围绕“搬得出、稳得住、快融入、能致富”目标，健全落实基本公共服务、培训和就业服务、文化服务、社区治理、基层党建“五个体系”，全面加强县区安置点教育医疗等配套设施建设，积极实现易地扶贫搬迁群众一户一人稳定就业。

五是精准实施就业扶贫。加强劳务输出，推动贫困人口稳岗就业。针对无法离乡、无业可扶、无力脱贫又有劳动能力和就业意愿的“三无两有”贫困劳动力情况，精准开发“护校”“护路”“护林”“护医”“护厂”“护河”“护洁”“治安巡防”“养老护理”等“十大员”就业扶贫公益专岗，努力帮助建档立卡贫困户通过一人就业实现全家脱贫。

### （五）聚焦“作风保障”下功夫，务求脱贫攻坚实效

一是压实领导责任。健全落实“联县帮乡驻村入户”机制，从市、县两级选派3297名第一书记和驻村干部进驻815个深度贫困村和贫困发生率高于10%的村开展帮扶，建立落实“四到工作制”。

二是抓实激励问责。健全落实驻村工作动态跟踪分析研判、驻村工作组任务清单、乡镇联系村领导和驻村工作组长负责、乡镇驻村干部工作村为主、村工作捆绑考核等“五项制度”，制定实施《毕节市脱贫攻坚一线干部关怀激励办法》等激励性文件4个，加大对脱贫攻坚一线干部的关怀激励；深入开展“民生监督进万家”“千名纪检干部访千村”“访村寨、重监督、助攻坚”专项行动，以及民生监督“三年亮剑行动”，构建政府部门全力管控、强化责任落实，民生监督全面覆盖、强化问题查处，群众全员参与、强化信访化解的“三位一体”监督体系，加强扶贫领域腐败问题和作风问题整治力度，为按时高质量打赢脱贫攻坚战提供了坚强保证。

## 三　展望未来

在党的领导和毕节人民的不懈努力下，毕节取得了脱贫攻坚的全面胜利，与全国人民一道迈入了全面小康社会。“十四五”时期，毕节将乘势而上开启全面建设社会主义现代化新征程，“三农”工作的重心将从脱贫攻坚转向脱贫成果巩固和乡村振兴。

### （一）进一步巩固好脱贫攻坚成果

为确保脱贫成果的稳定性和可持续性，让脱贫成果经得起历史和人民的检验，毕节将持续做好“四个留下”决策部署。一是突出“选、育、管”三个环节强队伍，“留下”一支永远不走的工作队。二是突出“组建、管理、运营”三个关键抓领办，“留下”一批活力强劲的合作社。三是突出“造血、充血、输血”三种路径促发展，“留下”一份殷实厚重的村集体资

产。四是突出“自治、法治、德治”三种方式抓治理，“留下”一套高效管用的乡村治理体系。

### （二）推进脱贫成果巩固与乡村振兴有机衔接

在脱贫成果巩固与乡村振兴统筹衔接的历史交汇期，毕节将从规划、机制、政策、发展四个方面做好二者的有机衔接和协同推进。一是把脱贫攻坚形成的有益经验引入乡村振兴战略的实施过程中。二是继续完善多规合一，“十四五”规划中的脱贫成果巩固与乡村振兴规划要有协同性、一致性。三是进一步完善农村人口动态监测机制、产业发展机制、社会保障机制、内生动力激发机制等。四是逐步建立脱贫攻坚的特惠政策向普惠政策转变的政策体系。

### （三）实施乡村振兴与新型城镇化双轮驱动战略

乡村振兴与新型城镇化具有相互促进作用，未来应进一步破除阻碍城乡要素自由流动的体制机制障碍，促进城乡间土地、人才、资金、技术、信息等要素双向流动。持续推进城乡公共服务均等化，促进城乡产业融合发展，实现城市让生活更美好、乡村让人们更向往。

## 参考文献

谢朝政：《在乌蒙之巅绘就脱贫攻坚壮美画卷》，《贵州日报》2020 年 11 月 24 日。

毕节市统计局、国家统计局毕节调查队：《毕节市 2019 年国民经济和社会发展统计公报》，《毕节日报》2020 年 4 月 28 日。

# B.9
# 多党合作助力脱贫攻坚的毕节实践

周 欢*

摘 要： 毕节试验区建立以来，中共中央统一战线工作部牵头各民主党派中央积极参与支持毕节试验区建设，始终把探索贫困山区科学发展之路作为历史责任。本文分析了中国共产党领导下的多党合作统一战线在推动毕节试验区脱贫攻坚过程中的主要做法及可推广经验，同时提出下一步应该注意的重点。

关键词： 多党合作 脱贫攻坚 毕节试验区

毕节试验区建立以来，中共中央统一战线工作部牵头协调各民主党派中央积极参与毕节试验区脱贫攻坚工作，始终把探索贫困山区科学发展之路作为历史责任，把参与毕节试验区建设作为重要事业，献计献策、出钱出力、扶贫扶智，与毕节各族干部群众结下了深厚情谊，创造了中国共产党领导的多党合作助力毕节地区发展的成功经验，探索出一条多党合作助力脱贫攻坚的成功之路。

党的十八大以来，中央统战部、各民主党派中央、全国工商联以及各地统一战线副部级以上领导多次深入毕节试验区考察指导工作，共组织 808 批 8023 人次的专家学者、企业家等各界人士赴毕节试验区考察工作。在中央统战部的牵头下，全国统一战线在毕节试验区实施帮扶项目 2031 个，协调

* 周欢，贵州省社会科学院城市经济研究所助理研究员，主要研究方向为农村发展、农业经济、产业经济。

社会各界投入帮扶资金10.7亿元，帮助培训各类人才17.08万人次，为3.06万名群众实施免费义诊，资助贫困学生14181名，为贫困地区全面建成小康社会闯出了一条新路子，为多党合作改革发展实践探索提供了新经验。①

## 一　主要做法及取得的成效

### （一）主要做法

自1988年毕节试验区成立以来，历届党和国家领导人十分关心试验区建设，先后有江泽民、胡锦涛、吴邦国、温家宝等党和国家领导人140人次深入毕节试验区调研指导，王兆国、刘延东、孙春兰等中央统战部历届领导班子成员和各民主党派中央、全国工商联历届主席和副主席等更是不辞辛劳到毕节试验区考察帮扶，让毕节试验区在不断探索实践中逐步摆脱贫困、积累经验。

1.建立统筹协调机制凝聚统一战线

毕节试验区建立以来，中央统战部始终发挥着牵头抓总、统筹协调的重要核心作用，通过建立机制、搭建平台，团结引领全国广大统一战线同心同行参与毕节试验区建设。

一是建立定点联系帮扶制度。毕节试验区建立以来，在中央统战部的牵头号召下，构建了各民主党派中央、全国工商联定点联系帮扶毕节试验区的长效机制，各民主党派中央、全国工商联和中华职业教育社等除积极参与毕节试验区各项建设外，还先后与毕节试验区各县区结成定点对口帮扶关系（见图1）。

长期以来，中央统战部、各民主党派中央、全国工商联和中华职业教育社深入毕节试验区和各对口帮扶县（区），通过摸情况、提问题、找原因、

① 毕节市扶贫办提供。

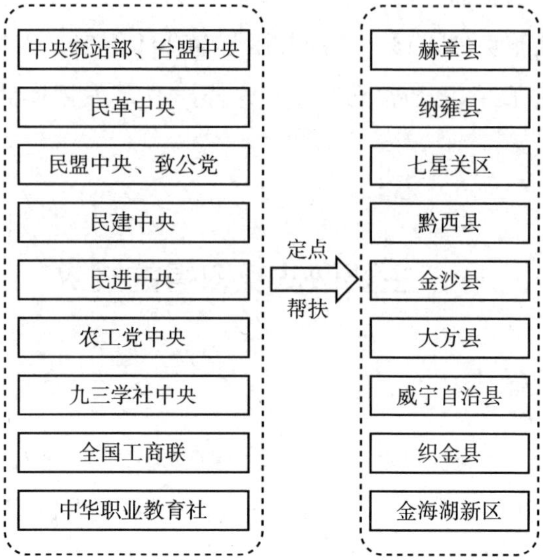


**图1　各民主党派中央、全国工商联定点联系帮扶毕节市对应情况**

资料来源：毕节市扶贫办。

理思路、出主意，帮助各县（区）制定了整体发展规划，派出干部驻点挂职，抓点促面，扎实推进帮扶。

二是建立统一战线参与毕节试验区建设联席会议制度和联络联系机制。2009 年 4 月 14 日，中央统战部牵头在北京组织召开各民主党派中央、全国工商联参与支持毕节试验区建设座谈会，建立了统一战线参与支持毕节试验区建设工作联席会议制度，定期召开会议研究部署参与毕节试验区建设相关工作。同时，在中央统战部办公厅设立毕节试验区联络联系办公室的基础上，还成立了参与支持毕节试验区建设联席会议办公室，整合各方力量专门支持毕节试验区工作。联席会议机制建立后，中央统战部先后在京组织召开了 6 次联席会议，研究帮扶事宜，整合资源力量，加大统一战线参与毕节试验区建设工作的统筹调度和支持力度。

三是建立国家 19 个部门和东部 10 省市统一战线参与支持毕节试验区建设联席会议制度。统一战线参与毕节试验区建设在中央和全国产生了重大影响，胡锦涛、温家宝等中央领导同志就毕节试验区工作做了一系列重要批示，极大地鼓舞了毕节试验区各族人民改革发展、探索创新、建设家乡的信心，统一战线参与支持毕节试验区建设进入全新阶段。2010 年 6 月 28 日，中央统战部牵头建立了国家 19 个部门和东部 10 省（市）统一战线参与支持毕节试验区建设联席会议制度，协调国务院扶贫办、国家发改委、教育部等 19 个部门和东部的北京、上海、天津、浙江、河北等 10 省（市）统战部门集中力量参与支持毕节试验区建设，进一步拓展了统一战线参与支持毕节试验区建设的范围，同时逐步建立完善了中央、省、市、县（区）四级联络联系机制，以“同心工程”为品牌载体，大力实施“助推发展、智力支持、改善民生、生态建设、示范带动”五大工程，帮助毕节试验区补短板、改面貌、促跨越。

2. 发挥自身能动性助力毕节脱贫攻坚

在中共中央统一战线工作部的大力支持和积极推动下，毕节试验区聚焦“开发扶贫、生态建设、人口控制”三大试验主题，积极进行改革和探索，勇于创新，不断实践，全区面貌焕然一新，扶贫开发成效明显，生态环境持续改善，资源使用更加合理，人口增长有效控制，毕节试验区经济社会成功走上一条统筹、协调、可持续发展的科学道路。①

一是发挥资源优势，引进重大工程项目。在统一战线参与支持毕节试验区建设工作的过程中，中央统战部全力发挥资源丰富优势，全力为毕节试验区争取重大工程和项目。凡是毕节试验区申报重大项目，中央统战部都积极出面协调，与有关部委进行沟通，帮助获得立项。同时主动为毕节试验区考虑，与各民主党派中央和全国工商联等一起为毕节试验区呼吁，成功促成一大批重要项目得以立项和顺利实施。②③ 例如，中央统战部帮助赫章成功列

① 胡晓涛：《情系乌蒙　大山作证——中央统战部牵手毕节试验区 20 年记略》，《毕节日报》2008 年 12 月 18 日，第 1 版。

② 中共毕节地委统战部：《开发扶贫探新路　多党合作谱新篇——中央统战部、各民主党派中央、全国工商联参与毕节试验区建设纪实之二》，《毕节日报》2008 年 9 月 5 日，第 1 版。

③ 鲍婧：《同心同行促进生态文明建设——以毕节试验区为例》，载贵州省社会科学界联合会编《2011 年贵州省社会科学学术年会论文集》，贵州省社会科学界联合会，2011，第 4 页。

入全国山区综合开发试点县，获得南京爱德基金会“山区综合发展”援助项目并顺利实施；协调国家林业局批准在赫章实施天然林保护工程，并把赫章列入贵州省退耕还林还草试点示范县；帮助赫章获批锌厂建设项目银行贷款。同时，中央统战部着力帮助毕节试验区加快基础设施建设步伐，积极协调各民主党派中央以及国家各部委对毕节试验区给予帮助，促成纳雍电厂、毕节倒天河水库、工业园区、社区医院等重大基础设施项目的立项及实施，有效提升了毕节试验区基础设施的质量和覆盖面。

二是发挥智力联合优势，加快毕节试验区扶贫开发步伐。[①] 毕节试验区成立以来，中央统战部协调各民主党派中央和全国工商联集中发挥智力联合优势，利用各领域的人才优势，特别是科学技术方面的人才优势，整合统一战线的人、财、物共同在毕节试验区创建实施了一大批周期短、见效快、覆盖广、科技含量高的扶贫开发示范项目。例如农业综合开发试验示范基地、坡改梯示范工程、旱作农业试验示范基地、畜牧品种改良基地等。此类项目分布在毕节试验区各地，覆盖面较广、科技含量较高、示范带动效果显著，同时群众直接受益，能有效增加农民群众经济收入。此外，统一战线还长期在毕节试验区定期举办农村科技人员和农民技术培训班，教授农民群众水稻、玉米、经果林等农作物改良、增产及病虫害防治技术，以及茶叶栽培加工、畜禽养殖及品种改良、大棚蔬菜栽培等农业综合实用技术，培养了一批农村科技人才，有力降低了农民农业生产风险。

三是发挥资源集中优势，助推毕节试验区社会事业发展。在文化教育方面，中央统战部组织和协调统一战线成员出资和引资帮助毕节试验区修建了一批“乡村图书室”“村级文化中心”“民族风情园”等乡村文化教育类基础设施，加强了农村文化建设，丰富了农民文化内涵。帮助毕节试验区修建了多所“希望小学”“职业中学”，对阻断农民代际贫困做出了巨大贡献。同时针对毕节试验区部分中小学校校舍陈旧、教学设施匮乏等问题，帮助部分学校改扩建校舍、操场，为部分学校捐赠图书、电脑、投影仪、课桌椅等

① 杨旭：《新时期多党合作的形式创新》，《毕节模式研究》2010 年第 6 期。

硬件设备，有效改善了毕节试验区部分中小学的办学条件。针对师资队伍业务素质不强、教学管理水平总体不高等实际问题，采取选送管理人员和专职教师到优质教学地区进行培训学习，或者邀请专家学者来毕节举办辅导讲座等方式，有针对性地加强师资队伍建设。在医疗卫生事业方面，中央统战部直接投入和协调各类资金项目支持毕节试验区医疗卫生事业发展，为毕节试验区兴建、改扩建乡镇卫生院和村级卫生室，举办医疗卫生专题讲座，培训医务人员，开展义诊活动，捐赠药品和医疗器械设备等，并推动各民主党派在毕节实施各项助医工程，为毕节试验区医疗卫生事业发展做出了积极贡献①。在人口提质方面，从毕节试验区人口基数大、人口素质待提高的实际出发，统一战线与毕节试验区共同研究决定了以人口素质提高为宗旨、以人口结构优化为关键、以人力资源开发为动力、以农民养老保险为保障的人口提质新途径，通过推动中华职业教育社对口帮扶金海湖新区、实施“同心温暖工程”等项目，通过协调发达地区学校结对帮扶毕节试验区各级各类学校等措施，增加教育投入，推进教育改革，努力提高人口素质，促进人口压力向人力资源优势转变，并取得了实质性的成效。

四是发挥顶层协商优势，助推毕节试验区生态建设。在中央统战部的牵头协调和各单位的支持帮助下，国家林业局、环保部和世界银行等，为毕节试验区争取并指导实施了世行贷款贫困地区林业发展项目，并陆续实施了“长防”工程、封山育林、天然林资源保护、退耕还林等生态建设工程。以“生态建设”为重点，加大环境污染治理力度，开展节能减排治理工作，对环境污染严重的行业和企业进行集中整顿，通过实施技术改革、加大监督力度，节能减排工作效果显著，主要污染物的排放指标全部达标并良序发展，成功实现了生态、经济和社会多方面的效益提升目标。数据显示，1988～2019年，毕节试验区森林面积从40.12万公顷增加到155.73万公顷、森林蓄积量从872万立方米增加到5872万立方米、森林覆盖率从14.94%增长到

① 金伊始：《多党合作参与毕节试验区精准扶贫模式研究》，《理论与当代》2018年第4期，第13～15页。

57%，森林覆盖率上升了 42.06 个百分点，有效筑牢了生态屏障。[①] 此后，毕节市被国务院及国家有关部门先后列为“生态文明先行区”“全国生态保护与建设示范区”“全国林业生态建设示范区”。

五是发挥广泛联系优势，构建毕节试验区良好发展平台。通过中央统战部与中央统一战线牵头与协调，国家相关部委大力加强对毕节试验区的帮扶，不仅在政策和项目上对其倾斜，还争取大量资金帮助其发展，同时将毕节列为国家部委帮扶联系点和部分项目的示范点。例如，国家林业局和国家水利局将毕节试验区列为长期帮扶点，不仅在政策和资金方面给予众多帮助，还长期下派干部到毕节试验区进行挂职帮扶，从硬件和软件方面均对其给予大量帮助。中央统战部在长期对毕节试验区的帮扶实践中，不仅与贵州省委、省政府和毕节各级党委、政府建立了良好的合作关系，还与毕节试验区的各民族群众建立了深厚的感情。同时，中央统一战线合力为毕节试验区搭建良好发展平台，构建了各类工作联席会议制度，共同为其脱贫攻坚与可持续发展出谋划策。

3. 倾情帮扶结下深厚情谊

毕节试验区建立之初，以中央统战部、各民主党派中央和全国工商联领导专家为主要组成人员的毕节试验区专家顾问组多次到毕节试验区，围绕农业发展方向、产业结构调整、矿产资源开发、卫生事业和教育事业发展等课题深入调研，在充分论证的基础上，帮助试验区制定各类发展规划，帮助毕节试验区进一步厘清发展思路，明确发展目标，制定发展措施。

一是加强调查研究，为试验区出谋划策。中央统战部及统一战线的领导、专家、学者、企业家等始终心系毕节，为毕节试验区发展出谋划策、把脉献计、携手扶持、全力帮扶，并撰写调研报告直接上报党中央、国务院、全国人大、全国政协，或以全国“两会”提案形式提出，或通过领导亲笔书信直通党和国家领导人、国家部委主要领导等，为毕节试验区的改革发展解决了一个个难题、争取了一个个项目，为毕节试验区的建设和发展做了大

① 《毕节市 2019 年生态环境状况公报》及《贵州年鉴 2010》。

量工作。通过中央统战部呼吁和协调，毕节成功立项建成了一批大型水、电、路、通信等重大基础设施项目，实施了国家生态环境建设重点示范工程、西部大开发退耕还林还草工程、天然林保护工程及山水林田路综合治理等工程。

二是挂职蹲点帮扶，与试验区共同成长。在中央统战部的牵头组织下，各民主党派中央和全国工商联等统一战线下派干部到毕节试验区挂职帮扶形成一个常态化机制并持续至今。据不完全统计，毕节试验区建立以来，全国政协、中央统战部、各民主党派中央、全国工商联、国家各部门、东部10省（市）等发达地区选派到毕节试验区挂职帮扶的干部就有123名①，他们不仅为毕节试验区直接争取或协调落实道路交通、医疗卫生、人畜饮水、教育工程等一批批民生项目，而且在统一战线参与毕节试验区建设过程中充分发挥了联络员、协调员的作用，拉近了中央、省和地方的距离，实现了优势互补、资源共享、渠道畅通，为毕节试验区经济社会发展注入了强大的帮扶活力。

三是心系毕节发展，与试验区友谊长存。挂职干部一直是统一战线参与毕节试验区建设中不可或缺的重要力量。他们以毕节开发扶贫为己任，深入村寨、农户访贫问苦，积极为毕节试验区发展出谋划策、协调各种关系、争取项目资金等，为毕节试验区各项事业建设做出了积极的贡献。

4. 高位推动毕节试验区建设

一是高站位建立毕节试验区。试验区建立前的毕节，是西部贫困地区的典型，属于典型的岩溶山区和老少边穷地区。由于历史和自然因素，毕节的发展曾长期面临经济增长缓慢、生态环境恶化等问题。1987年，毕节全区人均粮食产量不到200公斤，农民人均纯收入仅184元，8个县中有6个属国家级贫困县，农村贫困人口占总人口的53.68%②，是贵州省最贫困的地区之一。1988年4月，胡锦涛同志邀请中共中央统一战线工作部、各民主

① 毕节市扶贫办提供。

② 《贵州年鉴2010》。

党派中央以及全国工商联的主要负责人进行座谈与讨论，会上向他们详细介绍了毕节试验区成立的必要性，并代表贵州诚挚邀请他们对毕节进行智力帮扶，帮助毕节成立试验区进行全面改革。[①] 6 月，经国务院批准，“毕节地区开发扶贫、生态建设试验区”正式成立，毕节成为新中国成立后的第一个以开发扶贫、生态建设、人口控制为试验主题，以消除贫困、坚持可持续发展为突出特点的综合性改革试验区。

二是高起点谋划毕节试验区。毕节试验区建立以后，1989 年 9 月 16 日，中央统战部、国家民委、各民主党派中央、全国工商联智力支边协调小组在北京召开会议，决定组建“中央统战部、国家民委、各民主党派中央、全国工商联支援贵州省毕节试验区发展规划实施顾问组”，同时讨论智力支边工作和大力推动毕节试验区建设等问题，9 月 20 日在北京召开了成立大会，第一届毕节试验区专家顾问组正式成立。在中央统战部的牵头引领下，截至 2021 年，毕节试验区专家顾问组已历经五届，他们一如既往关心、支持和帮助毕节试验区建设，全方位为毕节试验区改革发展把脉问诊、献策献计，发挥“智囊团”的作用，为毕节试验区科学发展贡献了力量。

三是高标准推进毕节试验区。毕节试验区建立以来，中央统战部领导亲自部署统一战线参与支持毕节试验区建设工作，先后组织召开了 6 次统一战线参与毕节试验区建设联席会议，牵头推动统一战线参与毕节试验区建设各项工作，总结提出了“毕节模式”“同心品牌”等一系列重要思想。为切实推进毕节试验区的改革发展和试验示范，党和国家领导人先后 45 次对毕节试验区工作做出重要批示，习近平总书记 3 次对毕节试验区工作做出重要指示批示、7 次在不同场合重要讲话中提及毕节。同时，《中共中央国务院关于深入实施西部大开发战略的若干意见》（中发〔2010〕11 号）、《国务院关于进一步促进贵州经济社会又好又快发展的若干意见》（国发〔2012〕2 号）和《西部大开发“十二五”规划》等重要文件为毕节试验区的改革发

① 李庄：《中国共产党领导的多党合作制度创新研究——以毕节试验区为例》，中共中央党校博士学位论文，2010。

展做重点规划，国务院办公厅批复的《关于同意深入推进毕节试验区改革发展规划的函》（国办函〔2013〕35号），国家发展和改革委员会印发的《国家发展改革委关于印发深入推进毕节试验区改革发展规划的通知》（发改西部〔2013〕365号），为进一步加快试验区工业化、城镇化和农业现代化发展，推进区域经济一体化，全面提升内陆开放型经济发展水平做了全面、长远的规划。

### （二）取得的成效

1. 基础配套设施不断完善

2012年底，杭瑞高速毕节段全线建成通车，毕节告别没有高速公路的时代，2015年底实现县县通高速；2013年6月，飞雄机场建成并通航，架起了毕节对外交流合作的空中走廊，2017年威宁草海机场获批建设；2019年成贵高铁建成通车，毕节交通运输进入“高铁时代”。2013年2月，500千伏奢香输变电工程成功投运，实现了与贵阳、遵义、六盘水电网联络，2015年10月，贵州省历史上投资和规模最大的水利工程——夹岩水利枢纽工程在毕节破土动工。截至2019年，建成通村油路（水泥路）1.12万公里，全面完成14640公里农村“组组通”硬化路建设任务，实现30户以上自然村寨100%通硬化路目标，农村连户路和院坝“两硬化”基本实现全覆盖，“组组通”硬化路的实施，成功打通毕节交通“毛细血管”，解决了毕节群众出行“最后一公里”的难题。同时，2500余个农村饮水安全工程项目全部实施完成，成功解决了200余万人饮水不安全问题；全市农村电网改造、农村通信设施、4G网络、美丽乡村建设均已实现全覆盖。[①]

2. 农村居民生活水平大幅提升

自毕节试验区建立以来，农村居民生活水平得以不断提升。农村居民人均可支配收入不断增加，1988年仅为376元，2019年增加至10364元，增长近27倍；1988年农村居民恩格尔系数为70.28%，2019年降至27.87%，

① 毕节市扶贫办提供。

总体下降 42.41 个百分点，农村居民生活品质显著提升；义务教育阶段辍学学生实现动态清零，人均受教育年限提高到 9.2 年；建档立卡贫困户政策内医疗保险参保率达 100%，报销比例达 90% 以上。①

3. 扶贫资金整合利用有效

充分整合配置资金投入扶贫开发事业，切实提升扶贫资金使用效率，为毕节试验区脱贫攻坚提供厚实资金保障。2012 年以来，试验区共获得财政专项扶贫资金 125.2 亿元，小额扶贫贷款融资 95.37 亿元，申请投贷资金 177.5 亿元，东西部扶贫协作城市广州市投入财政帮扶资金 13.34 亿元、深圳市投入财政帮扶资金 6.7 亿元，恒大集团捐赠帮扶资金 110 亿元，通过“千企帮千村”发动 749 家企业帮扶 1021 个贫困村累计投入帮扶资金共 55.4 亿元，国家定点帮扶单位投入或引导企业投入帮扶资金 7.47 亿元，金元集团、盘江集团、中国建设银行贵州分行等国有企业投入帮扶资金共计 2.5 亿元，世界银行项目投入帮扶资金 4.2 亿元，烟草扶贫新村项目投入帮扶资金 2.1 亿元，引导各级各界人士捐赠资金 1.7 亿元。同时，积极加强扶贫资金监管力度，做到扶贫资金使用公开透明，扶贫资金综合使用效率达到 99.98%。②

4. 产业结构调整合理

试验区建立之初，毕节市三次产业比为 52.8∶21.9∶25.3，第一产业占据绝对的支撑地位，凸显了长期积聚的落后的自然经济特点，工业化水平相当低下。2019 年，三次产业比已调整为 23.11∶27.38∶49.51，产业结构得到极大改善。同时，立足于丰富的生物资源，大力发展马铃薯、蔬菜、经果林、食用菌、茶叶、中药材、草食畜牧业等优势特色农业，形成了威宁马铃薯产业带，赫章、大方、纳雍樱桃产业带，纳雍、金沙万亩茶叶产业带等优势产业，农业基础地位不断夯实，粮经比调整到 38∶62，经济作物占比提升 2 个百分点，全市农业园区共有 326 个，初步实现“乡乡镇镇有农业园

① 《毕节市年鉴 2001》及《毕节市 2019 年国民经济和社会发展统计公报》。

② 毕节市扶贫办提供。

区”的目标。累计实施扶贫产业项目 6533 个，带动 121.5 万名贫困人口脱贫。[①]

## 二　成功经验

### （一）坚持中国共产党领导的多党合作和政治协商制度

中国共产党领导的多党合作和政治协商制度，是我国的一项基本政治制度。毕节试验区作为多党合作的示范区，发挥这一政治制度的优势，汇聚各民主党派的力量，共同促进一个贫困地区的经济社会发展，是中国共产党人与各民主党派人士在新时期肝胆相照、荣辱与共，共谋建设和发展的一大创举，是中国共产党领导的统一战线、多党合作、政治协商推进改革开放和现代化建设的一个成功范例，各民主党派、工商联发挥自身优势参与毕节试验区建设，成为推动试验区全面可持续发展的强大动力。[②]

### （二）坚持科学发展的指导原则

在习近平新时代中国特色社会主义思想指导下，毕节试验区走的是一条可持续生态发展的消灭贫穷的道路，也是一条坚持多党合作助推山区脱贫攻坚的道路。毕节试验区始终以科学发展观为指导，以“开发扶贫、生态建设、人口控制”三大主题为主线，有机结合经济、生态和社会效益，通过多方面大胆创新，积极实践，多角度、全方位发展生态产业，扶贫开发成果显著，生态环境保护成效明显，并且已经呈现了科学、协调发展的良好趋势。试验区的成功已经充分证明，要进一步推动试验区经济社会又好又快发展，必须始终坚持走科学发展之路。

① 《毕节市年鉴 2001》及《毕节市 2019 年国民经济和社会发展统计公报》。

② 赵德虎：《多党合作服务改革发展的毕节实践》，《贵州社会主义学院学报》2019 年第 3 期，第 31～36 页。

### （三）坚持扶贫与扶智有机结合

在扶贫开发过程中，智力开发是关键，有效地将智力开发与扶贫有机结合起来，才会在减少投入的同时增加产出，资源利用率才能得到有效提升。毕节试验区脱贫攻坚成果的巩固过程中，需要通过不断加大科技含量来增强后劲，从根本上阻断返贫风险，改变贫困面貌。事实证明，抓智力开发、抓人才培训、抓科技服务、抓提高劳动者素质，正是试验区建设所需，也是统一战线的优势所在，这二者有机结合，便是一条有效地促进试验区建设长期可持续发展之路。①

### （四）建立和完善试验区与中央统一战线的联系机制

毕节试验区建立以来，以中央统战部为牵头部门的各帮扶单位、毕节试验区专家顾问组发挥自身优势，不遗余力帮助毕节试验区，持续时间之长、帮扶范围之广、参与专家之多、投入项目之大，全国空前。② 为有效整合资源力量，做到毕节所需、帮扶所能，使帮扶工作制度化、规范化、长期化、常态化，共同推进毕节试验区经济社会又好又快发展，在中央统战部的牵头引领下，相继建立了贵州省委统战部毕节试验区办公室，毕节市、县（区）工作联络联系办公室，形成了四级联动机制，加强了毕节试验区与中央统战部、贵州省委统战部、各民主党派中央、各民主党派贵州省委、全国工商联、贵州省工商联的联系，从而使统一战线参与毕节试验区建设各项工作从组织上得到保障，为发挥优势、通力合作奠定了坚实基础。

① 高新岑：《毕节启示：多党合作助推扶贫攻坚》，《前进论坛》2018 年第 7 期，第 44 ~ 45 页。

② 彭雪莲：《略论毕节试验区多党合作制度创新实践的几点启示》，《贵州社会主义学院学报》2011 年第 3 期，第 36 ~ 39 页。

## 三　多党合作助推脱贫攻坚的政策建议

### （一）强化统筹，汇聚攻坚合力

对口帮扶是我国社会主义政治优势和制度优势的重要体现，也是脱贫攻坚的重要力量，在脱贫攻坚收官之年，更要凝聚各民主党派帮扶力量，齐心协力做好脱贫攻坚各项后续工作。毕节试验区有关部门要发挥主观能动作用，进一步加强沟通配合，推动资金到位、项目落地，争取更大支持。同时，加大帮扶双方在资金支持、干部选派、产业合作、劳务对接等各方面的力度，高质量完成帮扶任务，发挥好人大常委会、政协及各民主党派、群团组织在脱贫攻坚中的作用，有序引导更多企业、社会组织、个人参与脱贫攻坚，激发贫困县区和贫困群众内生动力，为全力推进乡村振兴战略打好基础。

### （二）突出专业，发挥党派特长

民主党派成员多数属各行业、各阶层的优秀人员，大部分是各领域的专业人才，业务能力强、政治素质高，具有较强的影响力，故统一战线是一支“能人异士”集聚的优秀队伍。各乡村的发展程度和速度均不同，致贫因素也有所差异，这就要求统一战线要充分发挥各民主党派的专业优势，因地制宜地进行分类指导，根据各贫困地区的实际情况，提出更有针对性的解决方案，开展更有效的帮扶活动，以防止返贫情况的发生；同时，整合分散的人才、技术、资金等资源，联合全社会各方人士，形成覆盖各行业的、联系广泛的帮扶团队，为毕节地区脱贫攻坚建言献策和付诸行动，努力推动脱贫攻坚与乡村振兴有效衔接。①

---

① 张亚丽：《民主党派参与脱贫攻坚的重要作用发挥策略研究》，《四川省干部函授学院学报》2019 年第 2 期，第 114 ~ 117 页。

### （三）聚焦重点，促进成果转化

打赢脱贫攻坚战、实施乡村振兴战略是一个长期发展的过程，需要持续追踪，定期调整思路、举措，进行动态施策。各民主党派可以结合以往扶贫经验，建立动态追踪机制，更加精准、更加有效、更加完善地开展参与扶贫攻坚助力乡村振兴的相关工作。[①] 坚持脱贫不脱政策、不脱责任、不脱监管、不脱帮扶，紧密衔接“两不愁三保障”脱贫标准与全面建成小康社会目标，以乡村振兴为统揽，不断巩固提高脱贫质量和成效，全面推进乡村振兴。

① 黄天柱：《2016 年中国多党合作制度发展评述》，《上海市社会主义学院学报》2017 年第 2 期，第 32 ~ 36 页。

# B.10
# 2020年毕节试验区健康扶贫报告

罗 艳*

摘 要： 健康扶贫作为解决“因病致贫、因病返贫”的重要途径，在助推毕节市全面打赢脱贫攻坚战时发挥了重要作用。毕节市积极贯彻各项健康扶贫政策，全面推进医疗卫生机构能力提升和标准化建设，通过开展东西部医疗对口帮扶、“万医下基层”活动等让贫困人口享受优质医疗服务。同时毕节市医疗卫生资源总量不足、基层医疗卫生机构人员紧缺、村医保障不足等也是影响健康扶贫成效的重要因素，应在后期予以关注并解决。

关键词： 健康扶贫 医疗卫生 毕节市

健康扶贫作为我国的一项重要民生兜底政策，在防止“因病致贫、因病返贫”、全面打赢脱贫攻坚战方面发挥了重要的兜底作用。为深入实施健康扶贫各项政策，我国发布了一系列文件予以支持，先后印发了《关于实施健康扶贫工程的指导意见》《健康扶贫工程“三个一批”行动计划》《健康扶贫三年攻坚行动实施方案》等系列文件，全力支持健康扶贫工作。2019年，习近平总书记在重庆召开解决“两不愁三保障”突出问题座谈会上指出，要着力解决“两不愁三保障”突出问题，加快完善低保、医保、医疗救助等相关扶持和保障措施，用制度体系保障贫困群众真脱贫、稳

* 罗艳，贵州省社会科学院城市经济研究所助理研究员，主要研究方向为旅游管理、人文地理。

脱贫。

在国家健康扶贫的强大政策保障下，全国各地积极落实健康扶贫政策，在贫困地区健康扶贫尤显成效：贵州省通过实施“百院大战”，实现基层医疗卫生“五个全覆盖”①，四川省凉山州通过实施分级诊疗，切实解决了地区医疗卫生服务发展“不充分、不均衡”的问题②，云南省通过构建“人才培养”模式、“政策引领”等多层面破解因病返贫等问题③，陕西省利用“互联网+”技术进一步解决偏远山区看病难的问题④，广西通过实施“三二医联体”“县域医共体”，医联体建设全部覆盖广西国定贫困县，形成了“患者不动，专家动”的就医模式⑤，吉林省敦化市围绕“贫困人口基本医疗有保障”，采取“五力”措施把健康扶贫“看病120服务111”、疾病分类救治、免费体检等落实到人、精准到病，提升了贫困人口的幸福感和满意度⑥，江西省都昌县围绕“三个一批”行动计划，积极落实健康扶贫工作⑦。在全面巩固前期健康扶贫成果基础上，还应从强化医疗保障体系建设、加快构建分级诊疗新格局、全面提升基层卫生健康人才队伍建设和持续提升公共卫生和健康服务能力四大方面持续推动健康扶贫工作。⑧此外，还应从补齐贫困地区医疗短板、提高医疗保障水平、建立因病致贫监测预警系统、发挥中医药特色优势等方面来构建健康扶贫长效机制，切实防范边缘人

---

① 徐元芳：《“健康贵州”大步前行》，《当代贵州》2017年第18期，第50～51页。

② 黄国武、仇雨临、肖喻心：《深度贫困地区健康扶贫研究：以四川凉山州分级诊疗为例》，《中央民族大学学报》（哲学社会科学版）2018年第5期，第121～129页。

③ 姜斌：《云南健康扶贫存在的问题及应对策略研究》，《乡村科技》2019年第26期，第14～15页。

④ 赵文：《健康扶贫，陕西在行动》，《中国农村卫生》2020年第11期，第5～7页。

⑤ 王振亚：《广西：健康扶贫治“穷根”》，《健康中国观察》2019年第9期，第74～79页。

⑥ 翟雪莲、郭忠霞：《“五力”助推健康扶贫攻坚拔寨》，《人口与健康》2020年第2期，第69～70页。

⑦ 侯金良：《江西都昌县多举措推进健康扶贫工作》，《人口与健康》2020年第1期，第91页。

⑧ 曹永宏：《持续推进健康扶贫工作》，《人口与健康》2020年第1期，第66页。

口“因病返贫”。[①] 随着2020年脱贫攻坚战接近尾声，后脱贫攻坚时代健康扶贫应该更加关注提升和改善群众获取健康能力[②]，不断提高群众健康素养。

近年来，贵州积极推进健康扶贫工作，2019年，贵州省健康扶贫工作对脱贫攻坚的贡献率达到13.73%，健康扶贫成效显著。为进一步推进健康扶贫获取新成绩，贵州在贯彻落实国家各项健康扶贫政策基础上，还出台了《贵州省提高农村贫困人口医疗救助保障水平促进精准扶贫试点工作方案》《贵州省农村贫困住院患者县域内先诊疗后付费工作方案的通知》《关于深入实施打赢脱贫攻坚战三年行动发起总攻夺取全胜的决定》等系列政策，全力支持全省健康扶贫工作。毕节市积极贯彻国家、贵州省各项健康扶贫政策，积极发挥健康扶贫在全面打赢脱贫攻坚战方面的作用。2019年末毕节市共有贫困人口12.5万人，贫困发生率降至1.54%，七星关区和织金县达到脱贫摘帽标准，411个贫困村出列，毕节市脱贫攻坚又取得进一步胜利。

## 一　毕节试验区健康扶贫现状

### （一）医疗卫生机构服务能力明显提升

近年来，毕节市加大资金投入、积极引进人才，大力提升医疗机构服务能力。2019年，全市共有医疗卫生机构5296家，比2015年（1072家）提高了394%；共有医院284家，比2015年（261家）提高了8.8%；乡镇卫生院（社区服务中心）285家，比2015年（238家）19.7%；卫生机构共有床位4.2万张，比2015年（3.3万张）提高了27.3%；共有执业（助理）医师11726人、注册护士16338人，分别比2015年提高了47.0%、

① 郭玉辉、龚凌：《探索建立健康扶贫长效机制》，《新理财（政府理财）》2020年第5期，第62~63页。

② 许斌：《后脱贫时代的健康扶贫：基于健康的社会决定性因素的思考》，《健康中国观察》2020年第4期，第36~38页。

57.0%（见表1）。[①] 同时，毕节市不断深化医共体建设，全市建成医共体22个，232个乡镇卫生院、24个社区卫生服务中心（站）纳入医共体建设。通过医共体的实施，全市县域内就诊率达91.94%，比上年提高0.12个百分点，乡镇卫生院就诊人次比上年增加1564849人次，就诊率比上年提高0.15个百分点。[②]

表1　2015～2019年毕节市卫生专业技术人员情况

单位：人

| 指标名称 | 2015年 | 2016年 | 2017年 | 2018年 | 2019年 |
|---|---|---|---|---|---|
| 卫生技术人员 | 25448 | 27681 | 30409 | 32477 | 35047 |
| 执业(助理)医师 | 7978 | 8315 | 9205 | 10321 | 11726 |
| 注册护士 | 10412 | 12146 | 13756 | 15220 | 16338 |

资料来源：《毕节市2019年国民经济和社会发展统计公报》。

## （二）基层医疗机构标准化建设持续推进

为确保基层群众“有地方看病、有医生看病、有医疗保障”，毕节市全面完成健康扶贫“三个三”“四要四有”工作任务，县、乡、村三级医疗机构及人员“空白点”基本消除。截至2020年，毕节市乡镇卫生院标准化建设基本达到全覆盖，实施了社区卫生服务中心标准化建设工程，共实施20个社区卫生服务中心标准化建设项目。此外，积极争取到项目资金，推动村卫生室标准化建设。截至2020年，毕节市8个建制县区，每县区均建成1所二级甲等县级综合医院，共8所县人民医院；226个乡镇均有1所政府建乡镇卫生院，共有227所乡镇卫生院；2228个行政村均有1所政府建行政村卫生室、合格村医6832名[③]，县、乡、村三级医疗机构建设、人员和能

① 根据《毕节市2019年国民经济和社会发展统计公报》《毕节市2015年国民经济和社会发展统计公报》整理得出。

② 由毕节市卫健局提供。

③ 由毕节市卫健局提供。

力均达到国家"基本医疗有保障工作标准"，切实保障了贫困群众"有地方看病、有医生看病、有医疗保障"。

## （三）持续加强易地扶贫搬迁安置点医疗机构建设

毕节市全面落实易地扶贫搬迁安置点医疗机构建设和健康扶贫政策，全市139个易地扶贫搬迁安置点均已采取新建、改扩建邻近村卫生室或乡镇卫生院等方式设置了医疗机构，配置合格医务人员866人，获得"省级专项彩票公益金支持易地扶贫搬迁安置点卫生室或社区卫生服务机构医疗设备项目"支持，在安置点配备设备136套，切实保障了搬迁群众享有优质的医疗健康服务。

## （四）稳步实施大病专项救治和"先诊疗后付费"政策

2019年，国家卫健委等多部门联合发布了《关于做好2019年农村贫困人口大病专项救治工作的通知》，明确将农村贫困人口大病救治病种增加到25种，切实遏制了农村贫困群众"因病致贫、因病返贫"。毕节市对标国家要求，提高大病报销标准，有效降低农村贫困患者费用负担。2019年，毕节市共救治了6326人次的建档立卡农村贫困患者，支出补偿医疗费用12650万元①；2020年，毕节市对农村贫困人口30种大病患者进行专项救治，达31638人②。全面实施县域内"先诊疗后付费"政策，参加城乡居民医疗保险的农村贫困人口，可在定点医疗机构享受"先诊疗，后付费"的优惠政策，同时实施"一站式结算"政策，贫困人口只需在出院时支付自费部分，大力减轻了贫困人口垫付资金压力。截至2020年，毕节市共有169267名贫困人口享受县域内"先诊疗后付费"政策，政策落实率达100%。③

① 《释放健康红利　增进百姓福祉》，《毕节日报》，http://rb.bjrb.cn/resfile/2020-01-18/04/BJRB2020011804.pdf，最后检索日期：2020年9月27日。

② 由毕节市卫健局提供。

③ 由毕节市卫健局提供。

## （五）不断完善签约服务管理

以落实慢病对象的签约服务管理为重点，全面开展慢病管理对象、建档立卡贫困户签约管理工作。创新“一三六三”家庭医生服务措施，即“紧扣全面完成健康扶贫一个目标，建立三种帮扶模式，明确六个重点，按照三个工作要求”，提高家庭医生的服务质量和服务水平。2019 年，全市建档立卡常住人口已签约 390789 户，贫困人口慢病患者已签约 9.71 万人，完成面对面随访 8.74 万人，除举家外出等特殊原因未签约外，实现建档立卡贫困人口家庭医生签约应签尽签，确保贫困人口家庭医生签约服务率稳定在 100%。2020 年，毕节市建档立卡贫困人口 41.17 万户，已签约 38.86 万户，为全市建档立卡贫困人口中高血压患者 103722 人、糖尿病患者 19260 人、肺结核患者 3474 人和严重精神障碍患者 19300 人提供了家庭医生签约服务。①

## （六）东西部医疗卫生对口帮扶工作成效明显

自东西部医疗卫生对口帮扶工作开展以来，毕节市积极借助帮扶城市的人力、财力和物力，发挥其在提升毕节医疗机构管理水平、医疗服务能力等方面的作用。2019 年，广州市 35 家医疗卫生机构与毕节市 27 家市县级医疗卫生机构（市级 8 家、县级 19 家）开展结对帮扶，落实帮扶经费 100 万元；东部支援专家驻点开展学术讲座 90 次、教学查房 61 次、手术示教 222 次，并帮助毕节市开展重点学科建设。截至 2019 年，毕节市共选派学术骨干 319 名到广州支援单位进修学习，选派住院医师 197 名到广州进行规范化培训。② 同时，毕节市与东部支援医院建立了远程医疗网络平台，开展多形式远程会诊。毕节市通过加强与广州市的交流合作，在技术指导、人才培养、治理帮扶和学科建设等方面得到帮扶，进一步提升了毕节市医疗卫生服务能力。

---

① 由毕节市卫健局提供。

② 由毕节市卫健局提供。

## （七）远程医疗取得新进展

毕节市建立了“互联网 + 远程医疗”模式，通过远程医疗平台，广州市丰富的医疗资源在手术指导、教育培训、远程会诊、影响判断等方面发挥重要作用。目前，毕节市、县、乡三级医疗机构标准化建设已经完成，并安装了数字化医疗设备，对院内临床信息系统进行升级改造，通过接入贵州省远程医疗服务平台，实现了信息互通。2019 年，毕节市共完成 2105 例远程会诊、31186 例心电诊断、286975 例影像诊断、53471 例超声归档和 19972 例检验归档。① 通过远程医疗平台，使毕节市患者享受到优质专家的诊疗服务，有效节省了患者的就医成本。

## （八）农村饮水安全持续加强

农村饮水安全是最大的民生工程，毕节市加大投入，采取“六强化”措施，切实解决农村饮水安全问题。2019 年，毕节市通过全面排查，发现 45829 口小水窖存在较大的水质安全隐患，通过分类对需要升级改造的小水窖进行升级改造。并积极争取资金，获得 24221. 25 万元用于小水窖水质提升工程。同时划拨 1233. 06 万元用于织金、威宁、黔西、赫章和纳雍 5 个县的 20551 个小水窖的粗滤池建设②，切实保障农村人口饮水安全。

## （九）积极开展“万医下基层”义诊活动

2019 年，毕节市卫生健康局举办多次多期“万医下基层”健康扶贫活动，通过组织毕节市第一人民医院、市中医院等多家医疗机构医务人员以及对口帮扶医疗专家形成义诊团队，在常见病诊疗、慢性病咨询和健康保健知

---

① 《释放健康红利　增进百姓福祉》，《毕节日报》，http：//rb. bjrb. cn/resfile/2020 - 01 - 18/04/BJRB2020011804. pdf，最后检索日期：2020 年 9 月 27 日。

② 陈戬：《毕节市“六强化”打通农村饮水安全“最后一公里”》，《天眼新闻》，https：//3g. 163. com/local/article/F0MBG7JM04108DG3. html，最后检索日期：2020 年 9 月 27 日。

识宣传等方面，为群众提供诊疗、咨询服务，积极推动医疗资源下沉，让群众在家门口就能享受优质诊疗服务。

### （十）着力推进农产品进医院

为助力脱贫攻坚，毕节市积极推进农产品进医院行动。2019 年 1 ~ 9 月，毕节市各级各类医疗卫生机构共采购 2491.74 吨农产品，采购金额达到 3246.99 万元。同时，加强毕节市卫健系统采购威宁“三白”蔬菜的采购力度，实现日均采购 1.28 吨的目标。同时由贵州美奇林公司积极协调对接贵州省直 7 家医疗机构每周采购威宁“三白”蔬菜 6.35 吨。① 通过大力推进农产品进医疗机构，有效帮助贫困人口稳定增收。

## 二 毕节试验区健康扶贫发展存在的困难

### （一）医疗卫生资源总量不足

2019 年，毕节市持续加大医疗卫生事业建设，全市共有医疗卫生机构 5296 个，卫生技术人员 35047 人，执业（助理）医师 11726 人，注册护士 16338 人（见表 2），分别比上年增长了 7.6%、7.9%、13.6%、7.4%②，医疗卫生规模在逐步壮大，但医疗卫生资源仍旧不能满足毕节市群众需求。为确保数据可比性，本文用 2018 年毕节市、贵阳市、贵州省和国家的相关数据进行比较（见表 3）。2018 年，毕节市每千人拥有卫生技术人员 4.75 人，每千人拥有执业（助理）医师 1.54 人，每千人拥有注册护士 2.28 人，分别比贵阳市少 5.1 人、2.11 人、2.52 人；分别比贵州省少 2.07 人、0.72 人、0.75 人，分别比全国少 2.08 人、1.05 人、0.66 人。③

① 由毕节市卫健局提供。

② 根据《毕节市 2019 年国民经济和社会发展统计公报》《毕节市 2018 年国民经济和社会发展统计公报》计算得出。

③ 资料来源：根据《中国统计年鉴 2019》《贵州统计年鉴 2019》整理得出。

尽管毕节市近年来加大投入，在医疗机构、卫生人员数上有明显增加，但是千人执业（助理）医师数、千人注册护士数远远低于贵州和全国水平。因此医疗卫生资源总量不足仍是制约毕节市健康扶贫取得进一步成绩的重要因素。

**表2　2019年毕节市、贵阳市、贵州省和全国医疗卫生资源情况**

| 类型 | 毕节市 | 贵阳市 | 贵州省 | 全国 |
|---|---|---|---|---|
| 医疗卫生机构(个) | 5296 | 3370 | 28500 | 1014000 |
| 医院(个) | 284 | 189 | 2700 | 34000 |
| 乡镇卫生院(社区卫生服务中心)(个) | 285 | 156 | — | 71000 |
| 卫生机构床位数(张) | 42365 | 34624 | 251100 | 8920000 |
| 卫生技术人员(人) | 35047 | 54547 | 266300 | 10100000 |
| 执业(助理)医师(人) | 11726 | 19781 | 88000 | 3820000 |
| 注册护士(人) | 16338 | 26210 | 121400 | 4430000 |

注：贵州省医院数为2700个，是医院数和卫生院数的总和，并未分类。

资料来源：《毕节市2019年国民经济和社会发展统计公报》《贵阳市2019年国民经济和社会发展统计公报》《贵州省2019年国民经济和社会发展统计公报》《中华人民共和国2019年国民经济和社会发展统计公报》。

**表3　2018年毕节市、贵阳市、贵州省和全国医疗卫生资源情况**

| 类型 | 毕节市 | 贵阳市 | 贵州省 | 全国 |
|---|---|---|---|---|
| 每千人口拥有卫生技术人员(人) | 4.75 | 9.85 | 6.82 | 6.83 |
| 每千人口拥有执业(助理)医师(人) | 1.54 | 3.65 | 2.26 | 2.59 |
| 每千人口拥有注册护士(人) | 2.28 | 4.80 | 3.03 | 2.94 |
| 每千人口卫生机构床位数(张) | 5.70 | 7.73 | 6.82 | 6.03 |

资料来源：《中国统计年鉴2019》《贵阳统计年鉴2019》《毕节统计年鉴2019》。

### （二）基层医疗卫生人员紧缺

首先，受基层医疗机构的福利待遇相对较差、区位劣势等因素影响，一方面刚毕业的医疗技术人才不会将乡镇卫生院作为工作首选项，另一方面很多优秀的人才也不愿意留在乡镇，导致基层卫生机构在引进人才、培养人才方面面临巨大的压力。

其次，毕节社科联 2019 年《毕节市乡镇卫生院建设调查报告》显示：毕节市 28 个乡镇卫生院共有医师 500 人，其中在编 319 人，聘用人员 181 人，聘用医师占医师总数的 36.2%；共有护士 344 人，其中在编 241 人，聘用人员 103 人，聘用护士占护士总数 29.9%。由此可见，乡镇卫生院总体编制不足，聘用的医师和护士占总医师和护士数的 33.6%。从职称结构看：共有高级职称医师 28 人，中级职称医师 29 人，中高级职称医师占医师总数的 11.4%；中级以上职称护士有 48 人，占所有护士数的 14.0%。由此可见，毕节市乡镇卫生院医师和护士以初级职称为主。从年龄结构看，40 岁以下的医师和护士分别有 314 人、299 人，分别占医师和护士总数的 62.8%、86.9%，年龄结构呈现年轻化。从以上数据可以看出，毕节市乡镇卫生院存在编制不足、中高级职称医务人员数量不足等问题。

### （三）基层医疗卫生机构业务发展缓慢

前文分析了毕节市乡镇卫生院中高级职称医师和护士分别仅占总人数的 11.4% 和 14.0%，大部分是初级水平，同时普遍缺乏全科医生，疾病预防保健、疾病控制等方面的专业技术人员短缺。由于基层医务人员数量不足、专业技术服务能力不高，很多诊疗项目不能开展，加上交通越来越便利，出现农村患者直接选择县级或县级以上医院就医的现象，严重制约了乡镇卫生院业务开展。与县级医疗机构的卫生技术人员相比，乡镇卫生院医务人员业务发展一定程度存在“技术人员不足—业务开展少—工资低—人才缺乏”的不良循环。

### （四）村医保障不足

村医作为健康扶贫的主要工作者，是农村地区特别是农村贫困人口健康扶贫政策宣传者和落实者，在摸清健康扶贫底数、落实贫困人口慢病签约服务等健康扶贫工作中具有举足轻重的作用。但是，与全国一样，毕节市村医一方面工资待遇低，一个月基本工资仅700多元，同时因为村医服务人群数量、业务量不同，还存在村医工资收入差距大的现象；另一方面，政府没有为村医购买养老保险，但是村医又要承担70%医疗、预防和基本公共卫生工作，任务量大、保障不到位，严重影响村医工作的积极性和稳定性。

## 三　毕节优化健康扶贫的对策

### （一）不断提升全市医疗机构服务能力

为满足人民日益增长的健康服务需求，首先，要以“百院大战”为机遇，积极争取资金一方面用于县级以上医院升级扩容建设，另一方面用于先进设备的购买和引进，满足群众预防保健、疾病治疗康复等需求。其次，要加强人才引进，毕节作为贵州省人口流出的一大区域，人才流失严重，同时人才引进存在困难，因此，要积极出台一系列医务人员引进的优惠政策，通过不断优化毕节医务人才发展环境，提升医务人员基本保障，充实毕节市医疗卫生队伍。

### （二）加强基层卫生人才队伍建设

基层医疗队伍是健康扶贫、健康乡村建设的重要力量。首先，要加强基层人才队伍的培养和引进，持续加强与医学高等院校、专科院校的合作，实施定向招生、定向培养、定向就业，不断充实基层人才队伍。其次，要完善基层医疗队伍机制，加强与人社部门沟通协作，探索解决乡镇卫生院编制不足、空编等问题的路径，以稳定的工作岗位吸引人才。再次，要积极出台基层医务人员引进措施，吸引更多优秀的医学技术人员到乡镇卫生院工作，积极打造一个“愿意来、留得下”的工作环境。最后，要完善基层医疗机构激励机制，制定相应的绩效分配方法和惩戒机制，以此调动基层医务人员工作积极性，稳定基层卫生人才队伍。

### （三）加强基层医生服务能力建设

基层医疗机构的业务发展与基层卫生队伍的数量、质量存在相互促进、相互制约的关系，即基层人才队伍充实、技术较高，就能为基层医疗机构业务发展起到推动作用，反之起到制约作用。毕节市要提升基层卫生服务能力，首先要加强乡、村两级医务人员培训工作，结合各基层医疗卫生机构的实际情况，对乡镇卫生院医务人员和村医开展理论培训和实践跟班学习。其次，加快推进分级诊疗建设，以医联体、医共体为抓手，完善分级诊疗制度，畅通双向转诊途径，一方面有效缓解县级医院的诊疗压力，另一方面提升基层医疗机构的业务收入。再次，完善基层医疗卫生人才能力提升机制，鼓励基层医疗卫生人才参加继续教育，制定基层医务人员培训计划，定期选派人员到二级以上医疗机构跟班学习，着力提升基层医务人员的学历和服务水平。最后，推动优质资源下沉，以医联体、医共体和对口帮扶为抓手，定期选派专家、技术骨干到基层开展技能培训、业务指导，全面提升基层医务人员的服务水平。

### （四）完善村医保障机制

在全面实现健康扶贫“三个三”的基础上，稳定村医队伍是巩固健康扶贫成果的重要举措，也是推进健康乡村建设的重要保证。首先，积极探索将村医纳入乡镇卫生院编制备案制管理，将符合条件的合格村医逐步纳入乡镇卫生院备案制身份管理，与乡镇卫生院人员享受同等待遇，解决村医养老保险问题，稳定村医队伍。其次，对即将退出村医队伍和已经退出村医队伍的村医出台退出补偿机制，解决村医人员老化、退无所保问题。再次，着力提高村医基本工资待遇，政府要加大财政投入，提高从事基本公共卫生村医的财政补助，以提高村医工作的积极性。最后，加强村医队伍建设，不断提高村医队伍的素质和能力。

## 四　小结

健康扶贫作为我国的一项重要民生兜底政策，在防止“因病致贫、因病返贫”、全面打赢脱贫攻坚战方面发挥了重要的兜底作用。毕节市通过积极落实各项健康扶贫政策，有效解决农村贫困人口“看病难、看病贵”的问题。下一步，毕节市一方面要在过渡期内保持健康扶贫政策稳定，确保各项健康扶贫政策平稳过渡，另一方面要进一步完善农村基层医疗机构软硬件设施，继续加强乡村医疗卫生队伍建设和能力提升。同时，要持续推进健康乡村建设，加强对农村人口的健康教育力度，提升农村人口健康素养水平，有效推进健康扶贫与乡村振兴有效衔接。

# B.11
# 因地制宜推进毕节市乡村振兴示范区建设

于开锋　颜　强*

**摘　要：** 创建乡村振兴示范区是国家实施乡村振兴战略的战略步骤之一，通过乡村振兴示范区建设，发挥乡村振兴示范村典型引路的作用，将推进各地农业农村建设更好发展，加快推动乡村振兴战略落地见效。本文系统总结毕节乡村振兴示范区建设取得的成效、经验及存在的问题，并针对性提出对策建议。

**关键词：** 乡村振兴　示范区建设　毕节市

实施乡村振兴战略是我国全面建设社会主义现代化国家的全局性、战略性、历史性任务，是新时代“三农”工作总抓手，也是实现全体中国人民共同富裕的必然选择。为实现党中央这一重大战略部署，2018 年中共中央、国务院《乡村振兴战略规划（2018—2022 年）》中明确提出乡村振兴战略步骤分“三步走”：到 2020 年，乡村振兴取得重要进展，制度框架与政策体系基本形成；到 2035 年，乡村振兴取得决定性进展，农业农村基本实现现代化；到 2050 年，乡村全面振兴，农业强、农村美、农民富全面实现。

* 于开锋，贵州省社会科学院工业经济研究所副研究员，主要研究方向为区域经济、应用经济；颜强，贵州省社会科学院工业经济研究所助理研究员，主要研究方向为生态经济、农业经济管理。

前十年打好基础，积蓄力量，创造条件，后十年要进入一个新的振兴时期。

2019年贵州启动实施乡村振兴“十县百乡千村”示范工程，将重点建设10个示范县、100个示范乡镇、1000个示范村，其中毕节重点建设1个示范县、12个示范乡镇、130个示范村。紧紧围绕乡村振兴战略20字总要求，通过集中精力强领导、抓落实、求突破、增动力，加快推动乡村振兴战略落地见效，发挥乡村振兴示范村典型引路之作用。毕节市乡村振兴“十县百乡千村”示范工程示范村建设情况如何？是否在产业发展、乡风文明、生态宜居、乡村治理及农民获得感上取得成效？示范村在建设过程中存在哪些问题？形成的发展模式是否可复制、可推广？总结毕节乡村振兴示范区建设取得的成效及经验对于广大西部乡村振兴下一步的发展路径具有借鉴意义。

## 一　乡村振兴示范区建设及其重要意义

### （一）开展乡村振兴示范区创建重在综合示范，探索新机制、新模式、新路径

优选有条件的区域，统筹规划、梯次推进、连片打造、动态提升，布局创建50个省级乡村振兴示范区，统筹推进乡村生产、生活、生态“三生”建设，示范引领全省乡村振兴战略实施，着力打造乡村振兴标杆。创建乡村振兴示范区的目的是充分发挥乡村资源优势，科学确定产业发展方向，大力改造提升传统农业产业，加快培育农业主体，着力激发创新活力，加快落实国家有关支持政策，创新体制机制，完善实施措施，尽快取得突破并探索形成全市可复制、可推广的典型经验。乡村振兴示范区建设是广大农村地区实施乡村振兴战略的重要参考，对示范区建设经验的总结，将推进各地农业农村建设更好发展，加快推动乡村振兴战略落地见效，发挥乡村振兴示范村典型引路的作用。建设示范区对于进一步完善乡村振兴的体制机制、加快发展战略性新兴产业、推进创新驱动发展、加快转变经济发展方式等将起到重要的引领、辐射、带动作用。

### （二）乡村振兴示范区建设是毕节市“十四五”及今后实施乡村振兴的重要抓手

乡村振兴示范区是未来一个时期乡村振兴面临的主要任务、重大行动和突破方向，即突破打造乡村振兴毕节样板、突破乡村产业高质量发展、突破农业农村“双招双引”与突破深化农村改革。这四个方面重点突破任务，体现了乡村振兴最新任务要求，聚焦聚力重点任务，努力在打造乡村振兴样板建设上取得新突破，打造乡村振兴示范区。具体来说，在创建 10 个乡村振兴示范区时，将按照“五大振兴”的要求，结合实际抓好先行先试，力争摸索出规律和经验。

### （三）乡村振兴示范区建设有利于发挥毕节农业大市优势，打造乡村振兴样板

在打造乡村振兴毕节样板过程中，探索不同类型乡村振兴模式，构建土地规模经营、土地资源整理、村庄布局调整、美丽乡村、田园综合体建设和乡村“五个振兴”统筹推进机制，以乡镇为着力点、以村为操作点，打造“样板中的样板”。当前，全面建成小康社会进入收官期，全面实施乡村振兴战略，强化以工补农、以城带乡，推动形成城乡互补、工农互促、协调发展、共同繁荣的新型工农城乡关系，加快农业农村现代化。“实施乡村振兴战略”到“全面实施乡村振兴战略”提法的重大变化，标志着乡村振兴进入新阶段。适应新形势、新任务，必须坚持目标导向，动员全社会力量共同参与，推动城市资金、资源、人才等加速向农业农村流动。实施乡村振兴战略的一次政策创新。动员更多力量参与乡村振兴，共创乡村美好明天。

### （四）乡村振兴示范区建设有利于毕节市最大限度凝聚乡村振兴合力

农业农村发展仍然面临诸多短板和难题。经过多年不懈努力，毕节市农业农村面貌发生了天翻地覆的变化，农业强、农村美、农民富的面貌已经初

步呈现，但与全国一样，目前毕节市农业仍是“四化”同步的“短腿”，农村仍是全面小康的“短板”，“三农”发展仍然面临农村空心化、农业边缘化、农民老龄化等一系列难题。城乡之间基础设施、公共服务、居民收入等差距依然较大。结合市情农情，必须坚持问题导向，强化以工补农、以城带乡，多方发力、多措并举，最大限度凝聚乡村振兴合力。探索设立乡村振兴领域投资基金，搭建平台、优化环境，引导资源要素向农业农村集聚。

## 二　毕节市乡村振兴示范区创建工作

为贯彻落实中央、贵州省、毕节市关于乡村振兴战略决策部署，根据《中共毕节市委、毕节市人民政府关于坚持农业农村优先发展深入推进乡村振兴战略的实施意见》要求，按照产业深度融合、环境美丽宜居、生活富裕幸福、服务公平均等、文化充实丰富、治理依法、要素流动高效的要求，启动实施乡村振兴示范区建设。

### （一）主要目标

创建乡村振兴示范区 2 个，特色县建设示范工程 1 个，特色（乡）镇建设示范工程 12 个，特色村寨建设示范工程 130 个。通过先行先试，落实系列示范措施、实施一批示范项目，形成城乡融合发展和乡村“五大振兴”的先进经验，健全完善毕节市乡村振兴制度框架和政策体系，全面推进乡村振兴。

**毕节市特色县、（乡）镇、村寨示范引领工程**

（一）特色县建设示范工程（1 个）

金沙县。

（二）特色（乡）镇建设示范工程（12 个）

七星关区朱昌镇、黔西县绿化乡和林泉镇、金沙县西洛街道和后山镇、织金县马场镇、纳雍县库东关乡、威宁县中水镇、赫章县平山镇、百里杜鹃管理区普底乡、金海湖新区梨树镇、大方县雨冲乡。

（三）特色村寨建设示范工程（130 个）

七星关区（12 个）：碧海街道砂锅寨社区、鸭池镇河坝村、水箐镇东风村、海子街镇热水田社区、撒拉溪镇兴隆村、杨家湾镇松山村、长春堡镇干堰村、朱昌镇双堰社区、林口镇鸡鸣三省村、八寨镇毛栗坪社区、田坝桥镇硝灰洞村、燕子口镇小河沟村。

大方县（12 个）：猫场镇箐口村、羊场镇陇公村、黄泥塘镇大坝村、理化乡果木村、雨冲乡红旗村、核桃乡木寨村、兴隆乡菱角村、东关乡龙泉村、凤山乡银川村和店子村、八堡乡海龙村和新开村。

黔西县（20 个）：杜鹃街道大兴社区、莲城街道坪子社区、文峰街道双星社区、水西街道凉井社区、甘棠镇大寨村、洪水镇新桥村、金兰镇青华村、素朴镇古胜村、大关镇丘林村、金碧镇新富村、重新镇杨家湾村、林泉镇海子社区、雨朵镇扯泥社区、锦星镇白泥社区、新仁乡长井村、中建乡营盘村、花溪乡沙坝村、绿化乡大海子村、铁石乡铁盔山村、永燊乡茨落社区。

金沙县（20 个）：岩孔街道永丰社区和东光社区、西洛街道群力社区、开化社区和申家街社区、柳塘镇金新村、禹谟镇中坪村、长坝镇店民村、后山镇幸福社区、沙土镇中心社区、安底镇温泉村和老场村、岚头镇东隆村和三桥社区、平坝镇金塔社区、平庄社区和双兴社区、石场乡柏杨村、安洛乡宋家坪村、桂花乡回龙社区。

织金县（16 个）：绮陌街道墨峰村、双堰街道桂花村、三甲街道大嘎村和龙潭村、龙场镇营上村、以那镇五星村、桂果镇绮陌村、板桥镇红光村、熊家场镇白马村、猫场镇龙潭村和川硐村、马场镇台子村和马家屯村、茶店乡洞口村、官寨乡茅草村、上坪寨乡中山村。

纳雍县（12 个）：雍熙街道大寨社区、居仁街道路尾坝社区、勺窝镇五一村、鬃岭镇坪箐村、乐治镇塘坝村、龙场镇新塘村、沙包镇安乐村、寨乐镇新寨社区、张家湾镇普洒社区、董地乡朴德村、化作乡枪杆岩村、玉龙坝乡何家院村。

威宁县（12个）：草海镇卯关村和同心村、炉山镇乐溪村、双龙镇水潮村、小海镇松山村、迤那镇中海村、猴场镇格寨村、牛棚镇响水村、黑石头镇新河社区、观风海镇果花社区、板底乡雄英村、石门乡年丰村。

赫章县（12个）：平山镇中寨社区、中山社区和江南社区、野马川镇新营社区、六曲河镇河边社区和家竹社区、河镇乡海雀村、兴发乡中营村、达依乡娱乐社区，双坪乡河泉社区，水塘乡水潮村和马圈岩村。

百里杜鹃管理区（10个）：鹏程管理区鹏程社区、戛木管理区大堰社区、普底乡大荒村、金坡乡化哪村、大水乡大田村、沙厂乡白果村、百纳乡新华村、仁和乡仁和社区、黄泥乡龙塘村和槽门村。

金海湖新区（4个）：金海湖街道常丰村、小坝镇西冲村、响水乡青山村、竹园乡歹鸡村。

## （二）示范任务

1. 探索城乡基础设施一体化、公共服务均等化体制机制

加大农村水、电、路、气、房、通信、教育、医疗等八个方面的重点投入和建立完善“三留守”关爱体系，形成“8+1”的城乡融合发展新机制。通过实施通光纤、4G网络延伸等为主要内容的数字乡村建设，县乡村一体化教联体、医联体建设，留守关爱服务站建设，建立健全城乡基础设施一体化规划建设管护机制和覆盖城乡的公共服务体系，持续缩小城乡基础设施和公共服务差距。

2. 探索构建都市现代农业产业体系、生产体系和经营体系

落实产业革命“八要素”实施“八大工程”，主攻“五子登科”六大产业，打造“一乡一品、一品一业”；大力发展农产品加工和以农业庄园为重点的中高端乡村旅游品牌。健全农产品质量安全监管、监测和追溯体系，培育具有市场竞争力的现代农业知名品牌，完善农产品市场流通、销售体系，推动农业全产业链发展。

3. 探索新乡贤返乡助力乡村振兴体制机制

深化农村改革，搭建县级农村产权综合交易平台，建立现代农村产权制度体系，推动“市民下乡、能人返乡、企业兴乡”，引导新乡贤租赁农村空闲农房和集体建设用地创新创业，打通城乡要素双向流动通道，为新乡贤返乡创业提供制度保障。建立“乡贤议事会”“乡贤社”等载体，让贤人德人参与乡村治理，用其嘉言懿行、声望威望引导村民群众移风易俗，树立乡村文明新风尚，提升乡村治理水平。

4. 大力推广龙头企业 + 合作社 + 农户组织方式深化利益联结

发展壮大龙头企业，规范提升合作社，支持龙头企业、合作社、小农户建立产业联合体，建立完善利益联结机制，加大小农户与现代农业的有机衔接。发挥龙头企业在开拓市场、品牌营销、延伸产业链、提高附加值等方面的优势，发挥好合作社“一头连农户、一头连龙头”的纽带作用，带动农户发展适度规模经营，共商共建共享产业发展收益。

5. 探索改善农村生产、生活、生态“三生”环境体制机制

挖掘和保护乡土文化遗产，保护农村山水林田湖草生态系统，兼顾农业生产集约高效发展需要，注重保持乡土风貌留住“乡愁”，实行多规合一，编制“三生”有机统一的实用性村庄规划。全面实施“清洁人饮、农网升级、房屋改造、污水收集、垃圾清运、厕所革命、道路畅通”等七大治理工程，建立农村人居环境长效治理机制，促进农村人居环境全面“大改善”。

6. 探索强化农村基础党组织引领作用体制机制

强化党对“三农”工作的领导，进一步选优配强村党组织书记，加大在村民小组、产业链、合作社、龙头企业等建立党组织力度，推行村党组织书记通过法定程序担任村委会主任与村级集体经济组织、合作经济组织负责人，健全以财政投入为主的村级组织运转经费保障机制，健全基层一线干部关怀激励和退出补充机制，加强基层队伍建设，切实把农村基层党组织建设成为宣传党的主张、贯彻党的决定、团结动员群众、领导基层治理、推动改革发展的坚强战斗堡垒。

## （三）政策措施

1. 加大财政资金投入力度

市级财政安排专项资金2000万元，采取先建后补的方式，经正式认定后，对排位前列的予以奖补。统筹整合各项涉农资金支持乡村振兴示范项目建设，确保示范区创建稳步推进。

2. 优先支持发行债券

支持入驻乡村振兴示范区的农业产业化龙头企业，优先申报发行产业振兴项目专项企业债券，为企业发展产业开拓长期、稳定、规模化的融资渠道。支持示范区创建的地方政府在债务风险可控前提下发行政府债券，用于农村基础设施和公共服务项目建设。

3. 支持设立乡村振兴发展基金

支持创建地根据发展需要，按照市场化方式，依法设立乡村振兴发展基金，吸引和带动社会资本、金融机构、国有企业参与投资，充分发挥政府资金的引导作用和放大效应，培育一批财政资金、金融资本、社会资本多元投入参与乡村振兴的典型项目。

4. 支持开展农银企产业共同体试点

优先支持示范区内的国有企业申报农银企产业共同体试点，与社会资本共同出资成立SPV产业项目公司，引导金融部门对产业项目公司进行贷款投放，项目总投资以“226”比例构成（国有企业出资20%、社会资本出资20%、银行贷款60%），原则上国有企业的投资收益按“1144”方式分配（村集体经济10%、贫困户10%、流转土地的农户40%、国有企业40%）。

5. 支持搭建县级农村产权交易平台

支持乡村振兴示范区组建或完善农村产权交易中心，提供农村产权交易或竞价、供需信息发布、政策咨询等服务，引导中介服务机构入驻中心为各类农村产权交易提供法律咨询、产权评估、融资担保、公证等配套服务，促进农村资源要素流转。

6. 支持盘活农村资源要素

支持示范区开展全域乡村闲置校舍、厂房、废弃地整治，盘活建设用地用于支持现场新产业新业态和返乡下乡创业。优先支持市民利用农民闲置房屋、土地经营权发展精品民宿、乡村客栈、创意农业等新业态，允许土地经营权入股从事农业产业化经营。支持示范区依法合规开展农村集体经营性建设用地使用权、农民房屋财产权、集体林权抵押融资试点，以及承包地经营权、集体资产股权等担保融资试点。

## 三 示范村建设推进情况及成效

自2018年6月第一批乡村振兴示范村建设启动以来，毕节市委、市政府坚持政府推动、村企联动、主体参与、多方支持的总基调，突出强化规划引领、提升产业能级、深化乡村治理、优化乡村品质四方面重点内容，构建了完善资金投入、项目管理、用地保障、人才支持等方面的政策保障体系，首批28个乡村振兴示范村建设重点突出，将村庄布局优化、乡村风貌提升、人居环境改善、农业产业增效、乡村治理深化等贯穿于村庄建设策划、规划、设计、施工全过程，初步走出了一条具有毕节特色、可复制、可推广的乡村振兴之路，有效促进了农业强、农村美、农民富。截至2020年底，第二批28个示范村正在加紧推进，在策划谋划能力提升、激活乡村内生动力、增强产业发展活力的推进机制、建设方式上更趋完善。结合乡村振兴战略的目标和要求，毕节乡村振兴示范村建设的推进情况大体可概括为以下五个方面。

一是示范村类型多元且产业稳步发展。示范村都能立足并充分挖掘自身要素禀赋，明确发展定位和主导产业，落实农业供给侧结构性改革要求，在做强优势农业产业的基础上引入新产业新业态，突出生态功能，强化农产品质量提升，大力推动产业融合，大力发展现代绿色农业、休闲农业、创意农业以及农旅综合体，加大农文、农旅、农体、农教结合力度，探索促进一、二、三产业融合发展路径，积极推动示范村与市场主体有效对接，农业产业链价值链利益链不断延伸完善，“产业兴旺”有突破。村庄发展方向有休闲旅游型、特色农业型、区域联动型、产业融合型、生态保护型等类别。

二是乡村基础设施逐步完善，“生态宜居”有提升。村庄规划注重保留居民点建筑风貌提升，统筹推进乡村田、水、路、林、村建设，优化农村人居环境，修复自然生态景观，目前毕节乡村振兴示范村的各项生产和生活基础设施获得明显改善，交通基础设施、农业生产设施、农村公共服务设施、生态环境保护等方面成绩喜人。

三是乡村治理水平提高，“乡风文明”有深化。示范村按照乡村振兴中文化振兴与组织振兴要求，推广以村民小组为基本单元的村民自治模式，拓宽村民参与村务监督渠道；发挥党员干部示范带头及村党支部的战斗堡垒作用，切实提升村级党组织的战斗力。着力破除陈规陋习，融洽邻里关系，弘扬时代新风，提升乡村治理体系与治理能力现代化水平，传承传统文化、着力提升示范村气质和韵味，打造具有黔西北特色的文化项目与文化品牌。初步建立起自治、法治、德治相结合的乡村社会治理体系，村庄治理成绩斐然。

四是示范村建设逐渐受到社会资本青睐。在示范村推进建设过程中，部分示范村依托原入驻农业龙头企业解决了产业发展资金问题，主体资金投入仍以政府投资为主，但社会资本逐步加入乡村振兴示范村的建设中来，形成良好的发展趋势。

五是村民对示范村村庄建设与产业发展的总体满意度相对较高。突出产业发展核心，探索建立政府推动、农民为主体、企业带动、社会参与的运作机制，加大财政资金对基础设施与公共服务建设的保障力度，探索农村土地、乡村资源的资本化路径，积极吸引各类市场主体参与农村产业运营，积极搭建集体经济与农民增收平台。从总体上看，示范村村民对村庄建设的规划及成效持肯定态度。

金沙县以西洛街道开化、岩孔街道东光、禹谟镇中坪 3 个示范村创建为引领，始终坚持抓农业产业脱贫，按照“抓特、扶优、出精”的农业产业化发展思路，坚持全县“43328”的产业布局，以农业供给侧改革为抓手，加大产业结构调整力度，以坝区建设为主攻方向，坚持“龙头企业＋合作社＋农户”的组织方式，农村产业革命不断向纵深推进。以农村生活垃圾污水治理、厕所革命和村容村貌提升等为重点，大力助推生态宜居建设。大力开展农村环境卫生综合整治，通过强化“五治并举”，实施“红黑榜”“三个一元”“四级评比”等工作机制，创新农村人居环境“五有”（有制度、有标准、有队伍、有经费、有督查）长效管护机制。截至2019年底，该县已建成覆盖县、乡、村、组的垃圾收运体系，30户以上自然村寨建设污水处理站80多个（PPP项目），全县县级及以上文明村148个，2个乡、20个村被列为全省“十百千”乡村振兴示范创建工程。

## 四　存在的问题及其原因分析

毕节市乡村振兴示范村建设推进过程中，村庄规划、乡村产业发展、农村人居环境整治、乡村治理等重点工作虽取得重要的阶段性成果，但以下几方面问题仍普遍存在。

### （一）示范村的产业发展制约较多

农业具有弱质性与风险性，加上现有农业产业支持与配套政策尚不完善，一些示范村在主导产业选择、新型业态发展、农业产业链延伸等方面还存在诸多困难，农业产业的科技含量、产品附加值、特色品牌价值还不够突出，导致乡村产业就业带动力不强；同时部分村庄的农业用地划定不够合理，乡村休闲用地保障难以落实，尤其是文旅产品缺乏差异化与深度开发，农民专业合作社的产品“弱、小、散、乱”特征明显。

### （二）示范村土地资源难以盘活

受制于集体建设用地减量化、规划空间偏少等原因，“农业＋”项目难以落实落地，比如发展休闲观光等产业所急需的停车场、卫生间等配套设施的建设用地指标均难以满足，导致示范村农业旅游、休闲农业等产业升级难；同时农村宅基地改建项目审批流程复杂、涉及部门众多，难以取得消防、卫生行政许可等，导致民宿、康养等产业发展慢，阻碍了农村新产业、新业态、新模式的创新发展。

### （三）示范村缺乏乡村振兴人才

示范村的村干部队伍年龄偏大、青黄不接的现象比较普遍，村级后备人才队伍建设存在断档风险；一些示范村在薪资待遇、社保、职业发展等方面与城市相比依然具有相当大的差距，难以吸引有志青年人才下乡返乡创业就业；乡村人才的职业发展道路狭窄，加之现代社会大部分年轻人不愿意从事繁重的农业劳作，部分示范村村民大部分外出打工，导致农业企业、合作社等季节性用工荒现象明显，同时示范村缺乏产业领军人才与年轻、有为、敢闯的新型职业农民。人才短板依然突出。

### （四）示范村的传统文化特色不够鲜明

在乡村振兴示范村建设中毕节市一些地方对乡村民风民俗的保护与传承不够重视，村庄规划理念多移植“城市社区再造”，在推进农民相对集中居住社区建设过程中，简单粗暴地照搬城市规划建设的思路，在乡村建筑风貌设计中多“去农村化”，导致乡村肌理的弱化与传统文化记忆的丧失；一些示范村对延续农耕文化、传承地方文化的规划定位缺乏特色，思路不够清晰，对当地居民与乡村旅游的市场需求把握不准，难以打造地方特色“文化名片”，无法形成吸引力强的“乡村文化地标”。

### （五）村民参与度不高、获得感不强

示范村建设还部分存在“政府做、村民看”的现象；一些示范村设计的产业附加值不够高、难以获得村民支持、就业带动能力不够强；一些示范村产业项目的投资回报周期过长，短期内难见可观的经济收益，而长期市场风险较高；一些示范村所属县及乡镇的财政实力薄弱，在推进产业发展、村庄建设工作中奖补费用偏少导致村民积极性不高。

### （六）示范村可持续发展机制有待完善

一些地方的示范村建设存在“拔苗助长”“急于求成”的现象，村庄建设的规划缺乏长远思考，农村发展的政策设计滞后，大量基础设施建设标准偏低，道路桥梁、通信网络、停车场地等设施的建设难以满足乡村振兴休闲、科普、观光、康养等产业发展共性需求，“盆景式”项目打造也屡见不鲜，这将给示范村后续的产业能级提升带来不利影响，也为示范村可持续发展埋下隐患。

## 五　对策建议

示范村建设是毕节推进乡村振兴的重要工作，是毕节高质量发展农业现代化的关键一环。因此，要紧密结合毕节特点，抓好关键难点问题突破，发挥带动作用，为促进毕节农业强、农村美、农民富先行先试，为毕节试验区可持续发展探索可行的发展路径与模式。

### （一）进一步探索示范村三产融合发展路径

探索“龙头企业 + 合作社 + 农户”的有效联动模式，扩大特色优质农产品品牌影响力与农户抗风险能力；发展智慧农业，强化科技对农业的引领作用，加快农机推广应用，提升农业生产和农产品的质量与效益；加大农业招商引资力度，引进生态友好型农业龙头企业落户示范村，合力提升乡村产业能级，壮大盘活村级资产；促进农村一、二、三产业融合发展，鼓励创建一批特色生态旅游示范村与精品旅游线路，打造特色乡村生态旅游产业集群，开发乡村旅游观光、乡村民宿、康养、创客空间等新业态新模式，实现“三产联动、多业互促”；优化产业结构，注重发展具有科技含量与高附加值的产业链、供应链，支持附加值高、生态环保的产业入驻，盘活乡村土地、技术、人才等相关生产要素，使农村成为城市的“周末花园”、实体经济的热土和市民休闲的胜地，通过三产发展使村民拥有更稳定的就业渠道、增加收入，拥有更现代的生活。

## （二）进一步打通盘活示范村土地资源

适当放宽设施农业用地的用途，支持示范村适当发展农业休闲观光产业的餐饮、停车等建设用地需求，促进其乡村旅游、乡村民宿的发展；村庄规划中确保不低于5%的比例用于农民相对集中居住、公共服务设施、休闲农业与乡村旅游等乡村振兴项目，保障乡村振兴项目的有效落地；放宽对闲置集体建设用地、村集体用房、闲置农房等作为住所（经营场所）登记条件的限制，增加乡村旅游和休闲农业的供地指标，妥善处置现有大棚房，不要大拆大建，赋予设施农用地现代化条件与公共服务功能，促进其复合化利用。

## （三）进一步加大示范村乡土人才培养力度

加强对村级干部人才的培养，进一步优化示范村村级干部人才梯队培养与选拔模式，扩充村干部后备人才库，提升村干部工资福利水平，改革村干部薪酬体系，提升村干部的工作积极性，吸引有志青年加入村干部队伍；营造良好的创业环境，提供针对性的帮扶措施，吸引留住下乡返乡青年；促进乡村一、二、三产业融合发展，深入推进职业技能提升行动，加大新型职业农民的职业技能培训力度，加强农村产业高技能人才培养；加大农业农村人才培育力度，引进和培养一批职业经理人、职业农场主、电商骨干、农村能人等乡土人才，培养一批本土专家与实用技术人才，助力乡村实现人才振兴。

## （四）进一步彰显示范村的乡村肌理与传统文脉

严格按照“策划、规划、设计、实施”四步工作法，在乡村振兴示范村建设中充分尊重村庄的自然肌理和生态脉络，增强示范村规划设计的本土气息，切实保护村庄的“三生”空间功能，展现“山水田林园”复合式生态系统价值，因地制宜融入黔西北元素，凸显毕节韵味，延续乡村文脉，留住乡愁记忆；深入挖掘乡村厚重的历史文化、民族底蕴，打通乡村传统文化的创新性传承与转化路径，繁荣发展新时代乡村文化；聚焦乡土文化商业价值，通过举办乡村文创大赛，培育特色乡村文化产品与乡村“网红”人才，持续提升毕节农村优秀传统文化的社会影响力，率先在全省走出一条具有毕节特色的乡村文化振兴之路。

### （五）进一步提升示范村村民的获得感与幸福感

强化乡村振兴示范村集中连片建设理念，将示范点的价值辐射至全村范围，推动示范村全面提升产值、颜值与特质，以此为基础，进一步探索乡村振兴示范城镇建设，实现资源整合、优势互补，让示范村建设成果外溢；充分尊重村民的主体地位与首创精神，以庭院美化、垃圾分类、家风传承为载体，鼓励村民主动参与示范村建设，增强村民的参与度，营造共建、共护、共有、共享的良好氛围；针对村民大力开展实用技术、农场管理培训等创业、就业知识技能培训，提升示范村村民的技术水平；以多种举措拓宽农民的增收渠道，聚焦重点人群，完善产业、创业就业等帮扶方式，注重通过发展扩大村级集体经济来增加村民收入。

### （六）进一步完善示范村建设稳定推进机制

各级各部门要重视示范村建设的后续管护管理，研究出台长效管护资金扶持政策，减轻材料、人工成本上涨带来的示范村管护资金压力，巩固村庄建设、农村人居环境整治等基础性阶段性工作成果，防止出现大投入、大拆除、大建设，轻管理、不维护，从而导致“烂尾”的不利局面；健全城乡融合发展机制，坚持城乡均衡布局，全力提升毕节市乡村振兴示范村的新型基础设施建设等级，如乡村道路的建设标准，基础设施、公共服务等公共资源投入向城市看齐，特别是新设施、新网络、新终端、新平台等新基建建设行动要优先在示范村进行布局；创新示范村建设相关政策，鼓励各县区大胆先行先试，建立与完善容错纠错机制，支持在创新中适当试错，并制定适应乡村可持续发展需求的监管体系；建立多元化投入机制，鼓励各类社会资本参与示范村建设，增强社会资本参与示范村建设的收益预期与实际利益，促进示范村建设稳定可持续发展。

**B**.12

# 毕节试验区纵深推进脱贫攻坚与农村产业革命研究

陈康海*

摘　要：2019年，面对经济社会发展的复杂形势和艰巨任务，毕节试验区坚持新发展理念，坚持以改革开放为动力，大力推动高质量发展，经济社会保持了持续健康发展的良好势头。但是，试验区仍然存在脱贫任务艰巨、产业发展支撑不强、投资增长后劲不足、配套设施建设滞后、高质量发展动力不强等突出问题。因此，试验区必须牢固树立抓扶贫就是抓产业、抓产业就是促脱贫的意识。要坚持着力优化经济发展方式，在补齐脱贫短板中拉动经济增长，在推动产业发展中增强脱贫支撑，确保脱贫攻坚和产业革命协同共进，确保按时高质量打赢脱贫攻坚战、纵深推进农村产业革命实现新突破。

关键词：脱贫攻坚　农村产业革命　高质量发展　新发展理念　毕节试验区

2019年，毕节试验区深入贯彻习近平总书记对贵州毕节试验区的重要

* 陈康海，贵州省社会科学院农村发展研究所研究员，主要研究方向为区域经济、产业经济、农村经济等。

指示批示精神，全面落实中央和省委决策部署，坚持稳中求进工作总基调，坚持新发展理念，坚决守好发展和生态两条底线，统筹推进稳增长、促改革、调结构、惠民生、防风险、保稳定等各项工作，开拓创新、排难而上、奋力拼搏，圆满完成了全年目标任务。试验区呈现脱贫攻坚纵深推进、经济质效持续向好、社会大局和谐稳定、社会事业明显进步、干部群众精神振奋、党的建设不断加强的良好局面，为全面建成小康社会和建设贯彻新发展理念示范区奠定了坚实基础。

## 一　试验区推进脱贫攻坚的主要做法及突出成效

毕节试验区坚持把脱贫攻坚作为重大政治任务和第一民生工程，牢牢抓住脱贫攻坚的主动权、制胜权，坚持尽锐出战务求精准，确保按时高质量打赢脱贫攻坚战。2019 年，通过全力打好“四场硬仗”，狠抓新一轮“五个专项治理”，深入开展“联县帮乡驻村入户”，试验区脱贫攻坚取得了突出成效：共减少贫困人口 32.06 万人，贫困发生率下降到 1.54%，实现 441 个贫困村出列、未出列的 151 个贫困村贫困发生率全部下降到 10% 以下；大方县脱贫摘帽，七星关区、织金县达到脱贫摘帽标准，将迎接国家脱贫验收；农村常住居民人均可支配收入达到 10364 元，同比增长 10.5%，首次突破万元大关。

### （一）提高政治责任，凝聚攻坚共识

全面贯彻落实中央和贵州省委决策部署，着力推动形成坚决按时高质量打赢脱贫攻坚硬仗的思想共识。一是着力提高政治责任。坚持“四个意识”“四个自信”“两个维护”，切实增强确保按时高质量打赢脱贫攻坚战的责任感、使命感、紧迫感。推动全部工作向脱贫攻坚聚焦、各种资源向脱贫攻坚聚集、各方力量向脱贫攻坚聚合，进一步形成共识、形成合力，着力增强打赢脱贫攻坚战的思想自觉和行动自觉。二是切实坚定必胜信心。坚持咬定脱贫目标，切实扛起政治责任，时刻保持攻坚态势，进一步强化打硬仗的思想共识，坚持精准扶贫、精准脱贫基本方略，主动聚焦脱贫攻坚，着力推动干

部群众坚定决战脱贫攻坚、决胜同步小康的信心决心。三是着力加强作风建设。紧紧抓住转变作风，加强干部队伍建设管理，进一步端正广大干部的政绩观事业观，做到尽职尽责、尽心尽力，一切着眼于实际、着眼于长远，真正把心思和精力全部投入脱贫攻坚中。

### （二）确保按时打赢，优化决策部署

坚持顶层设计、高位推动，积极制定出台系列重大决策部署，不断优化脱贫攻坚战略。一是着力强化政策设计。出台了《毕节市脱贫攻坚春季攻势行动方案》《毕节市脱贫攻坚夏秋决战行动方案》《毕节市脱贫攻坚问题专项治理工作方案》《毕节市解决“两不愁三保障”突出问题工作方案》等政策举措，对脱贫攻坚进行全面系统部署。二是加强示范引领推动。市、县、乡三级主要领导亲自推动，深化研究部署脱贫攻坚。特别是市委、市政府主要领导深入基层调研，积极示范引领各级各部门聚焦脱贫攻坚工作。三是召开全会部署推进。市委二届五次全会对脱贫攻坚实行分类研究攻坚施策，部署开展了深刻的思想革命、精准的战术革命、纵深的产业革命、高效的质量革命、彻底的作风革命，进一步明确脱贫攻坚的目标、重点、方法和要求。四是认真执行抓落实机制。召开各县区脱贫攻坚会议分类部署，实行脱贫重大问题“提级研判”机制，市、县、乡三级党委政府分别按季月周调度推进脱贫攻坚，研究解决具体问题，层层压紧压实工作责任。

### （三）坚持尽锐出战，强化攻坚力量

积极探索建立“联县帮乡驻村入户”攻坚体系，真正举全市之力投入脱贫攻坚。一是配强深度贫困县联县帮扶力量。由市委常委分别联系帮扶纳雍、威宁、赫章 3 个深度贫困县，四大班子成员分别定点帮扶 1 个以上贫困乡镇；149 个市直部门联系帮扶深度贫困县所有乡镇，选派 92 名县处级干部担任深度贫困县驻乡帮扶队队长，实现帮扶深度贫困县所有乡镇全覆盖。二是抓实选派干部驻村帮扶力量。从市、县、乡三级部门选派 3297 名第一书记和驻村干部，进驻 815 个深度贫困村和贫困率高于 10% 的贫困村开展

帮扶，实现部门驻村帮扶全覆盖。积极整合其他帮扶力量，下沉到村到户到人，做到全覆盖。三是组建督导组推动问题解决。派出 3 个督导组长期蹲点深度贫困县开展督导，2 个督导组督导七星关区、织金县脱贫，及时帮助解决脱贫存在的问题。四是做实做深“入户”遍访工作。按照市级领导到乡镇、县级领导到村、乡镇领导到组、帮扶干部到户的要求，持续开展遍访贫困村贫困户，帮助厘清脱贫思路和措施，促进增收脱贫。

### （四）围绕务求精准，优化攻坚打法

按照“聚焦再聚焦、精准再精准”的要求，进一步完善攻坚打法，确保更加精准。一是坚持实施分类指导。对3 个深度贫困县重点攻坚，全年共获得财政专项扶贫资金 9.55 亿元、市级专项扶贫资金 1 亿元、东西部扶贫协作资金 1.35 亿元；对拟脱贫摘帽县集中攻坚，派出 2 个专班分赴七星关区和织金县指导，派出 8 个督导组对各县区督查，确保有效脱贫。对脱贫摘帽的黔西县、大方县制定后续扶持、巩固提升方案；对非贫困县金沙县开展剩余贫困人口脱贫工作。二是制定完善“一村一方案”。重新审核有扶贫任务村的脱贫攻坚方案，对不能确保按时打赢的及时重新制定，优化调整政策、项目和资金等。市、县两级领导深入深度贫困村，指导制定确保按时打赢的脱贫攻坚方案。三是建立健全“四项清单”制度。县级因地制宜建立产业扶贫清单，确保除兜底保障外的贫困人口实现产业帮扶全覆盖；建立就业扶贫清单，促进建档立卡贫困劳动力广泛就业增收；乡、村两级建立到户工作清单和规范完善建档立卡贫困户档案资料清单，实行分类管理，明确帮扶责任。

### （五）注重帮扶实效，优化资源配置

坚持优化配置各种要素资源，着力构建大扶贫格局，切实提升帮扶实效。一是大力争取政策对接支持。全区全年共争取上级项目 6703 个，资金 1445.2 亿元；财政专项扶贫资金 17.76 亿元，项目 2917 个。争取 21 个省直部门出台了支持试验区发展的专项实施意见和办法。二是着力凝聚各方资源力量。深化“千企帮千村”行动，全区 800 个民营企业帮扶 1098 个村，累

计投入资金55.44亿元，受益贫困人口27.76万人。累计建立群团工作站92个，凝聚群团力量助推脱贫攻坚。从外地和省直机关选派优秀干部前来担任县委书记和市县（区）党政班子成员，充实了脱贫攻坚力量。三是深入推进对口帮扶协作。加强与帮扶城市对接联系，加大人才支援、劳务协作、园区共建等协作力度，扎实抓好帮扶项目落实。中央统战部、各民主党派中央、全国工商联共实施帮扶项目384个，广州对口帮扶实施项目62个，深圳对口帮扶项目有力推进；恒大集团、金元集团、盘江集团等结对帮扶深入推进，如协调恒大集团捐赠帮扶资金10亿元，累计捐赠到位资金70亿元。

### （六）围绕脱贫标准，突破攻坚重点

紧紧围绕脱贫标准和重点任务，坚持打好关键之年的关键之仗。一是着力改革创新脱贫工作机制。对标中央和贵州省委要求，积极探索构建“创建五大机制助推返乡农民工就地就近就业”“建立医疗组团五强模式促进帮扶医院五提升”“易地消费扶贫新模式”“校企合作搭建穗毕就业扶贫新桥梁”等新机制。二是加快补齐“两不愁三保障”短板。坚持常态化监测剩余贫困人口“两不愁三保障”存在的问题，确保底数动态调整、精准掌握；加强台账管理，细化解决方案，因村因户因人制定解决措施，按时对账销号。基本解决109.1万人饮水不安全问题；全面落实教育扶贫资助政策，实现应助尽助；乡镇卫生院和村卫生室全部达到“三个三”标准；完成16451户农村危房改造和22735户老旧住房整治任务。三是加快推进易地扶贫搬迁工程。加大督促指导力度，全面完成“十三五”规划易地扶贫搬迁任务28.5万人。着力抓好易地扶贫搬迁后续扶持，建立健全基本公共服务、培训和就业服务、文化服务、社区治理、基层党建“五个体系”，加快推进新增4万人安置点建设，有效解决易地扶贫搬迁突出问题。

## 二　试验区推进农村产业革命的主要做法及显著成效

2019年，毕节试验区坚持农业农村优先发展总方针，牢牢把握农村产

业革命“八要素”，大力推行“五步工作法”，以特色优势主导产业为抓手，坚持补短板强弱项，深入实施农业特色产业提升工程，大力推广“龙头企业+合作社+农户”经营方式，积极拓展营销渠道，农村产业革命取得阶段性显著成效，布局形成了一批规模化、商品化生产基地，培育壮大了一批特色优势产业，促进了农业高质量发展，农产品销售额达113.53亿元，实现农业增加值468亿元，同比增长6.3%。试验区农村产业革命实现新突破，为促脱贫、稳增长做出了重要贡献，为按时打赢脱贫攻坚战提供了更加有力的产业支撑。

### （一）以政策措施为引领，提升产业保障力

一是强化政策支撑，抓好机制保障。组织制定了农业农村综合改革“1+7”文件、《深度贫困地区脱贫攻坚行动方案》（即1+23配套方案）、《“十三五”特色产业精准扶贫方案》与《毕节市农村产业革命产业发展2019年度推进方案》、《毕节市融入粤港澳大湾区“菜篮子”建设工作实施方案》等政策文件，编发15个产业行动方案及扶持措施。按照“特色化、规模化、商品化”要求，着力突出“一县一业”“一村一品”，结合脱贫攻坚任务，因地制宜发展特色优势主导产业，实现了产业发展全覆盖。二是细化目标任务，抓实产业“领衔”。结合资源和设施条件，狠抓“55441111”农业特色产业提升工程，即到2020年，发展500万亩马铃薯、500万头牲畜、400万亩特色经果林、400万亩蔬菜、100万亩中药材、100万亩茶叶、100万亩皂角和100万亩刺梨，努力做到以特色优势产业助推脱贫攻坚。同时，明确12名市级领导领衔抓实蔬菜、中药材、食用菌、生态畜牧等12个特色优势产业和坝区建设，并配套出台了《领衔推进重大改革项目暂行办法》，成立领导小组，组建专家团队，指导服务产业发展和坝区建设，推动产业快速健康发展。

### （二）以脱贫攻坚为引领，扩大产业覆盖面

一是强力推进结构调整，巩固提升成果。县、乡、村全面巩固调减低效

玉米种植，科学发展替代产业。全年共调减低效玉米面积达 202.93 万亩，巩固调减面积达 365.53 万亩；调减区替代种植蔬菜、茶叶、食用菌、中药材、经果林、马铃薯、酒用高粱、饲草、青贮玉米等产业。种植蔬菜 407.36 万亩、马铃薯 481.09 万亩、中药材 121.24 万亩，新增茶叶 20.92 万亩、皂角 20 万亩、精品水果 14.72 万亩、刺梨 20 万亩，核桃改良 40 万亩。12 大产业累计带动贫困人口 71.13 万人，实现对建档立卡贫困户全覆盖。全区经济作物总面积已达 1138.69 万亩，其中种植烤烟 56.1 万亩，支付烟农收购资金 16.69 亿元。二是着力抓好坝区建设，强化示范带动。将坝区产业发展作为突破口，建立领导示范样板点，积极推进产业结构调整。按照培育“样板田、科技田、效益田”要求，对坝区完善配套设施，着力谋划招商引资，将其建成高效农业示范区和引领区。全区共创建 500 亩以上坝区 171 个，其中 11 个省级样板坝区平均亩产值达 20788 元，68 个达标坝区平均亩产值为 9464 元。坝区产业扶贫造血功能显著增强，为确保打赢脱贫攻坚战奠定了良好基础。

### （三）以“三变”改革为引领，创新联结新模式

一是加快推进农村“三变”改革，增强发展动力。积极推进农村“三变”改革，吸引更多贫困户参与产业化经营。全区有 263 个乡镇开展了“三变”改革，带动 73.6 万名农民变股东，增加收益 5.53 亿元。如赫章县松林坡乡半边街社区入选了 2019 年农村“三变”改革示范村。二是大力培育新型经营主体，完善组织方式。坚持扶持培育和引导龙头，提升农村产业组织化程度，引进了海升集团、中农发集团、雪榕集团、千喜鹤集团等一批优强龙头企业。共培育发展市级及以上龙头企业 400 家、农民专业合作社 14685 家，带动 100%贫困户入社；发展家庭农场和专业大户 760 家，从业人员达 4780 人，实现经营收入 4.16 亿元。三是着力创新利益联结机制，激发增收活力。坚持以县为单位进行产业布局、产销对接，以乡镇为单位实施项目、集中销售，以村（社区）为单位组织生产、利益联结。支持建立以合同契约为主的利益联结方式，积极探索扩大二次返利、股份合作制、利益共同体等更趋紧密的合

作共赢机制，引导构建“龙头企业+合作社+基地+农户（贫困户)”“合作社+农户（贫困户） +村集体”“龙头企业（合作社） +基地+农户”等多样化产业链接模式，破解利益联结机制不完善等难题。

## （四）以资金投入为引领，推动产业大发展

一是抓绿色基金，做到投入落实到位。按照“政府主导、以企业为主体、市场运作、风险可控、服务脱贫”的原则，试验区着力组织绿色产业投资基金申报，积极动员各类新型农业经营主体申报绿色投资基金。全区共投放项目56个，投放基金53.67亿元；已批复涉农项目37个，批复待投放基金65.85亿元。二是抓政策支持，做到项目落实到位。全面贯彻落实贵州省《关于支持毕节试验区按时打赢脱贫攻坚战夯实贯彻新发展理念示范区建设基础的意见》，积极争取上级加大农业产业发展的财政支持，切实增强产业新动能。到2020年5月，全区共争取到中央资金4.44亿元、省级资金2.48亿元，合计达6.92亿元。三是抓机械设备，提升农业发展水平。坚持加大投入，加强农业机械设备使用。全区共投入农业生产各类农机具24.06万台（套)，检修农机具15.43万台次，培训农机人员5.25万人次；推广山地农机技术9项，推广应用新机具3486台（套)。全年机耕面积达1138万亩，机收面积为127.88万亩，农机总动力达606.54万千瓦，新增14.38万千瓦，主要农作物耕种收综合机械化率达36.7%，农业技术装备水平有了稳步提升。

## （五）以科技保障为引领，提升产业“战斗力”

一是组织实施专家服务“三农”行动。全区共组织856名各种农业专家开展服务“三农”行动，调研贫困乡镇137个、贫困村1214个，解决突出问题317个、技术难题394个，实现贫困乡村产业指导全覆盖。二是鼓励支持领办创办农业项目。积极组织农技人员领办创办山地高效农业，共领办创办138个项目，投入资金7.9亿元，解决就业1.1万人，带动贫困人口4000万人。三是加强联系指导农业技术服务。积极组织农技人员参与农业

技术服务，共组织306名农技人员对口指导坝区生产建设，涉及中药材、特色养殖、特色蔬菜、茶叶、马铃薯、有机高粱及果树等种植加工技术。着力提升农民群众科学素质，采取短期技术指导、现场指导、田间地头培训、教室培训等方式，培训青年农场主100名，培训农民66807人次。四是着力推动农业科技进步与创新。农业科技成果不断涌现：《毕节市农村“三变”改革新模式研究及应用》获全国农牧渔业丰收奖三等奖，《奶奶青菜核型分析体系》《黔西北地区灵芝栽培管理系统》《高海拔地区莲藕栽培技术管理系统》获国家版权局计算机软件著作权登记；获国家实用新型专利2项、发明专利3项。通过助推农业科技进步，推动科技成果转化为生产力，有效促进了广大农户增收致富。

### （六）以品牌建设为引领，提升产业竞争力

一是着力加强区域农业公共品牌建设。坚持依托自然生态优势，围绕“乌蒙山宝·毕节珍好”“威宁三白”区域公共品牌建设，全力推进“二品一标”申报。累计获绿色食品认证22个、有机认证126个、地理标志保护农产品11个；81家企业115个产品获授权使用“乌蒙山宝·毕节珍好”区域公共品牌；7个基地18个产品成功获粤港澳大湾区“菜篮子”基地备案。积极开展农产品质量安全专项整治，完成农产品监督抽检2094个、定量检测1413个，合格率均为100%。通过强化农产品质量监管和可追溯体系建设，特色农产品品牌效应明显增强。二是着力抓好农产品产销对接。加快融入粤港澳大湾区“菜篮子”建设，“菜篮子”市（州）负责制获全省首次考核“优秀等次”；成功认定粤港澳大湾区“菜篮子”基地20个，面积达1.55万亩，涉及备案品种40多个。积极参与农产品展销活动，如2019中国·贵阳国际特色农产品交易会、第27届广州博览会、茶叶博览会、辣椒博览会等展会。还成立农产品促销专班，大力拓展境内外市场，借助广州、重庆、长沙、北京、河口等五大营销联盟，农产品“七进”，“毕菜进京”“毕菜进渝”“毕菜进粤”产销对接活动成效明显，海外销往越南、老挝、迪拜等国家和地区有新突破。

### （七）以乡村振兴为引领，增强产业发展力

一是着力深化农村综合配套改革。全面落实农村集体产权制度，全区3654个村完成了清产核资，清理集体土地3132.41万亩，集体资产总额70.22亿元；795.33万人完成集体经济组织成员身份确认，177.74万户农户完成农村集体资产股份量化，占比达92.72%。共建立“村社一体”合作社1637个，以“保底收益+效益分红”等模式发展蔬菜、茶叶、经果林等特色产业，带动24.62万名贫困人口。二是加快农业基础设施配套完善。推进农业园区提质增效，建成标准化基地183.95万亩，带动4.65万名贫困人口。推进高标准农田建设，建设完成12.97万亩；坝区完成土地整治10.6万亩、有效灌溉面积46.3万亩、田间道路8396千米。推进坝区配套设施建设，建成生产大棚2147万平方米、冷库库容7.2万立方米，购置冷链物流车辆104台。三是着力推进乡村治理能力提升。深化农村基层治理，突出垃圾和污水治理与村容村貌提升；制定乡风文明制度规范，推进“法治毕节”建设，完善道德激励约束机制。积极启动健全自治、法治、德治相结合的乡村治理体系改革试点，激发农民自我管理、自我教育、自我服务的内生动力。大方县总结提炼出“两带三治”乡村治理改革新模式，已在全国推广应用。

## 三 试验区纵深推进脱贫攻坚与农村产业革命面临的问题与困难

在充分肯定成效的同时，应清醒地看到，受自然条件、资源禀赋、市场和政策环境等因素影响，毕节试验区仍然存在脱贫任务艰巨、产业发展支撑不强、投资增长后劲不足、配套设施建设滞后、高质量发展动力不强等问题，面临着诸多短板和制约因素，难以满足全面建设小康社会、推进农业现代化、实现乡村振兴的发展要求。

## （一）按时高质量打赢脱贫攻坚战存在的主要问题和困难

1. 脱贫攻坚任务依然十分艰巨

与贵州其他市州相比，试验区脱贫攻坚任务最为艰巨，仍是全省贫困人口最多的地区。全区还有 4.3 万户 12.52 万人农村贫困人口，占全省 40.6%；纳雍、威宁、赫章 3 个深度贫困县仍未脱贫摘帽，占全省 1/3；还有未出列贫困村 151 个，有剩余贫困人口的村 2575 个，贫困发生率 3% 以上的村 316 个。全省纳入省领导挂牌督战的 12 个县区，试验区就占 5 个。而且，贫困人口大多聚居在深（石）山区，生存发展条件较差，基础设施和公共服务保障不足，受教育程度普遍较低，剩余贫困人口是最难啃的硬骨头。其中，长期患病者、残疾人、孤寡老人等特殊困难群体和自主发展能力弱的贫困人口比例高，很多都需要依靠财政兜底才能实现稳定脱贫。

2. 产业扶贫能力亟待全面提升

加快发展优势特色产业是解决贫困问题最有效的途径之一，但各县区贫困地区发展条件不一，产业发展存在一定不科学性，产业后续发展面临着较大市场风险。主要是一些扶贫产业层次低、链条短，基本依赖种植、养殖等生产环节，缺乏深加工和技术，产品附加值低，致使产品质量和销售存在一定问题；某些地方存在产业扶贫项目单一、同质化的现象，乡村旅游、电商等新兴产业发展基础较为薄弱。贫困地区基本以小农生产为主，产业规模小、组织化程度低，缺乏新型农业经营主体，带动贫困户脱贫致富能力有限。龙头企业联贫带贫能力弱，部分扶贫产业贫困户参与程度低、扶贫效果的可持续性弱。

3. 扶贫资金使用管理需要改进

一是资金使用较为粗放。各县区对扶贫资金使用的精准度有待提升，部分地区仍然存在资金需求大、支撑不足和资金拨付进度缓慢、使用率较低并存的问题。涉农资金整合推进不畅，地方配套难度大，金融扶贫政策需进一步完善。二是资金落实还有差距。有的乡村两级压力不够、紧迫感不强，对扶贫资金管理滞后，脱贫攻坚工作中形式主义、官僚主义、急躁和厌倦情绪等消极现象不同程度存在；有的地方扶贫资金使用不合规，违规违纪现象时有发生。三是资金投入明显不足。与扶贫需求相比，各级政府投入的扶贫资金仍然不足。金融扶贫存在结构性信贷难问题，新型农业经营主体获得贷款难，还有的地方对扶贫小额贷款用途监管不严，未能有效助推产业发展。

4. 脱贫攻坚内生动力仍然不足

当前扶贫政策对贫困地区和贫困人口帮扶越来越实，但相比之下，如何增强贫困群众的主观能动性、激发脱贫攻坚内生动力仍是亟须补齐的短板。贫困人口受教育程度普遍较低，思想认识不到位，因而有的贫困户脱贫意识不强，过度依赖帮扶政策，自身积极性、主动性和创造性不高；有的贫困群众主动致富意愿不强，甚至存在甘于现状、等待帮扶的思想，个别贫困群众“等、靠、要”思想依然存在。有的贫困地区责任落实不到位，缺乏总体考虑，缺乏到村到户措施，存在消极等待政策现象，并不专注于调动群众的积极性和主动性。因此，解决贫困户内生动力不足问题仍然是脱贫攻坚一大难题。

5. 巩固脱贫攻坚成果任重道远

实施脱贫攻坚不是一劳永逸的，稍不注意脱贫人口就会返贫。2019 年底，试验区还有边缘户 1.1 万户 4.6 万人、脱贫监测户 9558 户 4.2 万人，已脱贫人口存在返贫风险，边缘人口存在致贫风险。其原因主要是贫困地区摘帽退出后仍将长期处于经济欠发达、发展相对落后的状态，持续稳定增收基础很薄弱，自我发展能力不强。不少脱贫县负债推进工作，存在政府债务风险，脱贫摘帽后还本付息压力极大。不少地方脱贫群众创收增收的渠道单一狭窄，收入构成不合理，转移性收入占一半以上，经营性收入占比很低，属于政策性脱贫，存在政策性返贫风险。

### （二）纵深推进农村产业革命存在的主要问题和困难

1. 产业配套基础设施薄弱

基础设施始终是农业农村现代化发展的基础和关键。试验区农业农村配套基础设施薄弱，已成为产业发展的硬件约束。一是多数产业基地水、电、路基础条件仍然较差，机耕道、田间便道，水利排灌、冷链物流、分拣包装等设备设施配套不足，导致生产成本高，农业发展抗风险能力弱，满足不了现代化产业发展需求。二是高标准农田建设难度大，耕地分散破碎，工程施工难度大、造价高，要实现“旱能灌、涝能排、水土留得住、农机能进能出”的高标准，现行财政资金投资存在困难。三是基础设施建设未形成长效管理机制，存在重建设、轻养护的问题，一些修建好的连户路、产业路、“组组通”公路得不到后期维护，影响了企业与村民日常生产生活。

2. 产业发展资金严重缺乏

目前资金短缺、融资环境落后等问题是试验区纵深推进农村产业革命的主要制约因素。由于地方财政实力薄弱，扶持资金少，财政投入更多向绿色产业、带动效果好的产业倾斜，加快产业发展、推进产业革命资金缺口大、投入不足，基层资金配套十分困难。加之农产品种植加工属微利行业，生产风险高，资本积累速度慢，吸纳民间资本能力有限，社会资本投入往往望而却步。各县区产业发展正处于起步阶段，资金链非常重要，但融资渠道少，制约因素多，融资平台不健全。特别是培育发展新型农业经营主体，从开展土地流转、建设基础设施、购置生产资料到加强经营管理等，存在大量借贷需求，而往往又面临着贷款难、贷款慢、贷款贵的问题。因此，必须大力引导金融和工商资本投向乡村特色优势产业。

3. 现代经营主体实力不够强

一是整体发展质量不高，经营管理水平低。如：龙头企业生产设备落后，深加工能力不强；农民合作社参差不齐，运行不够规范；家庭农场发展趋缓，经营管理能力偏弱；经营性服务组织发育不健全，精准服务能力低。二是开发创新能力较低，科技创新明显不足。新型经营主体科研开发投入少，自主研发能力弱，具有自主知识产权、高附加值产品少，低档产品多，产品同质化突出。三是经济实力和效益不突出，带动能力不足。新型经营主体发展不平衡不充分，普遍存在参与者少、经营规模偏小、技术和经营模式单一、组织管理比较松散的问题。特别是经营收入少、经济实力不强、带动性不高等问题突出，严重影响着农业农村经济发展。

4. 产业利益联结机制不紧密

一是产业融合能力不强。试验区农村各种产业形态结合不紧密、一、二、三产融合不足等问题比较明显，从事现代农旅结合、创意农业等新产业新业态的经营主体数量不多、水平不高、特色不足，农村现代主导产业未完全形成。二是全产业链尚未形成。各类新型农业经营主体主要在自身机制内发挥作用，各自优势没有实现有效整合。上下游产业链没有较好链接，纵横之间合作途径不宽，集约化程度不高、专业化水平不够，辐射面不广、带动效果不高，产业关联性不强。三是产业联结利益机制不完善。农业产业链不全，产销对接断层严重，使新型农业经营主体与小农户利益联结机制不紧密不完善，产业常态化示范性不够，造成产业规模化、组织化程度不高，引领小农户参与市场竞争的比例不高。

5. 各种专业性人才严重匮乏

专业性人才是推进农村产业革命、实施乡村振兴的基础和关键。目前农业农村本土人才外流与专业性人才不愿留下的现象在试验区普遍存在，在贫困地区非常突出，贫困地区不仅缺乏各种专业技术人才，而且新型经营者明显呈现老龄化、妇女化的特征。受生活条件、个人待遇、工作环境等因素影响，农村产业发展所需的技术型、销售型、管理型、信息化等高素质人才引不来，也留不住。尤其是基层乡镇农技人员紧缺，难以满足产业发展的服务需求。长期存在的优秀人才进不来、留不住问题，使得新型农业经营主体各类人才极其匮乏，人才队伍后劲不足。这必将导致农村现代产业发展后继无人，严重制约新型农业经营主体持续健康发展。

## 四　试验区纵深推进脱贫攻坚与农村产业革命的对策措施

毕节试验区是深度贫困地区，如期实现贫困人口脱贫摘帽和防止返贫是新时代加快发展的重要目标任务，按时高质量打赢脱贫攻坚战已迫在眉睫。深入推进农村产业革命作为实现精准脱贫的根本之策，是守好发展和生态两条底线的重要举措，是实现乡村振兴的必由之路。抓农村产业革命就是抓脱贫攻坚，就是抓“三农”工作、乡村振兴、农业供给侧结构性改革，就是抓新旧动能转换、经济结构调整、高质量发展。因此，纵深推进脱贫攻坚与农村产业革命都是围绕“三农”问题做出的重大决策。试验区必须切实保障两者有效衔接，牢固树立抓扶贫就是抓产业、抓产业就是促脱贫的意识。要坚持从系统论出发，着力优化调整经济发展方式，在补齐脱贫短板中拉动经济增长，在推动产业发展中增强脱贫支撑，确保脱贫攻坚和经济社会发展协同共进，确保全面建成小康社会和建设贯彻新发展理念示范区。

### （一）坚持以脱贫攻坚统揽经济社会发展全局

2020年是脱贫攻坚决胜之年，按时高质量打赢脱贫攻坚战是必须完成的重大政治任务和战略目标。为此，试验区必须坚定不移地以脱贫攻坚统揽经济社会发展全局。要紧紧围绕“打赢攻坚战、建设示范区”总纲，聚焦全面建成小康社会，坚决确保按时高质量打赢脱贫攻坚战；聚焦“八要素”补短板强弱项，纵深推进农村产业革命；聚焦新旧动能转换，全力推动经济高质量发展。要坚持问题导向、目标导向、结果导向，拿出硬举措，下足真功夫，确保战略目标完全实现。一是精准锁定目标打赢脱贫攻坚“整体战”。抓紧统筹调度，对农村剩余贫困人口实行更加精准的分类攻坚指导，用好扶贫资金，实施好帮扶项目，严格考核成效，确保现行标准下贫困人口按时全部脱贫、贫困县全部摘帽。二是集中优势资源打赢深度贫困“歼灭战”。坚持集中资源力量，推动政策、项目、资金等向深度贫困区聚焦和倾斜；深化实施“联县帮乡驻村入户”机制，将脱贫责任和任务具体明确到人、分解到户；督促推动各县区开展脱贫问题筛查和整改，做到边查边改、立查立改。通过统筹推进脱贫攻坚与农村产业革命有效衔接，确保经济社会实现高质量发展，为全面建成小康社会和促进乡村振兴做出更加积极的贡献。

### （二）切实增强广大干部与贫困户内生动力

打好脱贫攻坚战，关键在于发挥人的力量。因此，试验区必须坚持干部职工强动力与贫困户强志、强智共同提升，形成齐心协力战胜贫困的良好氛围。一是积极探索干部带头致富的制度机制。坚持打破干部身份限制，增强带头发展致富的自主权和主导权；着力发挥贫困地区的优势，找准选准发展路子，充分激发经济发展潜力。加快发展壮大村集体经济，实现村集体经济“有钱办事”，干部“有权管事”。二是大力发挥农民脱贫攻坚的主体作用。着力激发农民群众内生动力，切实尊重农民主体地位，尊重其项目选择权、监督权等，激发致富动能。加强综合教育培训，积极宣传勤劳致富先进事迹，彻底破除贫困群众“等、靠、要”思想；加快提升贫困户市场适应能力和职业技术能力，着力培养大批新型农民和致富能人。三是着力鼓励支持贫困户自主创新创业。探索和实施精准扶贫项目以奖代补机制，大力推进开发式扶贫，增强农户脱贫的积极性和创造性，吸引其以土地、资金、劳动力等要素入股产业发展。建立健全支持保护和风险保障政策，积极提供创业就业机会与资金平台，努力吸引新生代农民工、涉农大学生和外出成功人士等回乡兴办实业、发展产业，带动贫困人口共同致富。

### （三）着力吸引更多社会力量积极参与帮扶

坚持采取社会力量帮扶的形式，着力搭建社会扶贫多元参与平台和通道，形成脱贫攻坚的强大合力。一是着力加强东西部对口帮扶。坚持深入主动发力，健全完善东西部帮扶合作机制，聚焦试验区所需、对口帮扶城市所能，大力推广“帮扶城市的企业、市场、总部 + 毕节资源、产品、基地”等模式，全力推动东西部扶贫协作项目实施，协调推进恒大集团等企业对口扶贫。通过深化东西部扶贫协作，确保各类扶贫项目有力有序推进，在更宽领域、更深层次、更高水平上实现合作共赢。二是着力抓好统一战线帮扶。更加注重用好多党合作的政治资源，紧抓统一战线“外援”长线，广泛凝聚外力脱贫。加强与国家有关部委和统一战线的汇报对接，主动推进省级联席机制，推进党派等统战资源聚力脱贫攻坚；积极搭建减贫论坛、多党合作峰会等平台，不断扩大知名度和影响力，寻求更多外援的关心支持和帮助。三是着力引领内生力量参与帮扶。扎实开展国企“百企帮百村”和民企

“千企帮千村”活动，充分发挥群团和社会组织作用，聚集各种力量参与帮扶。坚持引领内生力量，鼓励支持企业广泛参与精准扶贫行动，推进城乡产业合作，同步开展吸纳就业、助医助学、商贸帮扶等多种扶贫；组织引导企业深入乡村，建设特色小镇、田园综合体等。通过构建形成多方参与的大扶贫格局，加快乡村振兴进程。

### （四）建立健全体制机制巩固脱贫攻坚成果

为彻底打好打赢脱贫攻坚战，试验区必须健全完善体制机制，坚决打好脱贫攻坚成效“巩固战”。一是建立健全稳定的脱贫长效机制。着力推进脱贫攻坚与乡村振兴相衔接，坚持聚焦农业增效、农民增收、农村增绿，紧紧围绕市场调结构、围绕企业建基地、围绕基地上项目。对脱贫攻坚与乡村振兴政策项目，要坚持通融性落实和互补性实施，注重配套产业和促进就业，同时建立健全乡村治理体系，努力实现农业兴、农民富、农村美。二是切实做好易地扶贫搬迁后续提升。加快建设完善“五个体系”，着力推进帮扶政策与巩固提升政策相衔接，保持脱贫攻坚政策延续性，确保搬迁贫困群众“搬得出、稳得住、能致富”，实现贫困户脱贫后无后顾之忧、能持续发展。三是高度重视边缘户和脱贫监测户。统筹抓好这“两类群体”的管理，建立健全脱贫返贫监测机制，及时开展补短板和回头帮，坚决做到“摘帽不摘责任、摘帽不摘政策、摘帽不摘帮扶、摘帽不摘监管”，确保边缘人口不增贫、脱贫人口不返贫。四是着力补齐社会保障救助制度短板。从加大投入、提高标准、强化措施等方面，加快提高社会救助和管理服务水平，实现对兜底户的社会保障全覆盖，切实扭转贫困人口因病返贫、因病致贫、社会福利保障差距拉大的局面，从而筑牢社会保障之底，形成各项社会救助制度各有侧重、互为补充、合力保障的良好格局，全面提升巩固扶贫、脱贫成果。

### （五）坚持科学规划纵深推进农村产业革命

打好打赢脱贫攻坚战，发展产业是根本之策。产业发展是可持续稳定脱贫和乡村振兴的核心引擎，是实现从产业扶贫到产业兴旺的关键。因此，试验区必须做好产业发展科学部署，坚定不移地把农村产业革命向纵深推进。一是着力推动脱贫攻坚与产业革命有效衔接。进一步明确产业发展长远思路，坚持县级统筹推进，突出以县为单位整体推进农村产业革命，统筹做好产业选择和发展布局；统筹考虑县乡村产业、人才、文化、生态和组织振兴，明确将脱贫攻坚补短板项目编入农村产业革命与乡村振兴发展规划。二是着力加快产业扶贫进程增强造血功能。积极创新方法路径，加快推进造血式扶贫，大力培育发展具有经济价值和自身特色的优势产业，引导更多贫困户融入当地特色产业，使其不断提高收入、实现稳定脱贫致富。三是着力加强对产业革命的督促、调度和指导。健全完善领导领衔推进工作机制，强化县区主要领导带头作用，层层压实责任，加强对乡镇村产业发展的督促、服务指导，使产业发展部署真正落地落实。坚持以市场为导向，优化配置资源要素，把人力、物力、财力整合起来，形成推进农村产业革命的强大合力，着力突破产业发展可持续困境，不断提升农村产业革命实效。

### （六）全力推动产业发展实现新的更大突破

为确保产业革命顺利推进，试验区必须聚焦“八要素”补短板强弱项，千方百计把产业做大做强。一是坚定不移优化调整农业产业结构。坚持以500亩以上坝区为抓手，围绕“55441111”农业产业规模化提升工程，坚决把低效玉米全部调减下来，科学发展替代产业。聚焦12大重点特色优势产业，因地制宜选优选准主导产业，积极推进产业“三步走”战略，加快做大做强主导产业。二是构建一、二、三产业融合发展新格局。着力发展农产品原产地初加工、精深加工，推动农业加工业转型升级，打造高质量农产品。加大农业“接二连三”力度，积极发展与农产品密切相关的加工、包装、运输、销售、节能环保等二、三产业，培育发展休闲度假、旅游观光、养生养老、创意农业、农耕体验、乡村手工艺等新兴产业。通过强化资源统筹，加快发展新产业新业态，打造各具特色的农业全产业链。三是大力推动产业规模化标准化发展。坚持以规模化、特色化、标准化、品牌化、绿色化为方向，立足资源禀赋条件，迅速选准产业、选优品种，尽快做大规模、做出效益。着力发展专精特优农产品，鼓励进行“三品一标”质量认证，以及农产品品牌建设和产地溯源等。积极推进产业集聚发展，加快打造“一村一品”“一乡一特”“一县一业”特色优势产业，推动优势产业实现优先发展、优势品种率先突破。

### （七）大力培育发展市场化农业经营主体

实行龙头企业带动发展模式，坚持强龙头、创品牌、带农户的思路，着力培育新型农业经营主体。一是加快发展壮大市场化新型农业经营主体。制定完善有效的奖励办法，采取“先建后补”“以奖代补”等方式，大力培育发展专业大户、家庭农场、专业合作社、龙头企业等新型农业经营主体。二是着力推动组建农业龙头大企业集团。深入分析特色优势产业的市场前景和可持续性等，强化精准精细招商，招引一批具有标志性、引领性、带动性的龙头大企业。充分发挥龙头企业的突出优势，吸引省（境）外优强企业积极参与农业产业化经营，推动产业大投资大发展。三是积极推动农民专业合作社规范发展。加快培育发展势头好、带动能力强、产业关联度高的农民专业合作社和联合社；规范提升农民专业合作社，助推组织化、规范化、实体化运营；鼓励支持创建国家级、省级和市级示范社。四是创新完善利益联结机制和组织化方式。大力推行“龙头企业＋基地＋合作社＋农户”运作模式，以及龙头企业合作社化模式，推广合同制、合作制、股份制、企业化和产业发展共同体等多种形式，建立健全新型经营主体与农户紧密的利益联结机制，使农户成为产业发展的受益者。五是积极带动贫困户就地就业增收。推动龙头企业加强上下游产品加工联合与合作，促进产加销紧密衔接，推进农业产业链整合和价值链提升。积极引导贫困户融入当地特色产业链，实现经营主体与产业项目对贫困户的全覆盖，确保贫困户持续增收、稳定脱贫。

### （八）加快建立健全资金投入长效增长机制

纵深推进脱贫攻坚与农村产业革命，资金投入是根本保障。对此，试验区必须着力扩大投融资渠道，建立健全资金投入长效增长机制。一是切实加大财政资金投入。加大财政支农力度，充分整合涉农资金，明确资金使用、监督、管理等职能主体，强化脱贫攻坚与产业发展资金保障。进一步优化投资结构，加大对产业转型升级、产业化经营、产业融合发展、基础设施建设等投入，着力支持重点农产品生产、技术服务、加工研发、质量管理、品牌认证、市场流通、渠道建设和宣传推介等关键环节。创新支农资金使用方式，推广政府和社会资本合作、政府购买服务、抵押融资、担保贴息、以奖代补、风险补偿等措施，提高资金使用效益。二是着力创新农村金融服务。深化农村金融体制制度改革，探索改进投融资模式，破除投融资约束，积极创新农村金融产品和服务方式。依法建立完善投融资担保平台，构建银担合作和风险分散机制，支持涉农企业上市融资、发行债券、兼并重组等；加快发展农村合作金融，扩大农户小额信用贷款范围，化解新型经营主体融资困难。加大农业保险支持力度，鼓励引导保险机构增加保险品种，扩大特色优势产业保险覆盖面，提高农业保险保障水平。通过着力推进市场化运作，坚持以财政投入为导向，以信贷投入为补充，广泛吸纳社会资本投入脱贫攻坚与农村产业革命，从而打造形成投融资主体多元、良性竞争的农村金融市场格局。

### （九）推动新型农业经营主体大力拓展营销市场

坚持主导省内市场、抢占省外市场，着力抓好农产品销售对接，积极开拓营销市场。一是建强产品直销网络。着力创新农业生产和服务组织形式，加强产销直接对接，稳定产销关系，构建农产品直销渠道。鼓励新型农业经营主体积极参加各类农产品展示展销会、设立直营店等，向机关事业单位、学校等实行定点销售。坚持更大力度推动贫困地区农产品“七进”活动，举办好辣博会等重要展会；继续大力推进农校对接、农超对接等活动，促进农产品加快销售。二是积极注重培育物联网。推动大数据在产销环节广泛应用，促进农产品销售方式信息化，助推销售渠道畅通。鼓励支持有条件的新型经营主体构建电子商务平台，充分利用互联网开展线上销售，如利用现有电子商务平台、社交网络平台。积极推行电商产业扶贫模式，加强贫困户电商技术培训，实现贫困地区对接电商大市场，通过网络销售特色农产品，有效推进消费扶贫。三是健全市场流通体系。完善线上线下交易流通端，加快壮大市场流通主体，建立产品初级、中级和终端消费市场体系，打造统一开放、布局合理、竞争有序的现代农产品市场体系。强化主要农产品宣传推介，抓好东西部扶贫协作机遇，推动特色农产品加快抢占市场。通过推动农业生产体系和营销市场有效对接，切实增强新型农业经营主体市场竞争力。

### （十）全面加强人才队伍建设提升攻坚能力

专业性人才是最稀缺的战略性资源。目前试验区纵深推进农村产业革命与乡村振兴战略，各类专业性高素质人才十分短缺，特别是新型农业经营主体所需的经营型和技术型人才匮乏。因此，必须大力加强人才队伍建设，加快提高专业化、知识化水平。一是进一步充实完善机构和工作力量。坚持统筹部署，明确产业革命与乡村振兴战略的专门协调机构，健全有效运转的市、县、乡、村四级领导和工作体制。市级相关部门要肩负起对各县区各部门的协调作用，肩负起对各领域各行业的指导作用；基层要结合实际设立专门机构，细化主体责任和机构功能。二是着力提升广大干部和工作人员素质。坚持因岗定人，根据形势发展和工作需要，积极选拔专业能力强的干部和工作人员。组织开展各种教育培训，建设忠诚敢于担当的高素质干部队伍；严格按照国家技术支持机构建设标准，增加技术人员编制，引进高素质人才充实专业人才队伍。三是建立完善人才队伍建设的长效机制。创新乡村人才开发培养的激励机制，积极创造条件和平台，大力引进和留住人才，鼓励支持农技人员、教师、医生等优质人力资源扎根农村，有效推动优秀人才“下沉”到贫困地区。特别是要加强本土人才回引，注重本地人才培养，注重人才实用性，通过定向招生、委托培养、县乡统筹招聘等方式，为农村产业革命多培养急需、紧缺的专业人才，为脱贫攻坚与乡村振兴做好长期的人才储备和支撑。

## 参考文献

《中共贵州省委、贵州省人民政府关于支持毕节试验区按时打赢脱贫攻坚战夯实贯彻新发展理念示范区建设基础的意见》(黔党发〔2018〕23号),2018年11月7日。

陆汉文、黄承伟主编《中国精准扶贫发展报告(2019)》,社会科学文献出版社,2020。

鲁静芳、周永芬:《农民视角下产业扶贫存在的问题及对策——以长顺县白云山镇为例》,《乡村科技》2020年第7期,第46~47页。

王伟、孙学文等:《多管齐下激发农村贫困群体脱贫致富的内生动力》,《南方农业》2020年第2期,第100~101页。

# 理念创新篇

Theoretical Innovation Reports

## B.13
## 毕节建设贯彻新发展理念示范区初探

吴　杰*

摘　要：　毕节试验区建设30多年来，围绕试验区“三大主题”，在脱贫攻坚、生态环境、人口控制方面均取得了很大成效。按照习近平总书记“把毕节试验区建设成为贯彻新发展理念的示范区”的指示精神，本文根据试验区现状分析，提出了构建区域城乡融合发展新格局、加强生态文明建设、推进人力资源开发、推动体制机制创新等一系列对策和措施建议。

关键词：　新发展理念示范区　城乡融合发展　生态文明　人力资源开发

1988年6月，国务院批准建立毕节试验区，30多年来，毕节试验区围

* 吴杰，贵州省社会科学院区域经济研究所副研究员，主要研究方向为农村区域发展。

绕“开发扶贫、生态建设、人口控制”三大主题，扶贫开发成效显著、生态环境明显改善、人口数量控制和人力资源利用同比提升。在毕节试验区发展30周年之际，习近平总书记对试验区工作专门做出重要指示，“要尽锐出战、务求精准，确保按时打赢脱贫攻坚战，做好同2020年后乡村振兴战略的衔接，着力推动绿色发展、人力资源开发、体制机制创新，努力把毕节试验区建设成为贯彻新发展理念的示范区”①。习近平总书记的重要指示，体现了党中央对毕节试验区的高度关怀，也为毕节指明了前进方向。

## 一　毕节试验区发展现状

### （一）取得的成效

1. 脱贫攻坚取得新胜利

1987年，毕节市贫困发生率高达56%，按照2011年标准，全市贫困人口250.05万人，贫困发生率35.05%，2020年，随着威宁、纳雍、赫章三个扶贫工作重点县顺利实现脱贫摘帽，毕节市7个国家级贫困县（区）全部出列，1981个贫困村全部按照国定标准出列。探索了精准扶贫“四看法”指标体系，建立了“市领导联县、县领导包乡镇、乡镇领导包村、村支‘两委’遍访到户”工作机制，实现建档立卡贫困户政策内参保率、贫困户家庭医生签约服务率均达100%，义务教育阶段辍学学生实现动态清零，农村人口安全饮水问题基本解决。

2. 生态建设实现新改善

1988年以前，毕节水土流失面积占国土面积的62.7%，水土流失严重，生态环境恶化，旱、涝、风、雹等自然灾害频发。经过30年的探索，全市实践总结出“五子登科”立体生态建设模式，以特色经果林、森林旅游、

① 《习近平对毕节试验区作出重要指示》，人民网，2018年7月19日，http://cpc.people.com.cn/ni/2018/6719/c64094-30158738，最后检索日期：2022年2月20日。

林下经济为“三大支撑”的林业生态产业发展格局基本形成。森林覆盖率从1988年的14.94%提高到2020年的60%，城镇污水处理率、垃圾无害化处理率均达92.5%，规模以上单位工业增加值能耗大幅下降，中心城区和县城环境空气质量优良天数比例达97%以上，省控以上断面水质和县城以上集中式饮用水源地水质100%达标，国控、省控河流断面水质优良比例达100%，生态环境质量不断提升，实现生态、经济、社会效益协调全面提升。

3. “人口压力”向“人力资源红利”转变

试验区着力人口控制，推进素质提升，人口自然增长率从19.9‰下降到6.2‰，人均受教育年限从3.6年提高到8.6年。作为拥有900多万人的大市，毕节一直是贵州劳动力重要输出地，外出务工人数近200万人，人力资源规模不断扩大，具有丰富的人力资源红利优势。

4. 综合实力不断增强

全市地区生产总值从1987年的17.85亿元增加到2020年的突破2000亿元，提高了100倍以上；城镇常住居民人均可支配收入从697元提高到34820元，农村常住居民人均可支配收入从317元增加到11210元，分别增长了49倍、34倍。

5. 基础设施不断完善

全市铁路运营里程达538公里，毕节飞雄机场直飞21个城市、通达134个城市，威宁机场开工建设。实现建制村通沥青路、水泥路和“组组通”硬化路，建成夹岩水利枢纽及黔西北供水工程，实现“县县有中型水库”，基本实现“乡乡有稳定水源”。电网、通信等保障加速完善，电力装机客容量达1470万千瓦，行政村实现光纤和4G网络全覆盖，5G基站建成规模居全省前列。

## （二）存在的主要问题

1. 发展不平衡不协调

区域之间、城乡之间发展不够协调，东部两县（金沙县、黔西县）发展较快，西部三县（纳雍县、威宁自治县和赫章县）仍属于深度贫困县。

城乡发展不协调，城乡收入比约为3.1∶1。

2. 产业能级不高

农业产业“小、散、弱”情况普遍，机械化程度低，设施农业少，传统农作物仍以玉米种植为主，经济作物少，农业附加值不高。工业化水平低下、竞争力弱，以资源采掘业以及对资源工业高度依赖的电力工业为主。服务业行业结构不够合理，金融、物流和信息技术等生产性服务业发展速度较慢，文化旅游、健康等生活性服务业未充分发挥优势。三次产业现代化程度较低，传统产业转型慢，新动能成长不快，经济质量和效益不高，新兴特色产业尚未形成规模。

3. 生态保护仍需强化

毕节属于典型的喀斯特岩溶山区，总体上生态比较脆弱，平地少、坡耕地多，喀斯特地貌占总面积73%以上，曾被联合国教科文组织定为不适宜人类居住的地方，生态保护任务比较艰巨。虽然森林覆盖率已达56.13%，但森林质量不高，乔木林和竹林面积仅占森林面积的58.11%，仍有244.6万亩25度以上陡坡耕地和15～25度重要水源地坡地耕地需要退耕还林，4984平方公里石漠化面积需要治理，工程性缺水问题突出，基础设施和生态环境主要指标与全国平均水平仍有很大差距。

## 二　措施和对策

### （一）着力构建区域城乡融合发展新格局

1. 实现巩固拓展脱贫攻坚成果与乡村振兴有效衔接

坚持确保“四个不摘”，稳定脱贫政策延续、资金不减、驻村不撤、结对不散。大力推进易地扶贫搬迁后续扶持“五个体系”建设，确保移民搬得出、稳得住、逐步能致富。实施农村产业提升发展工程，不断完善群众与产业利益联结机制，确保农村群众稳定增收。发挥统一战线支持毕节发展的制度优势，用好毕节与深圳、广州协作平台，建立扶贫协作长效机制，不断深化帮扶内涵。全力推进返贫致贫防治，严格实施脱贫户和边缘户动态监测和“两不愁三保障”常态筛查整改，严格落实控辍保学“双线”责任制、“七长”负责制、“三重医疗”保障，不断完善特殊群体扶贫救助制度。做好机制衔接，在保障脱贫成果巩固的前提下，有序将组织领导、驻村帮扶、资金投入、金融服务、社会参与、责任监督、考核评估等攻坚机制沿用到乡村振兴。做好政策衔接，按期取消危房改造、特惠贷等脱贫攻坚阶段性政策，将基础设施、公共服务、人居环境整治、控辍保学、社保兜底、医疗扶贫等政策措施纳入乡村振兴的人力开发和民生政策，将产业扶贫、扶贫就业车间、公益性岗位扶贫、务工扶持等产业和就业政策整合纳入产业振兴常规性政策，确保做好扶贫资产后续经营管理。分梯次推进战略衔接，发展较好区县率先从脱贫攻坚过渡到乡村振兴，形成引领示范，深度贫困县先巩固再过渡。

2. 深入推进山地特色城镇化

打造“一核一圈一极三轴多点”城镇体系，建强城镇体系主核，全面推进七星关、金海湖、大方同城化发展，以赫章、纳雍、织金、黔西、金沙为节点，围绕七星关—金海湖—大方主城区打造一小时经济圈，以威宁县城为增长极，带动发展示范区西部城镇。以杭瑞—毕威高速、贵毕高速、夏蓉高速为三条轴线，带动发展沿线城镇。契合发展需要，加快黔西县、织金县、金沙县撤县设市以及大方县撤县设区，进一步完善金海湖新区和百里杜鹃管理区行政管理体制，推进重点镇财政与规划扩权，推动非县级政府驻地特大镇设立镇级市。加快各区县城市新区建设，全力拓展城市空间。加快推进城市“双修”与城市微更新，统筹建设海绵城市、花园城市、智慧城市，助力推进“五城同创”。实施小城镇项目配套提升工程，进一步强化小城镇服务功能。大力强化城镇产业支撑，依托“毕水兴”经济带打造资源产业走廊，依托“成毕贵”综合经济带打造新兴工业走廊，依托主城区交通枢纽打造黔滇川商贸物流中心，深入推进小城镇“镇园融合”。优化提升城镇风貌，充分彰显示范区红色文化和民族文化底蕴。以卫生、教育、文化为重点，强化建设县乡村三级公共服务设施网格，重点完善农村广覆盖、有质量的乡村学前教育和义务教育体系。加大财政支持，大力缩小乡村卫生、文化、教育人才待遇差距。深化户籍制度改革，以易地扶贫搬迁移民融入为突破口，消除农业转移人口在城镇定居的户籍制度门槛和公共服务差异，强化示范区人力开发和相对贫困治理的公共服务保障。

3. 深入推进美丽乡村建设

提升建设农村基础设施，加快推进通村公路安防工程和乡（镇）、村级公路升级改造为重点的“四好农村路”建设，全力推进新一轮农网改造升级，深入完善农村饮水基础设施建设，加强农村水利建设，加快农村信息基础设施提质升级，加快推进美丽乡村平安工程。不断优化村容村貌，加强传统村落和特色民族村寨保护，开展田园建筑示范和亮丽农庄建设，保护传承各具特色的民居、民宿原生形态，建成一批富美宜居新村和乡村休闲旅游田园综合体，打造一批建设美、经营美、传承美“三美同步”的乡村样板和全国改善农村人居环境示范村。强化农村人居环境整治，大力开展农村庭院、厕所、圈舍卫生治理，加快推进乡村绿化美化“千村示范万村推进”工程，分类推进农村“厕所革命”，全面推进农村垃圾治理，强化垃圾分类，加快建立标准化、规范化、专业化农村垃圾收运管理体系。

## （二）加强生态文明建设

1. 推进生态保护修复

严守生态保护红线，深入实施大生态战略行动，实施森林质量提升工程，加强封山育林，扩大森林资源总量，提升林木资源生态、经济功能。支持地方公益林转为国家公益林。继续实施退耕还林还草，将25度以上坡耕地、严重石漠化耕地、重要水源地15～25度坡耕地、陡坡梯田和严重污染耕地继续纳入扩大退耕还林还草范围，巩固退耕还林还草成果。坚持节约优先、保护优先、自然恢复为主，支持生态保护红线勘界定标、保护修复和监管平台建设，健全耕地、森林、草原、河湖休养生息制度。推广乌蒙山国家试点工程经验，重点推进石漠化区、采空区、沉陷区、水土流失区治理修复，增强生态系统服务功能。全面推行河长制、湖长制，推进河湖、湿地生态系统恢复与治理，支持草海加快国家山水林田湖草生态保护修复工程试点建设。扎实推进耕地轮作休耕试点，开展国土绿化行动。

2. 开展环境综合治理

持续推进河湖“清四乱”专项行动，加大乌江、赤水河、北盘江、六冲河、三岔河、牛栏江－横江等流域水系综合治理，加强饮用水源保护。全面推进入河排污控制红线管理，加强入河排污口监管排查，深入实施入河排污口排查整治专项行动，全面开展县级以上城市建成区黑臭水体综合治理。围绕大气环境质量提升，全面实施城市空气质量达标管理，严格控制挥发性有机物和氮氧化物排放总量，加强建筑施工工地扬尘、道路运输扬尘污染防治，开展“散乱污”企业综合整治，加强机动车污染防治和非道路移动源的污染防治，严控机动车尾气污染。打好净土保卫战，严格控制土壤污染来源，全面建立土壤环境质量监测点位，全面开展污染场地排查，建立污染场地清单数据库，实施土壤环境分级分类管控，积极开展污染土壤治理与修复试点示范，加强农业面源污染综合防治，有效开展重金属重点行业污染防治。

3. 大力发展绿色经济

充分发挥能矿资源优势，推动能源开发利用绿色低碳发展。因地制宜发展风力发电，积极开发利用太阳能，加快煤层气勘探、开发和综合利用，大力发展锂电池，推动生物质能开发利用，探索发展氢能。建设织金、纳雍、金沙等2亿立方米级煤层气抽采规模化矿区，加快威宁等县新能源产业扶贫基地建设。大力推进煤电清洁高效利用，加快煤电一体化，推广应用洁净燃煤技术。加快煤矿整合、改造和扩容升级，发展大型煤炭企业（集团），提高产业集中度、机械化水平和煤炭回采率。积极发展煤炭深加工，加快煤矸石、煤泥、矿井水等资源综合利用开发，加快推进威赫660MW超临界循环流化床燃用高硫无烟煤发电示范项目建设。大力发展绿色制造业，积极发展绿色产品、绿色工厂、绿色园区和绿色供应链，加快推进磷煤化工、特色食品等优势传统行业绿色化改造升级，大力发展大数据电子信息产业、先进装备制造业、生物医药业等新兴产业，加快建设电子信息制造业基地、先进装备制造业基地和生物医药基地。大力发展现代山地特色高效农业，发展茶、蔬菜、食用菌、马铃薯、中药材、特色经果、生态畜牧等优势特色产业，发展高效节水农业，开展农业清洁生产，加大农药、饲料、兽药有害残留治理，广泛开展农药废弃包装物、废旧农田残膜废弃农膜和肥料包装物回收利用，加快推进秸秆粉碎还田、秸秆生物质发电，积极开展畜禽粪污综合治理利用。大力发展山地文化旅游业，全面提升“洞天福地·花海毕节”品牌形象，构建“快旅慢游”服务体系，打造国际知名山地文化旅游目的地和休闲度假胜地，打造“磅礴乌蒙”美丽高速画廊。大力发展大健康服务、现代物流、绿色金融等现代服务业，积极培育服务业新业态、新模式，建构现代服务业体系。

## （三）推进人力资源开发

1. 加强人才引进

健全领导干部联系高层次人才制度，创新采用直接和间接模式引进高端人才。支持引进民主党派高层次人才，建立民主党派高层次人才合作示范基地。推进发达地区对接帮扶，与发达地区共建人才引进培育基地。鼓励国家“百人计划”“西部之光”“博士服务团”“新世纪百千万人才工程”等人才向示范区流动。支持双一流高校、高端智库加强与示范区合作交流，推进双一流高校院士专家、学术带头人进驻示范区。支持设立“候鸟”人才工作站，在种业、制造、化工等重点领域建设国家级专家服务基地。支持设立高层次人才引进专项基金，支持毕节定期举办“中国（毕节）人才交流会”。

2. 加快高素质人才建设

支持设立博士后流动站和工作站，推进博士后创新创业基地。推进毕节与中国科学院、中国工程院、中国社会科学研究院等科研机构以及国内著名高校、医疗机构开展合作，建设高层次人才创新创业示范园区。建设“中国（毕节）技能人才综合发展基地”，建成全国一流水平的技能人才培育综合体。鼓励企业建立首席技师制度，建立“大国工匠”工作室（基地）。推动国内一流农业类高校对口帮扶培养马铃薯、蔬菜、中药材等特色产业专业人才，建立农业技术培训基地和农业专家培育工作室。加强与发达地区技能培训合作，打造区域技能人才培训高地。支持职业教育产教融合，建设国家级重点技师学院（基地）。支持毕节建设示范区青年创新创业合作示范基地，建设创新创业新平台。

3. 全面提高人力资本

提升高等教育水平，加强研究生联合培养和博士后创新实践基地建设。完善职业教育体系，加快职教城规划建设，支持创建一批国家级省级中高等职业学校，依托国企加快引企入校和建设实训基地，打造欠发达地区职业教育中心。开展与国际高端职业教育机构的深度合作，建设集继续教育、职业培训、老年教育等功能为一体的社区学院。加强与广州市、深圳市人才交流、劳务协作，联动泛珠三角地区教育、医疗、科技资源，支持与泛珠三角地区联合共建高端科研院所、大学和职业技术学院。鼓励企业设立技能培训中心、高技能人才培训基地、技能大师工作室、技能实训基地。完善跨省跨境培养培训合作机制，建立培养培训基地（中心）。加强农民工、退役军人、就业困难人员、高校毕业生等重点人群职业技能提升，推进劳动力职业技能培训全覆盖。加强数字人才培养、数字技能培训，推进数字人力资源开发基地建设。加快建立劳动者终身职业技能培训制度，支持毕节制定职业技能鉴定规定，推动一技一能劳务输出。

4. 优化人力资源发展环境

健全人才开发投入机制，设立就业创业扶持基金，推进全国后发地区“人才资源改革示范区”建设。合理调整最低工资标准，完善技术和管理要素参与分配的机制。加快西部人力资源服务产业园，引进高端人力资源服务机构，允许外商独资人力资源服务机构在示范区设立总部或分支机构。支持毕节社会保险公共服务平台优先接入国家统一平台，为各类人才提供优质均等的就业和社会保障公共服务。加快建设智慧人社，建设覆盖大数据网络化渠道的“智慧咨询”服务平台。

## （四）着力推动体制机制创新

1. 深化要素市场化配置改革

推进农村集体建设性用地和宅基地直接入市，推动不同产业用地类型合理转换，探索增加混合产业用地供给。开展农村宅基地制度改革试点，深入推进建设用地整理，完善城乡建设用地增减挂钩政策。开展矿产资源统一确权登记，支持属于省级发证的采矿权由示范区组织招拍挂出让。建立矿产资源储量定期调查评价制度，鼓励矿山企业和社会资金投入风险勘查。有序推进电力市场改革，放开竞争性环节电力价格。支持产业基地、产业园区、经济开发区开展大用户直供电和纳雍县开展增量配电业务试点。鼓励社会资本参与组建毕节售电公司。推进开放电网公平接入机制创新，有序推动可再生能源、节能降耗和资源综合利用机组上网。推动跨省区电力交易。加快培育数据要素市场，支持构建农业、工业、交通、教育、安防、城市管理、公共资源交易等领域规范化数据开发利用的场景。

2. 创新投融资体制机制

积极引进股份制、外资金融机构，大力发展为地方企业服务的金融机构。推动一批绿色低碳产业企业挂牌上市，支持企业开展境外发债和境外上市。稳步推进基础设施证券化，鼓励设立绿色发展基金，探索建立以中心镇为主要投资方向的股权投资基金。支持发展绿色负债产品，丰富保险产品体系。积极开展科技金融、碳金融创新业务，培育发展金融租赁、融资租赁、消费金融、商业保理等金融服务业。加快推进农村产权确权颁证和交易体系建设，促进农村土地、资产、金融等资源要素流动。加强军民融合金融支持。建立完善绿色金融风险预警和企业授信总额主办行管理机制，强化金融风险处置协作，实现风险监管全覆盖。围绕排水管网、乡镇污水处理设施、城乡道路、交通枢纽、水利基础设施等领域，加大政府投资力度。围绕保障性安居工程、收费公路、污水垃圾处理等领域，鼓励通过发行专项债券予以资金支持，通过 PPP、设立引导基金等方式，积极引入社会资本参与投资运营。围绕产业发展、非基本公共服务、燃气电力等自然垄断行业的竞争性环节，激发民间投资活力。

3. 完善生态环境保护制度

健全国土空间规划体系和用途管控制度，支持开展全国山水林田湖草生态保护修复工程试点。积极推进林权抵押贷款，探索启动“返本捐息”式定向融资计划，创新生态融资模式。建立自然资源资产产权制度，建立统一的确权登记系统和权责明确的产权体系。全面开展生态产品价值实现机制试点，支持设立全国性生态产品交易机构，建立财政转移支付额度与生态产品价值挂钩机制。全面推进单株碳汇交易，支持岩溶碳汇试点。探索要素生态化配置改革，推进“互联网 + 绿色生态”建设。完善用能权、碳排放权、排污权、水权等交易制度，开展排污权交易试点，先行先试行业间排污权交易。深化河（湖）长制，开展工业园区和有条件居住区“污水零直排区”试点建设。健全环境污染第三方治理机制，试点推进“环保管家”制度。建立土壤突发环境事件预防预警工作协调机制，探索建立土壤污染防治基金。完善固体废物全过程管理制度，推进“无废城市”建设。健全农村环境保护长效机制，防治城市污染向农村扩散。推进风险全过程管理，建立环境事故处置和破坏赔偿恢复机制。探索建立有利于培育形成绿色生活方式的体制机制，建立健全环保信用评价、信息强制性披露、严惩重罚等制度。完善生态文明绩效评价考核和责任追究制度。探索建立生态文明市场化机制和“横向 + 纵向 + 市场化”的生态补偿机制，扩大生态补偿范围。依托重点生态功能区开展生态补偿示范区建设。继续推进赤水河生态补偿试点工作，健全乌江、赤水河流域环境资源补偿制度，建立健全重点跨界河流上下游污染补偿机制。实施威宁自治县国家生态综合补偿试点。建立矿区生态环境恢复补偿机制，逐步使矿区环境治理步入良性循环。完善自然保护区的生态补偿机制，提高补偿标准。完善生态公益林补偿机制，提高补偿标准。探索商品林赎买制度，实施重点生态区位人工商品林赎买改革试点工程。编制市级自然资源资产负债表，完善自然资源价格形成机制。

## 参考文献

《习近平对毕节试验区工作作出重要指示》，人民网，http：//people. com/ni/2018/0719/c64094 - 301587，最后检索日期：2022 年 2 月 20 日。

《2020 年毕节市人民政府工作报告》，http：//www. bijie. gov. cn，2020 年 1 月 17 日，最后检索日期：2022 年 2 月 20 日。

《中共毕节市委关于制定毕节市国民经济和社会发展第十四个五年规划和二〇三五年远景目标的建议》，http：//bjscx. bijie. gov. cn，2021 年 1 月 14 日，最后检索日期：2022 年 2 月 20 日。

《中共贵州省委关于制定贵州省国民经济和社会发展第十四个五年规划和二〇三五年远景目标的建议》，《贵州日报》2020 年 12 月 14 日。

# B.14

# 2020年毕节试验区生态文明发展报告

颜 强 柳嘉佳*

**摘 要：** 根据生态文明建设的相关要求，本文在对毕节试验区进行实地走访调研的基础上，对“十三五”以来毕节试验区生态文明建设情况进行比较分析，系统总结毕节试验区生态文明建设的主要建设成效以及存在的问题。同时，结合国内外生态文明建设的先进经验，为“十四五”时期毕节试验区生态文明建设高质量发展提出对策建议。

**关键词：** “十三五” 生态文明建设 毕节试验区

毕节试验区位于贵州省西北部，是四川、云南、贵州三省的交通要道，位于长江和珠江上游，是重要的水利枢纽。同时毕节试验区还被称为贵州屋脊，是长江和珠江上游重要生态屏障区域，生态地位十分突出。毕节试验区具有非常典型的喀斯特地质地貌，水土流失、石漠化问题依然严峻，面临着巨大的生态建设挑战。① 因此推动生态文明建设高质量发展，对毕节试验区构建功能完备的生态安全体系、打赢脱贫攻坚战和实现乡村振兴都具有十分重要的意义。

“十三五”时期，毕节试验区在党中央、国务院和贵州省委、省政府的

---

* 颜强，贵州省社会科学院工业经济研究所助理研究员，主要研究方向为生态经济、制度经济学；柳嘉佳，贵州省农业科学院草业研究所研究实习员，主要研究方向为植物生态学。

① 徐锡广：《西南喀斯特岩溶地区生态建设可持续发展的对策研究——以毕节试验区为例》，《辽宁行政学院学报》2019 年第 4 期。

关怀下大力推进生态文明先行示范区建设，牢牢守住生态和发展两条底线不动摇，坚定不移走“生态优先、绿色发展”的可持续发展道路，在不断推进经济社会高质量发展的同时实现生态环境高质量保护。[①] 本文在系统梳理总结毕节试验区生态文明建设中取得的显著成绩的同时，也为“十四五”时期试验区的生态文明建设高质量发展提供重要的支撑。

## 一 生态建设成效显著

### （一）“十三五”以来生态建设现状

1. 林业生态建设情况

由表1可见，2019年毕节市森林面积是155.73万公顷，新增森林面积达到5万公顷，当年营造林面积为8.33万公顷，森林覆盖率达56.45%。活立木蓄积量为5872万立方米，比2018年增长312万立方米，活立木蓄积量逐年增加。石漠化治理面积达到169.82平方公里，比2018年超出9.6平方公里，再创历史新高。同时可以看出“十三五”以来试验区的森林面积、森林覆盖率、活立木蓄积量4年内分别增长了15.33%、12.27%、107.87%，年均增长率分别为5.01%、3.07%、26.97%，森林资源主要三个指标实现共同增长，将为毕节试验区的生态建设打下牢固基础。

**表1 “十三五”时期毕节试验区森林资源情况**

| 年份 | 森林覆盖率(%) | 森林面积(万公顷) | 新增森林面积(万公顷) | 当年营造林面积(万公顷) | 活立木蓄积量(万立方米) | 完成石漠化治理(平方公里) |
|---|---|---|---|---|---|---|
| 2016 | 50.28 | 135.03 | 6.02 | 11.98 | 2824.81 | 126.06 |
| 2017 | 52.81 | 141.80 | 6.77 | 12.52 | 4798 | 165.71 |
| 2018 | 56.13 | 150.73 | 8.93 | 8.59 | 5560 | 160.22 |
| 2019 | 56.45 | 155.73 | 5.00 | 8.33 | 5872 | 169.82 |

资料来源：毕节市2016~2019年《国民经济和社会发展统计公报》。

① 周赟：《加强生态文明建设 全面推进绿色发展》，《毕节日报》2020年12月30日。

2. 水土保持综合治理情况

2019 年全市通过实施水土流失治理项目，累计完成治理面积 9327 公顷。从表 2 可以看出，经果林、实施封禁治理、保土耕作三个项目的治理效果最为显著，面积最大，分别为 1416 公顷、3061 公顷、4512 公顷，占比分别为 15.18%、32.82%、48.38%，此三个项目的实施在试验区水土保持方面发挥重要作用。但实施坡改梯与营造水土保持林的治理面积较小，占总治理面积的比重也较小，相应的治理效果不够明显，今后“十四五”工作中应当更加重视这方面的工作，补齐短板。

**表 2　2019 年毕节市水土流失防治情况**

| 水土流失治理项目 | 面积(公顷) | 占比(%) |
| --- | --- | --- |
| 水土流失治理 | 9327 | |
| 实施坡改梯 | 248 | 2.66 |
| 营造水土保持林 | 90 | 0.96 |
| 经果林 | 1416 | 15.18 |
| 实施封禁治理 | 3061 | 32.82 |
| 保土耕作 | 4512 | 48.38 |

资料来源：毕节市生态环境局：《毕节市 2019 年生态环境状况公报》。①

3. 环境空气质量状况

“十三五”时期，毕节试验区环境空气质量全部达到二级标准。其中 2019 年二氧化硫年均浓度为 9 ug/m³，相比 2016 年下降 8 ug/m³；2019 年二氧化氮年均浓度为 17 ug/m³，相比 2016 年下降 6 ug/m³；2019 年一氧化碳第 95 百分位数为 1.0 mg/m³，相比 2016 年下降 0.6 mg/m³；2019 年臭氧滑动 8 小时第 90 百分位数为 124 ug/m³，相比 2016 年上升 10 ug/m³；2019 年可吸入颗粒物年均浓度为 38 ug/m³，相比 2016 年下降 6 ug/m³；2019 年细颗粒物年均浓度为 26 ug/m³，相比 2016 年下降 4 ug/m³②（见表 3）。

① 毕节市生态环境局：《毕节市 2019 年生态环境状况公报》。

② 毕节市生态环境局：《毕节市 2019 年生态环境状况公报》。

表 3　2016～2019 年毕节市环境空气指标年均值统计

| 年份 | 二氧化硫年均浓度（ug/m³） | 二氧化氮年均浓度（ug/m³） | 一氧化碳第 95 百分位数（mg/m³） | 臭氧滑动 8 小时第 90 百分位数（ug/m³） | 可吸入颗粒物年均浓度（ug/m³） | 细颗粒物年均浓度（ug/m³） | 实达类别 | 超标污染物 |
|---|---|---|---|---|---|---|---|---|
| 2016 | 17 | 23 | 1.6 | 114 | 44 | 30 | 二级 | — |
| 2017 | 13 | 22 | 1.7 | 120 | 47 | 30 | 二级 | — |
| 2018 | 11 | 20 | 1.3 | 124 | 52 | 31 | 二级 | — |
| 2019 | 9 | 17 | 1.0 | 124 | 38 | 26 | 二级 | — |

资料来源：《贵州省 2016～2019 年生态环境状况公报》。

4. 自然保护区建设和湿地保护情况

2019 年，毕节试验区共建成 10 个自然保护区，总面积为 53932.4 公顷，占全试验区总面积的 2.01%。其中，草海自然保护区为国家级自然保护区，占地面积达 12000 公顷，共有国家一级鸟类 7 种。还有 2 个省级自然保护区和 7 个县级自然保护区，面积分别为 21067.3 公顷、20865.12 公顷，分别占全试验区面积的 0.8%、0.78%，共有 315 种国家野生动物，还有 42 种珍稀或濒危植物。①

## （二）主要指标在贵州省的占比情况分析

1. 森林资源指标稳中提升

“十三五”以来，在全市人民的共同努力下，森林建设取得优异的成绩。如表 4 所示：森林覆盖率指标上，2016 年全市森林覆盖率是 50.28%，2019 年达到 56.45%；森林面积指标上，全市森林面积总量稳步上升，2019 年增长至 155.75 万公顷，四年来占全省森林面积平均比重为 14.77%；当年营造林面积指标上，2019 年，全市营造林面积为 8.33 万公顷，2016～2019 年四年来占全省营造林面积的平均比重为 25.41%；2016～2019 年全市活立木蓄积量逐年增加，在全省的占比总体上也在增加，2018 年占比达 11.97%，为历年最高。

① 毕节市生态环境局：《毕节市 2019 年生态环境状况公报》。

表4 毕节市2016～2019年森林资源在贵州省的占比情况

| 年份 | 森林覆盖率(%) | | | 森林面积(万公顷) | | | 当年营造林面积(万公顷) | | | 活立木蓄积量(亿立方米) | | |
|---|---|---|---|---|---|---|---|---|---|---|---|---|
| | 毕节 | 贵州 | 差异 | 毕节 | 贵州 | 占比(%) | 毕节 | 贵州 | 占比(%) | 毕节 | 贵州 | 占比(%) |
| 2016 | 50.28 | 52.00 | -1.72 | 135.02 | 916 | 14.74 | 11.98 | 35.20 | 34.03 | 0.28 | 4.25 | 6.59 |
| 2017 | 52.81 | 55.30 | -2.49 | 141.80 | 974 | 14.56 | 12.52 | 66.67 | 18.78 | 0.48 | 4.49 | 10.69 |
| 2018 | 56.13 | 57.00 | -3.87 | 150.73 | 1004 | 15.01 | 8.59 | 34.67 | 24.78 | 0.56 | 4.68 | 11.97 |
| 2019 | 56.45 | 59.95 | -3.5 | 155.75 | 1056 | 14.75 | 8.33 | 34.67 | 24.03 | 0.59 | 5.97 | 9.88 |

资料来源：毕节市2016～2019年国民经济和社会发展统计公报，贵州省2016～2019年国民经济和社会发展统计公报，《贵州统计年鉴2019》。

2. 空气环境质量有待进一步提高

在表5中，从毕节市与其他中心城市的比较分析看，虽然毕节市空气质量达到二级标准，但仅有二氧化硫、二氧化氮和可吸入颗粒物三项指标均未超过全省平均水平，其他指标均高于全省均值，表明空气环境质量工作有待进一步加强。

表5 2019年贵州省9个中心城市空气六指标年均值

单位：$ug/m^3$

| 城市名称 | 二氧化硫 | 二氧化氮 | 可吸入颗粒物 | 细颗粒物 | 一氧化碳百分位 | 臭氧8小时百分位 | 实达类别 | 超标污染物 |
|---|---|---|---|---|---|---|---|---|
| 贵阳市 | 10 | 21 | 47 | 27 | 0.9 | 125 | 二级 | — |
| 遵义市 | 12 | 26 | 38 | 21 | 0.9 | 125 | 二级 | — |
| 六盘水市 | 12 | 17 | 39 | 24 | 1.1 | 110 | 二级 | — |
| 安顺市 | 14 | 12 | 30 | 23 | 0.9 | 118 | 二级 | — |
| 毕节市 | 9 | 17 | 38 | 26 | 1.0 | 124 | 二级 | — |
| 铜仁市 | 4 | 21 | 52 | 31 | 1.4 | 121 | 二级 | — |
| 凯里市 | 18 | 23 | 36 | 26 | 1.0 | 106 | 二级 | — |
| 都匀市 | 10 | 14 | 31 | 19 | 0.7 | 115 | 二级 | — |
| 兴义市 | 5 | 14 | 31 | 20 | 0.8 | 116 | 二级 | — |
| 平均值 | 10 | 18 | 38 | 24 | 1.0 | 118 | 二级 | — |

资料来源：《2019年贵州省生态环境状况公报》。

## 二 生态文明建设主要措施与经验

### （一）筑牢绿色屏障

1. 构建森林生态体系

毕节试验区在“十三五”时期坚持以创新、协调、绿色、开放、共享五大发展理念为引领，牢固树立“绿水青山就是金山银山”的理念，深入践行社会主义生态文明观，大力推进“绿色毕节”行动。

“十三五”时期，毕节试验区全面推进荒山造林、退耕还林、天然林资源保护、森林改培、石漠化综合治理、小流域综合治理、水土保持、森林抚育、山体生态修复、战略储备林建设、山区综合开发等重点生态工程建设，森林资源总量不断扩大。2019 年毕节市森林覆盖率为 56.45%，森林面积为 155.73 万公顷，新增森林面积达到 5 万公顷，当年营造林面积 8.33 万公顷。毕节试验区活立木蓄积量 5872 万 $m^3$，比 2018 年增加 312 万 $m^3$，活立木蓄积量再创历史新高。完成石漠化治理达到 169.82 平方公里，比 2018 年超出 9.6 平方公里，再创历史新高。在绿色贵州三年行动考核中毕节试验区开展的“绿色毕节行动”获得“优秀”等次，在全省率先实施“林长制”，实现市、县、乡、村四级林长无死角全覆盖，为森林资源的保护与建设提供有力的组织保障。

2. 发展林业产业体系

“十三五”期间，毕节市加快构建绿色生态经济体系，通过产业的优化升级为大生态战略实施提供有力支撑。毕节试验区共建成 3 个省级育苗示范基地、10 个市级保障苗圃，面积达 8004 亩，还建成产苗 4.21 亿株的花卉苗木基地，面积达 29324.2 亩。2019 年，毕节试验区经济林面积为 581.59 万亩，新增经果林面积 384.03 万亩。大力实施乡村旅游扶贫工程，着力发展旅游观光、养生养老、创意农业、农耕体验等产业，推进田园综合体建设，促进农村繁荣、农民富裕。

3. 繁荣城市生态文化

坚持以绿色理念规划，在实施乡村振兴战略的同时，充分利用毕节试验区原有的山水林田湖草等自然景观，实现城镇建设与美丽乡村建设的有机统一。“十三五”期间，毕节试验区 50 个村被国家林草局授予“国家森林乡村”称号，建成 7 个省级森林城市、42 个省级森林乡镇、157 个省级森林村寨、961 户省级“森林人家”。省政府批复同意命名毕节市为贵州省园林城市，黔西县成功创建“省级园林县城”，擦亮了毕节生态建设名片。

4. 守住天蓝水清底线

“十三五”时期，毕节试验区认真践行新时代生态文明发展理念，大力推动实施“双十”污染治理工程，全面开展“蓝天”“碧水”“净土”三大保卫战及系列攻坚行动计划，全力推进环境治理各项工作，试验区生态环境质量总体稳定。

2019 年，七星关、大方、黔西、金沙、织金、纳雍、威宁、赫章环境空气质量优良天数比例分别为 97.0%、99.2%、98.3%、98.4%、98.9%、98.3%、100%、99.7%，同比分别上升 0.3%、0.3%、0.2%、2.2%、0.3%、3.8%、0.8%、2.5%，8 个县（区）各项环境监测指标均达到二级标准，试验区无酸雨出现①。

2019 年试验区 55 个地表水河流监测断面全部达标，水质总体为优；试验区监测的 264 个千人以上乡镇集中式饮用水源地也全部达到地表水Ⅲ类以上标准。

## （二）创新绿色机制

“十三五”时期，毕节试验区在习近平新时代中国特色社会主义思想的指导下，全面贯彻落实党的十八大、十九大精神，习近平总书记 2017 年 10 月 19 日参加党的十九大在贵州省代表团的重要讲话及 2018 年 7 月 18 日对

① 周赟：《加强生态文明建设　全面推进绿色发展》，《毕节日报》2020 年 12 月 30 日。

毕节试验区工作的重要指示精神，认真践行习近平总书记生态文明思想，将其与贵州省“大扶贫、大数据、大生态”三大战略行动相结合，破除生态文明建设中的体制机制障碍，创建新的体制机制，取得了可供在贵州其他地区乃至全国借鉴的经验。

“十三五”时期，毕节试验区创新建设生态补偿机制。着手争取从国家层面建立生态补偿基金，以对长江流域、珠江境内流域地区进行生态补偿，同时利用市场机制进行调节补偿，争取在省内将毕节列为碳汇交易试点市，构建排污权有偿使用和交易工作体系，发挥市场在资源配置中的决定性作用，推动地区之间利用市场机制对资源进行优化配置。

“十三五”时期，毕节试验区创新生态保护管理机制。推行重点流域“河长制”管理和饮用水源保护行政首长负责制，对境内河流和水源地实行有效的责任管制制度；建立规范的环评审批制度，加强项目环境管理；优化执法监管方式，严厉打击违法行为。

## 三　试验区生态文明建设面临的挑战

“十三五”期间，毕节试验区深入践行社会主义生态文明观，深入实施生态示范工程，取得令人瞩目的成就。“十四五”时期毕节试验区在生态文明建设高质量发展方面也面临严峻挑战。其主要有以下几个方面。

### （一）生态修复任务艰巨

截至2019年，毕节森林覆盖率为56.45%，低于全省森林覆盖率平均水平59.95%达3.5个百分点，且2016~2019年差距在逐步拉大。全市森林面积总量为155.75万公顷，四年来占全省森林面积平均比重为14.77%；2019年当年营造林面积为8.33万公顷，占全省营造林面积的比重为24.03%；活立木蓄积量达0.59亿立方米，占全省活立木蓄积量的比重达9.88%。但是2019年森林面积总量、当年营造林面积、活立木蓄积量占全省比重均低于2018年占全省比重。同时，毕节试验区林业生态建设还存在森林资源总量不足、用材林林分质量不高等问题。因此，毕节的生态环境依旧脆弱，人口资源环境的压力未能出现较大减轻，生态修复面临的任务复杂而艰巨。

### （二）体制机制不够健全

生态文明建设长足发展必须要立足于一套完善的考核奖惩机制，目前毕节试验区的考核机制还存在一些不健全、不完善的地方。比如生态环境保护指标在政府的政绩考核体系当中所占权重不足。针对循环经济、生态修复、环境公益诉讼、生态补偿等重点领域监管不足的问题，制定并实施严格的地方法规是推进试验区生态文明建设高质量发展的重要法律保障。另外，要加快建设推动排污权交易、绿色信贷、环境责任保险等领域的体制机制，推动这些仍处于探索与试点阶段的工作又好又快发展，为试验区生态文明建设高质量发展保驾护航。

### （三）生态文化体系滞后

当前大部分干部群众的生态价值观、生态政绩观尚未形成，自觉保护生态环境的意识和主动性还不强，在民间也尚未形成代表公众环境利益与生态文化诉求的公益性社会活动力量。还有在乡村振兴示范点建设过程中，优先建设基础条件相对较好的乡村，对生态宜居的关键目标认识不足，从而导致乡村振兴示范点建设在森林覆盖率、村庄绿化覆盖率等关键生态宜居指标上还有一定的差距。这些绿色发展过程中存在的诸多不足，是毕节试验区今后“十四五”时期开展乡村振兴战略时的重要奋斗目标。

### （四）生态建设资金短缺

毕节地处长江、珠江上游，为两江下游地区生态安全做出了重要贡献，生态地位十分突出，但是由于其纳入国家重点生态功能区规划地域范围较小，争取到的国家层面上的生态补偿资金数量较小。因此，如何筹集足够的生态建设资金用于解决生态环境压力大、任务重的问题，是“十四五”时期推动毕节试验区生态文明建设高质量发展的关键。

## 四 对策建议

### （一）多举措加强生态环境修复

1. 加强生态环境治理和保护修复

坚持山水林田湖草系统治理，依托县乡村造林绿化、退耕还林工程、石漠化综合治理，扩大天然林保护范围，以期最大限度发挥工程的森林生态修复功能。同时，在石漠化和水土流失严重的地区，重点布局防护林建设和种植结构调整等工程，恢复森林植被，有效遏制土地石漠化趋势和减缓水土流失，改善生态环境脆弱状况，进一步提高生态环境的承载能力，促进试验区生态文明建设可持续发展。推进小水电绿色改造。强化河湖长制和林长制。

2. 实现国土空间开发绿化新突破

在资源环境可以承受的前提下，科学有序地对生态、农业、城镇等功能空间进行统筹布局，科学制定生态保护红线，制定最严格的生态环境保护制度，建立健全国土空间规划体系。继续组织开展全民义务植树活动，做到“五块地”造林绿化歼灭战，造林绿化点、线、面全面推进，有力推进国家森林城市建设，让国土绿化锦上添花。

3. 生态修复产业化经营

由于生态修复工程具有周期长、投资大的特点，应当发动和联合社会各界尤其是民间资本共同参与到生态修复工作中来，集中精力推进毕节试验区生态文明建设高质量发展。快速孵化培育试验区生态修复产业，创新发展生态修复产业化经营模式，不断延伸上下游产业链，推动生态修复市场多元化融资机制创新发展。

### （二）明确生态文明建设政治责任

1. 严格落实政治责任

各县区党委、政府要将生态文明建设纳入政府考核机制，划定红线，压实各相关部门对业务工作内的环境保护的直接领导责任。同时制定生态环保指标并将其纳入对县（区）党政领导班子工作的考核中，并在实绩考核中不断调整和优化评价办法。不断完善相应的考核指标体系，并对任期内发生过重大环境破坏和重大环境污染事件的实行“一票否决”。

2. 建立长效监督机制

实行环保履职年度报告制度，不断加强对生态文明建设的监督。各县（区）及市直有关部门每年向市委、市政府专题报告履行生态环境保护“党政同责、一岗双责”具体情况，并进行实绩考核。完善人大、政协环保监督体制机制，县级以上人民政府每年向同级人大常委会报告生态环境环保工作，人大、政协要不断加强对各县（区）政府及其有关职能部门具体履行生态环保职责情况的监督。

## （三）深化生态文明制度文化建设

1. 加大宣传力度

生态文明建设事关所有社会成员的福祉和切身利益，因此需要全社会积极参与到生态文明建设的事业中来。政府在加大生态文明建设力度的同时，也要注重对生态环境保护舆论的引导和宣传，充分发挥官方媒体和自媒体快捷高效的宣传优势，对试验区生态文明理念和环境保护实践成果进行深入广泛宣传。如可以在“六五环境日”“贵州生态日”等重要节日，组织开展环境保护进学校、进企业、进社区等活动，深入人民群众中开展生态文明建设知识的宣传。①

2. 构建生态文明制度体系

继续推进森林生态效益补偿机制巩固完善，实施资源有偿使用和生态补偿制度，加快完善生态文明绩效评价考核，对于相关责任要明确到人。不断加强对自然保护地、生态保护红线的监管力度，并对生态系统保护成效进行实时监测评估。探索发展绿色发展价格机制。制定完善生态环境保护的各项

---

① 李胜、麻勇斌主编《贵州大生态战略发展报告（2019）》，社会科学文献出版社，2019。

法规标准制度，组织开展跨区域污染防治、环境监管和应急处置联动。在环境资源审判等方面进一步加强区域协作，不断完善生态环境遭受损害后的赔偿磋商、调解、惩戒机制。

3. 加大生态文明文化资源保护

结合毕节市红色文化和人文古迹，充分挖掘民族文化资源，极力打造以慕俄格古城彝族文化、水西古城文化、大屯土司彝族文化、可乐遗址文化等为代表的毕节民族生态文化品牌。加强民族生态文化保护和传统生态文化习俗、节庆等文化的传承和革新，增强全民生态意识，提高生态文化素养。

### （四）创新经济发展和投融资方式

1. 大力推动绿色经济发展

深入实施绿色发展理念，按照“生态产业化、产业生态化”的发展方式，培育绿色企业，依托本地特色优势，在大力推进森林旅游、森林康养和林下经济发展的同时提供更多工作岗位，增加当地农民收入。以绿色理念为引领，对重点行业和领域进行改造，持续推进绿色技术创新。

2. 实行投融资主体多元化

鉴于生态文明建设工程周期长、投资大的特点，应当改变以往以政府为主体的单一投融资模式，调动社会资金，逐步实现多元化的投融资主体和格局，鼓励社会各界资本积极参与毕节试验区生态文明建设并发挥重要作用。

3. 实行环境资源资本经营

在明确产权的基础上，探索推进有偿使用环境资源的制度和生态补偿机制，将环境资源作为一项重要资产，在市场上进行交易，破解生态文明建设过程中融资难的问题。同时在试验区有序开展排污权、水权和碳排放权交易试点工作，使得各种环境资源产权可以在市场上流通，实现环境资源的有偿使用，解决生态文明建设融资难的问题。

# B.15
# “五城同创”的毕节实践

曾 亮 邓小海*

**摘 要：** 自2017年2月毕节市正式启动“五城同创”以来，毕节结合本市实际，创新发展，通过预定目标、完善体系、指标分解、多方联动、开展宣传活动等做法，有效地推动了“五城同创”的开展。到2020年底，毕节市已成功创建“国家卫生城市”“全国‘双拥’模范城”，其他“三城”的创建也取得了很好的成效。

**关键词：** 新征程 “五城同创” 创建 毕节市

2016年12月底，毕节市第二次党代会做出“五城同创”的重大部署，即争创全国文明城市、国家卫生城市、国家园林城市、国家环境保护模范城市和全国“双拥”模范城（县）。创建内容涵盖毕节的经济建设、社会发展、文明卫生、民生保障、生态环境等各个方面，关系人民群众的生活和切身利益，是近几年毕节的重大任务。创建工作于2017年2月23日正式启动，至2020年已过三年。三年多来，在毕节市委、市政府的决策部署，各级各部门的同力配合，全体毕节人民的积极参与下，创建工作有序开展，创建成果和亮点颇多。

---

* 曾亮，贵州省社会科学院副研究员，主要研究方向为少数民族历史与文化；邓小海，贵州省社会科学院副研究员，主要研究方向为旅游经济管理、乡村旅游。

## 一 “五城同创”的毕节做法

### （一）预定目标，指明努力方向

根据毕节市第二次党代会的部署，“五城同创”的目标是“2017年成功创建国家环境保护模范城市，2020年成功创建全国文明城市、国家卫生城市、全国‘双拥’模范城（县），2023年成功创建国家园林城市”，旨在通过“五城同创”的开展，打好毕节城市建设的“翻身仗”，推动城市的“华丽转身”，加快建成川滇黔结合部区域性中心城市，真正让毕节这座城市对内更有认同感、归属感、自豪感，对外更有承载力、吸引力、感召力。①

具体的创建内容，合理的创建目标，为毕节人民指明了近几年毕节在城市建设、生态文明、环境保护、园林绿化、拥军爱民等诸多方面努力的方向，有利于凝聚人心，形成创建合力。

### （二）完善体系，高位推动创建工作

加强顶层设计和体制机制建设是“五城同创”工作顺利开展的必要前提。几年来，毕节市委、市政府高度重视，不断完善组织领导体系和制度机制体系，高位推动创建工作。

1. 完善组织领导体系

“五城同创”关系百姓福祉，关系毕节形象。毕节市委、市政府始终把“五城同创”工作作为战略任务来抓，把创建工作纳入毕节市的经济社会发展规划，纳入各级党委、政府的议事日程，高位推动创建工作。成立了由党政一把手为主要负责人的创建办。分置创建全国文明城市指挥部、创建国家环境保护模范城市指挥部、创建国家卫生城市指挥部、创建全国“双拥”模范城（县）指挥部，并分别成立创建工作领导小组，组建相关工作机构，

① 《聚焦五城同创　共建美丽毕节》，《毕节日报》2017年2月24日，第1版。

为创建工作的开展奠定了坚实的领导基础。

2. 完善制度机制体系

根据国家相关标准，结合毕节实际，编制一系列规章制度，不断完善顶层设计。如编制出台《毕节市创建全国文明城市工作推进办法（试行）》《毕节市文明社区创建工作推进会议方案》《毕节市创建全国文明城市网格化管理工作方案》《毕节市创建国家卫生城市工作规划（2018—2020 年）（草案）》《毕节市创建国家环境保护模范城市规划》《毕节市创建国家环境保护模范城市 2015—2017 年攻坚工作方案》《毕节市饮用水水源保护条例》《毕节市创建国家森林城市实施方案》《毕节市城市园林绿化管理条例》《毕节市绿线管理制度》《毕节市 2020 年市区共创全国双拥模范城攻坚工作方案》《毕节市 2020 年“双拥模范”创建活动实施方案》《关于支持部队完成战备执勤、训练演习和抢险救灾等多样化军事任务的工作方案》等。

实施“一把手”工程，树立“一盘棋”思想，实行“一竿子”问责。同时，毕节市不断完善定期考核、季度评价、年终总结等各项制度，建立创建工作长效机制。定期召开全市创建工作会议、座谈会议、领导小组会议等，听取各创建工作情况，及时解决出现的问题。建立创建工作汇报机制，各部门定期制作创建工作简报，向各级各部门展现本部门创建工作成果。适时组织召开工作推进会、专题培训会等，全面部署“五城同创”工作。完善监督机制，成立督查组，定期对“五城同创”工作的重点、难点进行督查、督办。

## （三）指标分解，压实创建责任

通过咨询专家、现场授课和实地考察等方式，深入分析测评体系的各项测评项目、测评内容、测评标准。根据毕节实际，邀请专家为“五城同创”的创建工作开展“问诊把脉”，开出良方。

各领导小组和创建指挥部研深、研透创建测评指标，对指标进行分解，细化市、区县、乡镇各级任务，压实创建主体责任，紧紧围绕“五城同创”创建标准和阶段性重点工作任务推进创建工作。

### （四）多方联动，全面推进创建工作

“五城同创”工作强化协调联动、信息沟通、资源共享，形成了各级多方联动、各部门积极配合、志愿服务、全员参与的良好创建局面，形成了有效的创建合力，为创建工作的全面推进保驾护航。例如，紧紧围绕创建指标，推进“五城同创”重头项目毕节市中心城区环境整治“19456”工程一期工程，即对倒天河、9条景观大道、4个收费站站房、5个门户窗口、6个重点片区实施重点整治①；对农贸市场、建筑工地、公共厕所、城中村和城乡接合部等重点部位和薄弱环节开展专项治理；“五小”行业（即小食品经营及加工单位、小理发美容店、小旅店、小浴室、小歌舞厅）整治；水源地涵养林种植、库区沿路绿化带建设等环境综合整治；全民健身活动的推广；城市公共绿地管护；文明言行的规范；等等。这些都需要发改、财政、卫生健康、文广、市场监管、生态环境、体育等各个部门的通力协作和积极推动。

### （五）开展宣传活动，积极引导正能量

自“五城同创”肇始，毕节市就形成政府主导、社会参与的大宣传格局，营造创建工作的良好氛围，以期人人知晓“五城同创”，人人参与“五城同创”。归纳其具体做法大致如下。

一是各宣传媒介广泛宣传，让民众看得见、听得着、想得起。《毕节日报》适时登出创建相关知识文章、工作推进文章等；毕节市人民政府门户网站专设“五城同创”“毕节市创建国家卫生城市”等专栏，及时向社会公开“五城同创”相关工作。专门开辟毕节文明网以及各县区文明网，设“创建”“典型”“资料”“志愿服务”等多个栏目；毕节试验区网专设“聚焦五城同创　共建美丽毕节”专题专栏，多角度宣传毕节市各项创建内容、

① 《“五城同创”共建大美毕节》，多彩贵州网，http：//news.gog.cn/system/2017/10/22/016174145.shtml?_ad0.4365627441563995，最后检索日期：2020年12月20日。

条件、优势和总体安排。编制《毕节市市民文明手册》《创建全国文明城市应知应会手册》《创建国家园林城市应知应会手册》《创建国家园林城市行为准则》等，印制双拥工作应知应会宣传折页，向社会发出倡议书，强化宣传力度。制作各类宣传牌、宣传展板、横幅宣传标语等，制作并发放纸巾、雨伞等创建宣传品，向广大市民进行宣传，使其自觉地参与到“五城同创”中来。

二是策划开展评选、命名等活动，调动民众参与创建的热情，引导群众崇德向善、明礼知耻。例如，在创建国家文明城市过程中，策划开展了“文明在行动·满意在毕节”等活动，开展“最美毕节人”“好邻居”“好婆媳”等先进典型的评选命名活动，大力宣传“身边好人”、“道德模范”和典型人物故事。在创建国家卫生城市过程中，开展全民健身活动，举办体育赛事，命名“卫生文明户”“卫生文明小区”等。创建双拥模范城过程中，毕节中心城区和各县区分别结合实际开展双拥一条街、双拥文化广场、双拥主题公园等各种类型的国防教育基地建设。

三是利用传统节日、节庆、纪念日等时机，开展相关活动，深化民众“五城同创”意识。通过春节、元宵节、“三八”妇女节、植树节、国际医生节、清明节、“4·23”世界读书日活动、“五一”劳动节、国际护士节、母亲节、父亲节、端午节、“六一”儿童节、“七一”建党节、“八一”建军节、“九一八”全民国防教育日、烈士公祭日、国庆节、中秋节、重阳节等节日和重要纪念日开展形式多样的活动。

四是宣传模范典型人物和事迹，如宣传“十佳最美孝心少年”、“美德少年”、“新时代好少年”、道德模范、文明家庭、好媳妇、好邻居、最美环卫工人、最美园林人、优秀退役军人、革命烈属、军民融合等事迹，树立社会良好风尚。

### （六）示范引领，模范带动创建工作

在五类国家级城市创建标准的引领下，毕节市进行各级、各类城镇示范点建设，打造相应的国家级、省级、市级城市创建示范点（单位），鼓励全

市各地结合自身实际，因地制宜开展形式多样的创建活动，鼓励探索创新和创建活动，以评促建，发挥好示范点（单位）的示范带动作用。

随着“五城同创”工作的不断深入，市、县、乡、村各级各类单位掀起了“五城同创”工作的热潮，各级“文明城市”“文明城市工作先进城市”“文明村镇”“文明校园”“文明单位”“园林式居住区”“园林式单位”“卫生县城”“卫生乡镇”“卫生单位”“卫生小区”等如雨后春笋，蓬勃兴起。

## 二 “五城同创”的毕节成效

到2020年底，毕节“五城同创”创建目标成效显著，成功创建国家卫生城市、全国双拥模范城、省级园林城市。经过几年的创建，毕节的基础设施更加完善，城市环境日益美丽，人民幸福感和获得感越来越强。

### （一）成功创建“国家卫生城市”，绘就崭新健康毕节图景

2020年底，毕节“国家卫生城市”创建成功。截至2020年9月，毕节全市创建了5个国家卫生县城、5个省级卫生县城、55个国家卫生乡镇、70个省级卫生乡镇、95个市级卫生乡镇。[①]

创建成效大致体现在以下几个方面。一是爱国卫生组织管理有序。严格按照《国务院关于加强爱国卫生工作的决定》，制定毕节市爱国卫生条例，健全各级爱卫会组织，制定相关工作规划，畅通卫生建议与投诉平台。经过多年的努力，毕节市群众对卫生状况的满意率达90%以上。二是全民健身得到较好推广。到2020年底，南山体育公园、天河广场等“19456工程”建成使用。公园、广场、社区以及大部分单位都增设了体育健身设施。倒天

① 《创建国家卫生城市，毕节全力以赴》，https：//mp. weixin. qq. com/s? _ _ biz = MjM5NjYwMDc0NQ = = &mid = 2648884219&idx = 1&sn = a357094809f6e96c8b217782f2cbb89d&chksm = bef0ad3d8987242b834f277953a373c313cfd38c92cb5bd91eb6e5619c9cafe577e90795d97c#rd，最后检索日期：2020年9月15日。

河日益清澈，倒天河两岸成为人民休闲、娱乐、健身的主要场所。参加体育比赛和体育锻炼的人数逐年上升，基本形成全面健身的新局面。三是卫生健康教育机制逐渐完善。卫生健康教育服务项目质量不断提高，建立了以市疾病预防控制中心为核心，市级医疗卫生单位为骨干，机关、企事业单位、学校为基础的健康教育网络，中小学健康教育开课率达到100%，健康知识知晓率达到95%。四是环卫设施建设基本达标。建成农村户用卫生厕所43.4万个、村级公共卫生厕所2422个，拆除、搬迁老旧农贸市场，公共场所环境卫生整洁，重点场所卫生不达标、管理难度大等“老大难”问题得到有效解决。五是食品和生活饮用水安全保障有力。食品生产经营行为不断规范，近几年来，城区生活饮用水水样抽检合格率都在99%以上。六是公共卫生与医疗服务水平不断提高。乡镇（街道）卫生院规范化数字预防接种门诊基本实现全覆盖，适龄儿童免疫规划疫苗接种率达95%以上。医疗机构全面建立了传染病管理制度，医疗质量得到不断提升。七是示范带动积极有效。“卫生单位”“卫生街道”“卫生小区”“卫生市场”等示范点（单位）示范带动效果明显，全市“爱国卫生”工作水平得到不断提高。

### （二）成功创建“全国双拥模范城”，充分展现军民鱼水情

2020年10月20日，全国双拥模范城（县）命名暨双拥模范单位和个人表彰大会在北京召开。全国包括毕节市在内的411个城（县）被命名为全国双拥模范城（县）。至此，毕节“全国双拥模范城”创建成功。

创建成效大致体现在以下几个方面。一是拥军工作体系完善。二是“双拥”服务保障水平大幅提高。部队练兵建设和保障部队需求支持有力、军人无后顾之忧、“四级网格化”服务模式形成、退役军人服务保障体系“两中心两站”健全。三是充分挖掘了鸡鸣三省会议会址、红二六军团川滇黔革命委员会旧址等红色文化资源，打造红色基因传承工程。四是军地双向积极互动，融合发展良好，驻地部队很好地服务地方经济社会发展。

### （三）全国文明城市创建取得重大突破，城市文明程度不断提升

2017年以来，毕节市极为重视全国文明城市的创建工作，将之作为“五城同创”的重中之重来抓，紧紧围绕政务环境、社会文化环境、法治环境、社会环境、人文环境、生活环境、市场环境、生态环境等“八大环境”展开，经过全体毕节人民的多年努力，文明城市建设成绩显著。

“19456工程”建成使用，毕节城市面貌越来越美丽，城市基础设施进一步完善，物质文明与精神文明建设协调发展，文明风气建设成绩斐然，城市文明程度不断提升，经济和社会各项事业全面进步，市民整体素质和城市文明程度显著提升。全国文明单位、全国文明村镇、全国文明校园不断涌现。

2017年9月21日，《贵州日报》公布了2017年贵州省文明城市和创建文明城市工作先进城市拟表彰名单，毕节市8个县区榜上有名。七星关区、黔西县、金沙县、威宁彝族回族苗族自治县成功连任省级文明城市，织金县被评为此届全省文明城市；大方县、纳雍县、赫章县荣获“创建文明城市工作先进城市”称号。

2018年2月，经中央文明办综合评估，毕节市获得2018～2020年创建周期全国文明城市提名城市资格。2020年，毕节市入围第六届全国文明城市参评城市名单。虽然此次参评并未成功，但能入围也从一定程度上证明毕节市创建国家文明城市的良好成效。

### （四）筑造魅力园林之城，擦亮绿色生态底色

2017年以来，毕节市园林城市创建工作持续推进，园林城市、森林城市、园林县城、园林城镇、园林式居住区创建成效显著，筑造了颇具魅力的“天蓝、山绿、水清”的城市新面貌。推进城市绿地建设，着力增加绿色公共福祉，城市道路、公园广场、盲道等得以维修改善，公园、绿化带干净整洁。百姓休闲娱乐场所明显增多，建成了多个综合公园，如七星关区德溪公园、南山公园，金海湖新区金海湖公园，大方县奢香古镇，黔西县凤凰山公园，金沙县箐河公园，织金县宝祯湖公园，百里杜鹃公园等，“投资242亿

元、面积280万亩的国储林项目是当前全国单体投资规模最大、建设面积最大的林业PPP项目；完成营造林856.5万亩”①。

2018年12月27日，大方县、黔西县、赫章县、纳雍县获得“贵州省森林城市”称号，加上之前获得省级森林城市的七星关区、金沙县、织金县，全市省级森林城市增至7个。

2020年，毕节市被贵州省人民政府命名为贵州省园林城市，距离国家园林城市更近了一步。

### （五）城乡生态环境日益美丽，亮出亮丽整洁城市新名片

毕节市认真贯彻落实习近平总书记的系列讲话精神，“牢牢守住发展和生态两条底线，深化‘三大主题’，围绕‘打造毕节经济社会发展升级版’的目标，以创模工作为抓手，以改善城市环境质量、构建友好自然生态为目标，以饮用水源保护、地表水治理、空气净化为重点，全力推进城市环境基础设施建设，强化城市环境综合整治，扎实做好重点企业污染防治”。② 经过多年努力，毕节的城乡生态环境日益美丽，拥有了更多的“蓝天、碧水、净土”。率先在全省实现县城以上饮用水源自动监测站全覆盖，构建了“1+1+3+N”污染防治攻坚体系。制定了尘污染治理、柴油货车污染治理、工业企业大气污染防治等13项攻坚计划。2020年，“中心城区和县城环境空气质量优良天数比例达97%以上。国控省控地表水监测断面、县级及以上集中式饮用水水源地水质100%达标”。③

2019年4月，根据国家环境保护模范城市的26项评估标准，毕节市17项达标，8项基本达标，毕节市创建国家环境保护模范城市通过省级预评估。

---

① 《2021年毕节市人民政府工作报告》，毕节市人民政府门户网站，http：//www.bijie.gov.cn/gk/zfgzbg/202103/t20210305_67095152.html，最后检索日期：2021年4月15日。

② 毕节市人民政府：《毕节市创建国家环境保护模范城市2015—2017年攻坚工作方案》（毕府办通〔2015〕95号）。

③ 《2021年毕节市人民政府工作报告》，毕节市人民政府门户网站，http：//www.bijie.gov.cn/gk/zfgzbg/202103/t20210305_67095152.html，最后检索日期：2021年4月15日。

## 三　毕节“五城同创”未来发展展望——创建“示范”城，开启新征程

如今，毕节试验区建设已走过30多年的历程，脱贫攻坚战已取得胜利，“五城同创”成效显著。

当然，毕节市的“五城同创”工作也存在不少问题，如毕节市的经济发展基础较弱，财政经费紧张，生态底子较薄、技术人才短缺等问题制约了毕节的城市发展和建设。

不过，令毕节人民鼓舞的是，党和国家一直以来都极为关注毕节的发展。2018年7月，在毕节试验区建设30周年之际，习近平总书记做出重要指示，要努力把毕节试验区建设成为贯彻新发展理念的示范区。2021年2月3日下午，习近平总书记来贵州视察，深入毕节市黔西县新仁苗族乡化屋村，并做出“推进乡村振兴，加快推进农业农村现代化”“把乡村产业发展得更好，把乡村建设得更美”“要牢固树立生态优先、绿色发展的导向，统筹山水林田湖草系统治理，加大生态系统保护力度，科学推进石漠化、水土流失综合治理，不断做好绿水青山就是金山银山这篇大文章”“共同富裕本身就是社会主义现代化的一个重要目标，要坚持以人民为中心的发展思想，尽力而为、量力而行，主动解决地区差距、城乡差距、收入差距等问题，让群众看到变化、得到实惠”“要支持少数民族和民族地区发展特色优势产业，繁荣发展少数民族文化”等一系列重要指示，为毕节的发展谋划新局。

在新征程中，毕节正全力建设贯彻新发展理念示范区，毕节人民有了新的努力方向：在乡村振兴上做示范、在文明建设上做示范、在环境卫生上做示范、在生态保护上做示范、在园林绿化上做示范、在拥军爱民上做示范……

相信在不久的将来，毕节必将建设成“示范”新城，建设成贯彻新发展理念示范区。

# B.16

# 示范区建设理念下纳雍经济社会高质量发展路径研究

肖 艳 李 娟 任利刚*

**摘 要：** 把毕节建设成为贯彻新发展理念的示范区，是习近平总书记对毕节的要求，无疑也是对纳雍的要求。实现这一目标，则必然要走高质量发展之路，如何迈步这一轨道，本文试着粗浅分析。在简要阐述推进高质量发展具备的先决要素、拥有的真实基础、存在的客观问题之后，从着力“四化提升”，突出高质量发展的“主抓手”；抓住“三大主题”，强化高质量发展的“突破口”；改善“民生福祉”，把牢高质量发展的“落脚点”；巩固“和谐稳定”，筑牢高质量发展“保障线”；注重“队伍建设”，增强高质量发展的“领导力”等五个方面，提出了推动纳雍高质量发展的对策建议。

**关键词：** 示范区建设 经济社会 高质量发展 毕节

随着第四次工业革命的序幕拉开，经济社会的发展步入新时代，中国特色社会建设的主要矛盾转化为人民日益增长的美好生活需要和不平衡不充分的发展之间的矛盾，这标志着以高质量发展为主题的时代已经来临。正因如

---

* 肖艳，贵州省纳雍县骔岭镇教育管理中心工作员，一级教师；李娟，贵州省纳雍县农业农村局工作人员；任利刚，贵阳市经济运行服务中心副主任，主要研究方向为区域经济、生态经济。

此，早在2018年7月18日，习近平总书记就对毕节试验区的发展做出重要批示，指出：30年来，在党中央坚强领导下，在社会各方面大力支持下，广大干部群众艰苦奋斗、顽强拼搏，推动毕节试验区发生了巨大变化，成为贫困地区脱贫攻坚的一个生动典型。在这一过程中，统一战线广泛参与、倾力相助，做出了重要贡献；同时强调，在全面建成小康社会期间，要尽锐出战、务求精准，确保毕节试验区按时打赢脱贫攻坚战，并要着眼长远、提前谋划，做好同2020年后乡村振兴战略的衔接，着力推动绿色发展、人力资源开发、体制机制创新，努力把毕节试验区建设成为贯彻新发展理念的示范区。总书记还要求统一战线要在党的领导下继续支持毕节试验区改革发展，在坚持和发展中国特色社会主义实践中不断发挥好中国共产党领导的多党合作的制度优势。从那时起，"贯彻新发展理念的示范区"建设成为毕节工作的主基调，相应地，"高质量"发展就是题中应有之义，纳雍也必然紧跟步调，进一步以习近平新时代中国特色社会主义思想为指导，贯彻落实好党中央、贵州省、毕节市有关指示精神，弘扬高质量发展主旋律，把握新形势，谋划好路径，以确保在党100华诞的关键时间节点，推动经济社会稳健运行，为实现"十四五"规划的目标奠定强有力的基础。

## 一　推进高质量发展的先决要素

纳雍地处贵州西北部，毕节中南部，国土面积为2448平方公里，辖29个乡镇（街道）444个行政村，总人口107.39万人。境内矿产资源丰富，生物资源多样，旅游资源独特，民族风情浓郁。

### （一）矿藏较多，有西南煤乡之称

煤炭远景储量123亿吨，可采储量68.93亿吨，全县共有煤矿52座，设计产能2880万吨/年；已建成4×30万千瓦火电厂两座，是贵州"西电东送"的重要能源基地。

### （二）水系较广，有高原水乡之誉

7条乌江支流穿境而过，水系十分发达。有总溪河、纳雍河、武佐河等重要水利和旅游资源，境内有洪家渡水库、黔中水利枢纽、夹岩水利枢纽等大型水利工程。环城水库、金珠水库等中型水库列入国家骨干水源工程规划。

### （三）农产有机，有生态茶乡之实

全县茶叶面积近25万亩，茶叶品质优良，纳雍荣获“中国高山生态有机茶之乡”“全国十大生态产茶县”“贵州十大古茶树之乡”等称号。

### （四）人文独特，有苗舞诗乡之美

境内聚居着苗族、彝族、白族等20多个民族，少数民族占全县总人口49.46%。苗族芦笙舞《滚山珠》属国家非物质文化遗产，多次为党和国家领导人展演、出访多个国家演出，曾参加2018年央视春晚贵州分会场演出。国家级、省级非物质文化遗产箐苗服饰、小花苗服饰、苗族飞歌、“划筷祭祖”、苗族蜡染、穿青傩戏等民族民间文化传承发展、丰富多彩。纳雍民间诗词书画等文艺繁荣，是文化部授予的“中国民间文化艺术之乡”。

以上“四乡”是高质量发展优势条件和特色条件，可以有能源发展的升级改造，壮大能源经济，可以有水利开发以建设绿水青山，可以有绿色产品打造，强化生态经济，可以有文旅发展，拓开第三产业，还可借助革命老区牌子，以及民革中央、广州天河区和贵州省政府等定点联系的系列外在要素，更好地发挥比较优势，促进高质量发展的道路日益广阔。

## 二　推进高质量发展的基础积淀

发展不是一蹴而就，发展也不是说变就变。尤其高质量发展必须在一定基础上、在要素趋于具备的情况下循序渐进地实现高层次的相应转化。从纳雍目前的态势来看，经过多年来经济的快速增长，尤其对脱贫攻坚的决战决胜，在2020年实现全面脱贫之后，经济社会的面貌为之一新，为推进高质量发展厚植了较为坚实的基础。

### （一）经济增长逐年稳中有进，高质量发展底气增强

“十三五”期间，通过攻坚克难，砥砺奋进，不断加快创新发展，全县经济实力显著增强，地区生产总值年均增长11%，规模以上工业增加值年均增长5.6%，固定资产投资年均增长13.6%，社会消费品零售额年均增长9.9%，城镇常住居民人均可支配收入年均增长9.3%，农村常住居民人均可支配收入年均增长10.8%。2019年，纳雍县按照毕节市委“113攻坚战”的决策部署，集中力量战贫困、抗疫情、保民生、促和谐，经济社会各项事业取得长足进展，预计地区生产总值完成180亿元，同比增长6.1%左右；500万元以上固定资产投资完成额同比增长5%，社会消费品零售总额同比增长10%；城镇、农村居民人均可支配收入分别同比增长8%、10%，一般公共财政预算收入达9.88亿元，同比增长3.2%，重点产业招商引资到位资金达85.5亿元。经济增长的稳中向好，确保经济基础不动摇。

### （二）基础设施建设持续完善，高质量发展条件强化

以交通为主的基础设施建设逐年推进，随着“两高一铁”的建成，基础建设实现了历史性的重大变化。目前仍然继续完善。尤其在脱贫攻坚时期，聚焦农村基础设施，主攻水、电、路、通信建设。坚持“缺什么补什么”原则，投入农村基础设施资金17.81亿元，精准安排实施基础设施补短项目，实现“四个全覆盖”。饮水安全全覆盖。全力推进农村饮水安全“大普查”“大会战”，实施农村饮水安全项目164个，小水窖提质改造3522口，全面落实农村饮水安全“三个责任”和“三项制度”，实现农村饮水安全全部达标。农村电网全覆盖。新建及改造农村电网1393千米，实现了户户通照明电、村村通动力电。网络通信全覆盖。新建和改造农村通信基站2284个，新建通信电缆6316千米，实现所有建制村4G网络覆盖，农村广

播综合覆盖率达93.23%、闭路电视综合覆盖率达96.08%。交通路网全覆盖。在全县农村公路实现“村村通”基础上，改造提升县乡道227.72公里，建设1496公里“组组通”公路，实现30户以上自然村寨全部通公路。2020年底完成101个取水工程整改提升工作，完成10个建制镇污水处理工程；推进110千伏纳雍猫场输变电等工程，新建400伏及以下线路83.71千米，实现农村电网全面覆盖。建成开通199个30户以上自然村4G网络覆盖基站、14个5G基站宏站。纳赫、纳六晴高速开工建设；完成180.72公里路面改善提升工程。基础设施着实为高质量发展畅通道路。

## （三）项目投资带动稳定增长，高质量发展蕴藏潜能

长期以来，围绕中央、省、市政策方向和资金投向做好项目谋划，“十三五”期间，共谋划项目223个，总投资1899.81亿元。2020年，争取到中央及省预算投资项目17个，总投资17271万元；获2020年专项债券资金9.036亿元。获抗疫特别国债用于基础设施项目建设10个，总投资27.12亿元；获抗疫特别国债资金1.825亿元。县城建成区达25平方公里，建成小城镇“8+X”项目445个。实施“千企改造”项目22个，完成投资6.45亿元；建成年产60万吨煤矿2个，完成15个煤矿智能化、机械化改造；全年预计生产原煤370万吨，2020年1~10月，火力发电58.27亿度，风力发电2.92亿度；持续强化招商引资，纳雍县党政主要领导赴北京、广东、四川、浙江、重庆等地招商28次，引进重点产业项目69个，完成重点产业到位资金80.99亿元。新增市场主体6800户，注册资本20亿元，完成民间投资151亿元。

## （四）着力农业产业结构调整，高质量发展凸显成效

紧紧抓住脱贫攻坚机遇，紧扣农村产业发展“八要素”，按照“县级统筹、乡村落实”的方式强力推进农村产业革命。精准选择农业产业。大力发展山地生态特色高效农业，全县调减低效作物面积69.36万亩，因地制宜发展樱桃、茶叶、蔬菜、食用菌等种植和土鸡、肉牛等养殖产业，2020年

实现农业总产值65.39亿元，比2016年增加16.56亿元。强力推进结构调整。建立县领导领衔推进农村产业革命工作机制，组建14个特色产业发展专班，切实抓好农业产业规划布局、资金调度、项目安排和技术服务；逐村制定产业结构调整“一图一表一方案”，集中流转重点区域土地27.35万亩，带动群众种植高效作物近100万亩，全域推进产业结构调整。抓牢农产品销售对接。形成建销售团队统一对接渠道、建集配中心统一分拣配送、建信息平台统一发布产品的“三建三统”工作机制，探索网上直销模式。2017~2020年年均农业增加值增速6%以上，带动农民人均可支配收入年均增长10.5%。2020年纳雍县成功入选“互联网+农产品出村进城工程试点县”，成为贵州省两个国家试点县之一；县级领导三年产业结构调整示范点建设工作考核获全市第一。同时，加快林业生态建设步伐，稳步实施石漠化治理、天然林保护等项目，完成造林任务22.2万亩，2020年森林覆盖率预计达64.27%。打好水、土壤、大气污染防治“三大攻坚战役”，生态效益持续释放。

### （五）整个社会大局和谐稳定，高质量发展保障有力

持续深化“法治毕节”和“平安贵州”建设，纵深推进扫黑除恶专项斗争，2020年“八类案件”同比下降7.14%；强化社会治安综合治理，加强特殊人群服务管理，深入推进重大不稳定风险、涉法涉诉信访积案、突出信访矛盾化解三大“百日攻坚战”，公共安全体系不断健全；推进了基层治理体系和治理能力建设，成效显著。全县444个村（社区）渐次推开“党建+积分”管理，制定正负面清单，实行清单化考核评比，建立积分台账、兑换台账、分红台账，促进群众自我管理、自我革新，积极引导搬迁群众思想观念大转变，极大地促进社会和谐稳定。

## 三　推进高质量发展存在的瓶颈

高质量发展是历史的新使命和新课题，在推进的过程中，既有历史累积

的障碍，也不乏新问题的产生，存在困难和不足，对于高质量发展都形成挑战。

### （一）产业支撑仍是关键考验

经济总量小、人均水平低这个突出矛盾仍然没有得到根本解决；发展不平衡不充分的问题依然突出；煤炭、电力、烟草等传统支柱产业增长乏力；新的税收增长点培育困难；投资拉动贡献不够；发展方式仍较粗放；新型工业化、新型城镇化、农业现代化、旅游产业化进程较为缓慢；农业产业化水平不高；工业以劳动密集型产业、资源加工型产业为主；煤电等传统产业占比大，创新要素集聚能力弱；产业转型升级内在动能不足。生态环境仍较脆弱，生态产业化、产业生态化程度不高，生态优势尚未完全转化为经济优势；营商环境有待持续改善，招大商好商的压力增加、难度增大。保发展仍需下大力气。

### （二）基础条件仍需继续改善

基础设施支撑仍有不足，交通网络尚需加强，交通大进大出格局仍需不断完善，水源配置仍存短板，水利生产生活供给仍需提标，电力全面升级优化还要跟进，信息基础设施还要持续投入。不少硬件投入与发展需要之间还有不小差距。

### （三）公共服务需要大力优化

医疗水平与群众的需求还有差距，公共卫生、安全生产等领域还存在风险隐患和薄弱环节，公共服务保障能力不足，人力资源开发水平仍然较低，城镇生活品质还不够高，教育、文体事业仍有欠账，老年人、残疾人等特殊群众服务保障资源配置还要优化。

### （四）各类风险带来巨大挑战

地质灾害防治、安全生产、社会治理等方面仍存在潜在风险和矛盾隐患，社会群体诉求多元复杂，地方债务负担过重，财政收支矛盾突出等。防风险守底线任务依然艰巨。

### （五）巩固脱贫成果任务较重

由于脱贫人口基数大，脱贫不稳定人口和边缘易致贫人口依然较多，且脱贫农户自我发展能力仍较弱，加之全县经济发展水平不高，经济实力仍不厚，保持脱贫攻坚时期超常规大投入的难度很大，建立防止返贫致贫的长效机制，切实巩固脱贫成果仍然任重道远。

## 四 推进高质量发展的可行路径

总的来看，需要以“四新”为引领，即大力强化“闯新路、开新局、抢新机、出新绩”，在“十三五”收官阶段，坚持系统观念、树牢质量意识，开启“十四五”征程，聚焦高质量发展，实现经济社会提质增效，为开启“十四五”征程奠定坚实基础。

### （一）着力“四化提升”，突出高质量发展的主抓手

新型工业化、新型城镇化、农业现代化、旅游产业化是支撑高质量发展的“四个轮子”，决定着当前和今后一个时期发展的成效。一要抓实新型工业化，着力实现工业大突破。坚持把新型工业化作为推动经济高质量发展的首要任务，以实施工业倍增行动为牵引，全力推动工业实现大突破。加强工业园区建设，力争在规模总量、结构优化、产业链条、项目建设等方面实现大突破，以期在工业总产值、工业投资、工业企业数量等主要指标上实现倍增。高度重视对外招商引资政策，坚持把招商引资作为建强工业的有力抓手，妥善把资金流引进来发展实体经济产业。选准一批接地气、可操作性强的企业作为经济发展新的增长极，全力抓好以传统煤电产业为代表的传统优势产业提质升级，做大做强新型煤化工产业和地方特色产业，全面推动产业链配套升级，努力构建现代工业体系新格局。二要抓实新型城镇化，着力实

现城镇化大提升。在推进新型城镇化发展战略的框架下，始终坚持以人为核心的新型城镇化理念来推进系列工作。要立足做优做强县城，增强城镇承载能力。要立足“精、美、特”，推进小城镇建设。让城镇“活”起来，作为纳雍亮丽名片，更加彰显纳雍县域颜值和内涵。三要抓实农业现代化，着力实现农业大发展。在确保粮食安全的大前提下，全面落实“藏粮于地、藏粮于技”战略。要牢牢守住耕地红线。努力建设现代山地特色高效农业。持续推进农业产业革命。构建运行高效的农业现代化制度体系，积极鼓励发展多形式适度规模经营的农民专业合作社引领农民发展，形成“风险共担、合作共赢”的命运共同体。集中力量发展高山生态有机茶、食用菌、土鸡等有发展基础的特色优势产业，大力推进农特产品就地加工转化，把更多的农产品变成工业品，提高农产品附加值和加工转化率，做优做精服务链条，促使一、二、三产有机衔接融合发展，实现农业更大效益。四要抓实旅游产业化，力争实现旅游大提质。着力将化作—九洞天连片打造成国际旅游目的地，构建以化作乡枪杆岩、梯子岩等红色旅游为重点，以金蟾大山湿地公园等生态旅游为主线，以 9 洞 18 河等特色旅游为内涵的全域旅游新格局，聚力打响“四乡纳雍”的形象品牌，强化对外宣传，推动纳雍旅游产业高质量发展。

### （二）抓住“三大主题”，强化高质量发展的突破口

“绿色发展、人力资源开发、体制机制创新”是习近平总书记为毕节建设贯彻新发展理念示范区指明的实践路径，必须精准聚焦、攻坚突破。要全面推动绿色发展。要打好污染防治攻坚战，以“两山”发展理念为指导，加强大气污染综合防治，加强水环境综合治理，加强控制土壤污染来源，维护蓝天、碧水、净土。实施国家储备林建设、石漠化和水土流失综合治理等重大工程，深入开展国土绿化行动，让生态资源变为绿色资产。要抓好人力资源开发。奋力提升阶段性教育质量，注重提供优质均衡发展九年义务教育，倡导特色多样地发展普通高中教育，中等职业教育不仅要做好扩容，更要注重提质和增效。强化“应读尽读”“能读则读”，尽可能提高青少年群

体的平均受教育年限，推动更多本土人才服务当地发展。加强劳动力技能培训。减少就业技能和岗位不匹配的结构化矛盾，提升就业创业水平。要强化体制机制创新。革除影响发展的体制机制弊端，该保留的保留，该摒弃的摒弃，该完善的完善，该废止的谋划新思路、寻找新方法、解决新问题，先人一步、快人一拍、胜人一筹。开展重点领域改革。统筹推进金融、财政、医疗、卫健、民政等重点领域改革，着力解决好制约经济社会发展的结构性矛盾和体制机制障碍，为实现“十四五”发展总体目标提供科学高效的体制机制保障。

### （三）改善民生福祉，把牢高质量发展的落脚点

民生是最大的发展关切。抓住群众最关心最直接最现实的利益问题，多措并举提高城乡居民收入水平、推动基本公共服务均等化发展、推动社会保障总体更加普惠化，不断满足人民群众高品质生活新期待，努力提升群众获得感、幸福感、安全感。认真实施好居民收入倍增行动；认真落实好就业优先政策；提高劳务输出组织化程度，确保零就业家庭持续动态清零。提升基本公共服务均等化水平，紧扣群众急、难、愁、盼的现实问题，“抓重点、补短板、强弱项、固优势”，让群众看到变化、得到实惠。坚持教育优先发展；加快推进健康纳雍建设；加快文化事业和文化产业发展；推动社会保障体系更加完善，在提高社会保险水平、健全医保体系和住房保障体系、城乡一体化社会兜底救助体系和救灾应急体系等方面迈上新台阶。

### （四）巩固和谐稳定，筑牢高质量发展“保障线”

增强忧患意识，强化底线思维，守牢“大安全”底线，为纳雍全面发展营造和谐稳定的社会环境。要坚决守牢政治安全底线。深入践行总体国家安全观，时刻保持高度政治敏锐性和政治鉴别力，坚决同一切违背、歪曲、否定党的政治路线和否定党的领导、社会主义制度的言行做斗争，增强政治安定。要强化债务风险防范处置。把防范化解债务风险摆在更加突出位置，从严落实“借、用、管、还”全过程债务管理要求，抓好债务存量化解和

增量控制，稳步降低债务率，确保不发生系统性区域性风险。大力推动国有企业和平台公司实体化市场化转型，不断增强市场活力和抵御风险能力。进一步完善财政预算管理制度，坚持以收定支、量力而行，加强政府投资项目审核监管，提升财政资金使用效益。要持续加强和创新社会治理。坚持以深化法治纳雍、平安纳雍建设为牵引，不断提高社会治理社会化、法治化、智能化、专业化水平。不断破解制约政法工作发展的体制性、机制性、政策性难题，让人民群众在每一个司法案件中都能感受到公平正义。要守牢公共安全底线。加快健全安全生产责任和管理制度体系、隐患排查治理和风险防控体系，按照管行业必须管安全、管业务必须管安全、管生产经营必须管安全的要求，促进全业安全，为经济社会发展创造良好条件。

### （五）注重队伍建设，增强高质量发展的领导力

高质量发展也在于领导抓，抓领导，这是事成与否的关键。要毫不动摇地加强党对经济工作的全面领导，优化经济治理方式，提高经济治理能力，为高质量发展提供坚强有力的领导保障。要履行好党管经济责任。定期研究分析经济形势，决定重大经济事项，对经济工作把方向、定目标、谋全局、建机制、督落实。党组织主要负责人要切实担起抓经济工作第一责任人职责，对经济社会发展重大问题，要能研究提出解决处理的思路、做出破解难题、改革创新、推动发展的办法措施。要提高管理经济能力。坚持干什么学什么，缺什么补什么，补齐能力弱项、消除经验盲区，能妥善处理增长速度和发展质量的关系、投资规模和投资效益的关系、政府和市场的关系，着力提高识别防范化解各类风险的能力，着力提高解民忧纾民困保民生的能力，着力提高贯彻新发展理念构建新发展格局的能力，真正成为推动经济社会发展的行家里手。要确保干部作风过硬。持续深化“三个大兴”活动，大兴调查研究之风，大兴真抓实干之风，大兴勤俭节约之风。发扬吃苦耐劳、艰苦奋斗的精神，勤于学习、勇于实践、敢于创新、精于实干、乐于奉献、严于律己，真正成为新时代推动高质量发展的战斗员。果如综上所述，则高质量发展在不远的将来即可乐见其成。

## 参考文献

《纳雍县国民经济和社会发展第十四个五年规划纲要》。

纳雍县发改局、统计局、扶贫办等部门汇报资料、工作总结和统计数据。

**B**.17

# 建设贯彻新发展理念示范区的毕节实践

卢祥运*

摘 要: 新发展理念具有鲜明的问题导向和现实基础，对新时代中国特色社会主义建设具有突出的理论和实践指导价值。理论的科学性、普适性和针对性，是新发展理念具有实践指导价值的三大理论特质。毕节市建设贯彻新发展理念示范区的探索实践主要体现在五个方面：将新发展理念作为一个整体发展理论，用以引领指导本地区经济社会发展全局；将脱贫攻坚作为最突出的共享发展实践，确保按时打赢脱贫攻坚战；将创新作为发展的第一动力，破除阻碍创新的各种体制机制，全面推动各个领域的创新；通过不断丰富和深化“生态建设”主题内涵，将绿色发展贯穿到本地区经济社会发展全局当中；借助统一战线帮扶与东西部扶贫协作平台，不断提升本地区的开放发展水平。黔西县建设贯彻新发展理念示范区的探索，为毕节市提供了一个典型案例。

关键词: 新发展理念 新发展理念示范区 毕节试验区

* 卢祥运，贵州省社会科学院农村发展研究所副研究员，主要研究方向为农村发展。

## 一 新发展理念的理论和实践指导价值

### （一）新发展理念的提出

党的十八届五中全会指出："实现'十三五'时期发展目标，破解发展难题，厚植发展优势，必须牢固树立并切实贯彻创新、协调、绿色、开放、共享的发展理念。"这是我们党遵循马克思主义唯物史观和唯物辩证法，结合时代发展实际做出的重要决策，是我们党对于可持续发展理论的深化与总结。

新发展理念的提出，是我们党运用马克思主义基本原理解决实际问题的重大理论创新，是我国在新的发展阶段审时度势为解决发展问题而形成的系统理论成果，是对以往发展理论的继承和深化。作为以习近平同志为核心的党中央治国理政思想的重要组成部分，新发展理念具有鲜明的问题导向和现实基础。在全面深化改革的时代背景下，它对于我国不同地区、不同行业、不同领域转变发展理念、提升发展质量、推进发展进程，都具有重大的理论指导作用。

### （二）新发展理念的理论价值

首先，新发展理念的提出，深刻总结了人类文明历史，充分吸取了国内外发展的经验教训，是一次重大的理论创新，是新时期中国共产党治国理政的基本方略。新发展理念是党和国家基于新的历史方位和发展现实，基于新时期社会主要矛盾的变化所做出的推动中国特色社会主义事业发展的理论指导和行动指南，是以习近平同志为核心的党中央针对中国特色社会主义道路上产生的新情况与新问题提炼出的新的理论成果，其自身各要素构成了一个完整的逻辑体系，是习近平新时代中国特色社会主义思想的重要组成部分。

其次，新发展理念是创造性地运用马克思主义哲学世界观解决新时期中国发展问题而形成的创新理论成果，是对马克思主义哲学世界观对待发展问题的实践要求的具体化和系统化，丰富和深化了马克思主义发展理论。其中，创新发展理念体现了马克思主义哲学的基本观点和要求。发展的实质是新事物代替旧事物的过程，因此唯有不断创新才能推动事物向更高层级发展和转变。协调发展理念体现了马克思主义普遍联系的观点。一切事物、现象和过程及其内部各要素之间的关系都是相互制约、相互作用和相互影响的，因此需要用整体的、全面的、协调的方式才能正确处理经济社会发展过程中的各种复杂关系。绿色发展理念体现出马克思主义生态思想对人类社会发展规律的遵循，使人类在保证生态安全的前提下获得经济效益和社会效益的最大化，最终实现发展的可持续。开放发展理念体现了事物内外因辩证关系的原理。开放发展意味着内因和外因的辩证统一，既注重域内发展又深化对外开放，既"引进来"又"走出去"，以实现内外合力共促发展。共享发展理念体现了历史唯物主义人民主体的思想。人民群众是历史的主体，是社会变革的决定力量。只有坚持以人民为中心，坚持共享发展，才能带领人民群众追求美好生活，最终实现人的自由全面发展。

再次，新发展理念不仅与新中国成立以来，尤其改革开放以来我国多位领导人的治国理政的发展思想一脉相承，而且在新的形势下将其进一步丰富和深化。从毛泽东提出"落后就要挨打"，到邓小平"发展才是硬道理"，到江泽民"发展是执政兴国的第一要务"，这些警言和判断都无不说明发展对于一个国家、一个民族的极端重要性，再从胡锦涛提出科学发展观，到习近平提出新发展理念，上述领导人治国理政的发展思想可以说是一脉相承的。而就我国不同阶段所要应对的发展难题和发展思想的全面性和系统性而言，新发展理念是对以往发展思想的丰富和深化。其中，创新发展理念揭示了新时期深化发展必须依靠的创新动能，开放发展揭示了深化发展的道路选择，共享发展承载了我党执政为民的宗旨，所有这些内容都被纳入新发展理念的理论体系当中。新发展理念的精神实质是对马克思主义价值观和方法论的深度诠释。它将发展的方法、道路、目标统一起来，达到更加全面、系统的理论高度，实现了对以往发展思想的丰富和深化。

最后，新发展理念是新时代中国特色社会主义建设的行动指南。马克思曾精辟断言："理论在一个国家实现的程度，总是取决于理论满足这个国家的需要的程度。"新发展理念之所以成为新时代中国特色社会主义建设的行动指南，同样在于其满足我国当前发展需要的程度。我国自改革开放以来取得了举世瞩目的成就，但随着发展进程的推进，发展过程中的诸多矛盾和问题也逐渐凸显出来，如：经济发展速度放缓，缺乏持久动力的问题；城乡、区域及贫富差距拉大，区域发展不平衡的问题；发展要解决的主要矛盾变化的问题；必须实现发展的高质量、高效率、可持续的问题，等等。新发展理念的提出，植根于当前中国大地的发展实践，正是破解上述发展难题的解决良方。新发展理念具有鲜明的问题导向和现实基础，是指引新时代中国特色社会主义建设事业不断前进的、当然的理论选择。

### （三）新发展理念的实践指导价值

新发展理念一经提出，便在中国社会产生了广泛影响。它作为党的十八大以来习近平总书记治国理政的重要思想，直接引领了新时期国家的经济社会发展，促进了国家的改革开放进程。尤其在“十三五”时期国家的经济社会发展中，它发挥了巨大的思想引领作用，彰显了强大的理论生命力。它具有的实践指导价值，不仅已经被证明，在未来的发展进程中还将不断被证明。

首先，新发展理念具有实践指导价值在于其理论具有的严谨科学性。新发展理念的哲学基础是马克思主义哲学世界观。马克思主义是关于自然、社会和思维发展的一般规律的科学。它不仅给我们提供了科学的世界观，而且进一步揭示了人类社会发展的一般规律。新发展理念是运用马克思主义立场、观点、方法解决中国发展问题而产生的理论，是基于对事物变化规律的正确认识而形成的理论，其理论的科学性毋庸置疑。成功的实践需要科学的理论指导。“理论一经掌握群众，也会变成物质力量。”科学的理论一旦被用于指导实践，必然会产生巨大的物质力量。新发展理念作为一个逻辑严谨科学的理论体系，在实践中必然会科学决断、科学施策，将实践引向正确的方面，彰显巨大的实践指导价值。

其次，新发展理念具有实践指导价值在于其理论具有普遍适用性。一种理论能否用于指导实践，是否对实践对象和领域具有普遍的适用性，不仅取决于该理论的科学性，更取决于该理论所达到的广度和深度。新发展理念作为一个严谨系统的发展理论，就其理论广度而言可以说是哲学层面的，可以直面一切发展难题；就其理论深度而言，其内涵涉及解决发展难题需要处理的发展的动力、路径、方式、目的等各个方面，这也从理论上保证了它对解决各地方、各领域的发展难题具有普遍的适用性。新发展理念具有的普适性，决定了它对各种发展实践具有突出的指导价值。

最后，新发展理念具有实践指导价值在于其理论对当前中国改革发展问题具有的现实针对性。一种发展理论，往往是普遍性与特殊性的结合。新发展理念具有对中国改革发展问题的现实针对性，是因为它是为破解中国改革发展进程中的难题而产生的。它是解决中国发展难题的中国药方，自然对中国各地方、各领域的改革发展具有突出的现实针对性，能够对其发展实践提供指导。

新发展理念具有的理论的科学性、普适性和针对性，是其对新时代我国经济社会发展具有实践指导价值的三大理论特质。至于新发展理念具有哪些方面的实践指导价值（如提高发展速度、提升发展质量、缩短发展进程、实现发展目标等），更多的不是理论阐释，而是实践证明的问题，这里不再详加论证。

## 二　毕节要成为贯彻新发展理念示范区

### （一）毕节试验区的使命与探索

毕节试验区，是一个在喀斯特地区建立的、以农村为重点领域的综合改革试验区，由国务院正式批准，成立于 1988 年。毕节试验区成立的宗旨，在于对类似毕节这样的极度贫困山区如何解决科学发展难题率先进行试验和探索。试验区成立 30 余年来，紧紧围绕最初确立的“开发扶贫、生态建设、人口控制”三大主题，不断深化各领域改革，推进试验进程，逐步走出了一条可持续的科学发展之路，不仅人口过快增长得到有效控制，生态建设和经济发展也取得了突出成就，实现了人口、资源、环境三者之间的协调发展，并形成了具有突出示范性和广泛代表性的“毕节模式”。“毕节模式”探索出的实践经验和形成的理论成果，已经升华为一个时期国家治理的重要指导思想，成为这一时期领导人治国理政思想的重要来源，成为新时期贵州发展秉持的重要价值理念。毕节试验区最初确立的“三大主题”的发展思路及其后续探索，本身就是科学发展观这一指导思想形成的思想萌芽和前期探索。面对新的发展实际提出的新发展理念，既吸取了发达地区先期发展的经验教训，也对新阶段全国各地发展经验进行了提炼和总结，其中也应有贵州乃至毕节探索发展所做出的贡献。在新发展理念中，“协调发展”是科学发展观的内在要求，在毕节试验中体现为“三大主题”整体推进的思路和探索；“绿色发展”的理念与毕节试验中坚持的“生态建设”主题以及贵州发展要坚守“生态”底线的要求是高度一致的；毕节试验中的“扶贫开发”主题所承载的共同富裕价值追求贯穿的正是“共享发展”的理念；试验区多年借力统一战线帮扶和东西部协作平台谋求发展，可以说正是一个“开放发展”的地区个案；“开放创新　团结奋进”的贵州时代精神，本身就蕴涵着“创新发展”和“开放发展”的精神内核。总之，贵州和毕节试验区的上述探索实践，尽管我们不能说它们就是新发展理念的直接理论来源，但至少相互之间存在内涵上的共通性，新发展理念可以说体现了明显的贵州要素和底色，其中最突出的就是毕节试验区的实践经验和理论成果。试验区的建立，体现了“放眼未来、勇闯新路的进取精神，突破难点、推动全局的战略眼光，海纳百川、合力攻坚的宏伟气魄，深入群众、求真务实的工作作风”①。30 余年来，毕节试验区所承担的历史使命就是“近期做示范，长远探路子”“小试验，大方向”，改革示范成为其一直以来的使命担当。基于此，“努力把毕节试验区建设成为贯彻新发展理念的示范区”，不仅是习近平总书记的殷切希望，也是试验区所一直承担的“示范”使命使然。对毕节而言，建设成为“贯彻新发展理念示范区”，不仅使命光荣，而且责无旁贷。

① 栗战书：《科学发展观在毕节试验区的探索与实践》，《人民日报》2012 年 2 月 17 日，第 7 版。

## （二）毕节试验区的建设成就

2019 年，新中国成立 70 年。70 年，对毕节试验区人民而言，是一段攻坚克难、砥砺奋进的 70 年。70 年来，尤其毕节试验区建立 30 余年来，毕节不断深化“三大主题”实践，借力全国统一战线的援助帮扶，以及东西部扶贫协作平台，通过完善基础设施建设，以及各领域改革创新，全面提升了本地区经济社会发展和人民生活水平，在决战脱贫攻坚、决胜同步小康征程中不断迈上新台阶，续写新篇章，成就新辉煌。70 年来，在党中央、国务院、省委、省政府的关怀、领导下，在社会各界的广泛支持下，毕节试验区取得的经济社会发展成就是历史性的，有关数据表明，从 1949 年到 2018 年，本地区生产总值从 1.05 亿元增加到 1921.43 亿元，财政总收入则从 261 万元增加到 385.58 亿元。

新中国成立 70 年来，毕节发生了翻天覆地的变化，经济社会发展取得了突出成就，总体上体现在三个方面，即“三个重大跨越”。第一个重大跨越体现在人民生活的改善方面，实现了从普遍贫困到基本小康的跨越。70 年间，毕节累计减少贫困人口 630.9 万人，贫困发生率从 56% 大幅下降到 5.45%；城镇居民人均可支配收入从 795 元提高到 29888 元，农村居民人均可支配收入从 376 元提高到 9354 元；全市的全面小康综合实现程度达到 91.2%。第二个重大跨越体现在生态环境的变化方面，实现了从不断恶化到明显改善的跨越。其间累计治理石漠化面积达 1367.9 平方公里、水土流失面积达 9152.75 平方公里，森林覆盖率也有大幅提升，从 14.9% 跃升到 56.13%，因其突出的生态建设成就，毕节先后被有关部门列为“长江经济带试点城市”“全国生态保护与建设示范区”“全国林业生态建设示范区”。第三个重大跨越体现在人口控制方面，人口控制实现了从注重控制数量到更加重视人力资源开发的跨越。其间人口自然增长率降幅明显，从当初的 19.91‰下降到 6.55‰，教育“两基”达到全覆盖，义务教育基本均衡发展达到国家要求，人均受教育年限延长 5 年多，从 3.6 年提高到 8.9 年。总之，毕节试验区 70 年来的发展成就突出，脱贫成效显著，习近平总书记曾将其誉为“贫困地区脱贫攻坚的一个生动典型”。

## （三）毕节要成为贯彻新发展理念示范区

毕节试验区数十年来的发展成就及所承担的历史使命，使其成为贯彻新发展理念示范区具有历史的合理性和现实基础。毕节试验区自成立以来一直践行“小试验、大方向”“闯出新路子、探索新经验”的使命，尤其其作为科学发展观诞生的摇篮（新发展理念是对科学发展观的理论承接和深化），使毕节试验区成为贯彻新发展理念示范区具有理论上的合法性，而贯彻新发展理念示范区并不是一个标签、一种资格或一种待遇，它更多的是一种努力的方向和目标，对新发展理念示范区而言是“要成为”而不是“已成为”，建设贯彻新发展理念示范区也更多的是“在路上”，其实践上的合法性更需要努力建成足以示范来提供支撑。习近平总书记于 2018 年 7 月对试验区未来发展曾做出重要指示：“要着眼长远、提前谋划，做好同2020 年后乡村振兴战略的衔接，着力推动绿色发展、人力资源开发、体制机制创新，努力把毕节试验区建设成为贯彻新发展理念的示范区。”8 月，贵州省委、省政府及时贯彻落实习近平总书记指示精神，在毕节召开了“支持毕节试验区按时打赢脱贫攻坚战建设贯彻新发展理念示范区推进大会”。为开好这次大会，贵州省委、省政府会前还出台了相关政策文件。会上，时任贵州省委书记孙志刚书记做了重要讲话，就毕节试验区推进建设贯彻新发展理念示范区做出安排部署。孙志刚书记的讲话内容突出了以下三个方面。一是提高认识、提高站位、高度重视。他指出，习总书记的重要指示，赋予了新时代试验区新的内涵，为做好试验区下一步工作指明了方向、提供了遵循、注入了动力。二是围绕按时打赢脱贫攻坚战，将其与建设贯彻新发展理念示范区、发挥统一战线优势、助推毕节发展三个方面结合起来，并做出了三个表述。确保毕节试验区按时打赢脱贫攻坚战，是必须完成的重大政治任务；建设贯彻新发展理念示范区，是新时代贵州肩负的重大历史使命；发挥统一战线优势助推毕节发展，是贯彻落实多党合作制的重大政治要求。三是明确打赢脱贫攻坚战是当前最紧迫、最艰巨的任务，其他工作都要围绕这一中心任务来展开。高质量、高水平打赢脱贫攻坚战，就夯实了贯彻新发展理念示范区建设的基础。孙志刚书记强调，抓脱贫就是抓发展、抓乡村振兴、抓示范区建设，要确保毕节试验区按时打赢脱贫攻坚战，必须把新发展理念贯穿到脱贫攻坚和乡村振兴的全环节、全过程，要尽锐出战、务求精准，坚决打好“四场硬仗”，按照“八要素”纵深推进农村产业革命。在建设贯彻新发展理念示范区方面，要遵循习近平总书记的指示要求，即“着眼长远、提前谋划”，“着力推动绿色发展、开发人力资源、创新体制机制”。在建设多党合作示范区方面，要努力发挥优势、同心攻坚，利用好统一战线方面的政治资源、政策资源、智力资源、经济资源，抓住帮扶机遇，用好帮扶力量，力争使试验区获得更快更好的发展。孙志刚书记的讲话，将“建设贯彻新发展理念示范区”，定位为“新时代贵州肩负的重大历史使命”，表明毕节要成为贯彻新发展理念示范区还只是“在路上”，未来仍须付出更多努力，才能完成这一使命。

## 三　毕节建设贯彻新发展理念示范区的实践探索

### （一）建设贯彻新发展理念示范区的思路与路径

如何建设贯彻新发展理念示范区，毕节市主要领导的思路至关重要。时任毕节市委书记周建琨表示，将从三个方面深入学习贯彻习近平总书记重要指示精神，坚持把新发展理念贯穿到毕节市改革发展各方面、各领域。一是始终牢记总书记嘱托，推动重要指示精神在毕节落地生根。全市要把总书记对毕节的重要批示精神作为行动指南和根本遵循统揽工作全局，通过“不忘初心、牢记使命”主题教育活动，以及“打赢攻坚战、建设示范区，毕节怎么干”的大讨论，统一思想，凝聚共识，牢固树立“四个意识”，坚定“四个自信”，做到“两个维护”，推动总书记重要指示精神得到全面贯彻落实，在乌蒙大地落地生根、开花结果。二是提前谋划，做好脱贫攻坚与乡村振兴的有效衔接。在乡村产业、人才、文化、生态、组织振兴等方面统筹考虑，将脱贫攻坚需要提档升级的工业、农业、旅游扶贫、交通、水利、电力等领域建设项目，以及易地扶贫搬迁等项目，与乡村振兴发展规划衔接好，实现脱贫攻坚与乡村振兴一张蓝图绘到底。三是以新发展理念为引领，推进各领域高质量发展。要在更高层面上建设美丽毕节，以绿色化、生态化推动经济结构调整和转型升级，统筹推进环境生态、人文生态、生产生态、生活生态建设。要优先发展教育，加快补齐医疗卫生领域短板，建立健全人才方面的各种机制，实现毕节市由人口大市转变为人力资源强市的目标。要在体制机制方面深化改革创新，破除制约阻碍高质量发展的各种体制机制障碍，增强各领域发展活力和社会创造力。要大力推进“四化”，加快经济高质量发展步伐。周建琨书记还表示，主要围绕两个重点来谋划和推进毕节试验区今后发展的目标愿景。“一是立足当前，坚决扛起脱贫攻坚的重大政治责任，确保按时打赢脱贫攻坚战，同全国一道步入全面小康社会。二是着眼长远，勇担历史使命，努力建设新时代全面小康美丽毕节，努力把毕节试验区建设成为贯彻新发展理念的示范区。”①

## （二）建设贯彻新发展理念示范区的主要举措

2020 年 10 月 21 日，为贯彻落实习近平总书记对毕节试验区的重要指示精神，贵州省委召开了专题工作会议，对把毕节试验区建设成为贯彻新发展理念示范区进行研究部署。会议听取了毕节市这一专题规划编制的相关情况汇报，并进行了认真讨论。会议精神突出体现在三个方面。一是规划编制方面，要提高规划编制的战略性、指导性和针对性。要认真贯彻党和国家的决策部署，结合贵州与毕节实际，突出问题、目标、结果导向，努力把新发展理念贯穿落实到试验区改革发展的各方面和全过程。二是在绿色发展和改革创新方面，要守好两条底线，深入推进绿色发展。要在人才培训和引进、

① 付松、王铁清、李文勇：《坚决确保按时打赢脱贫攻坚战　努力建设贯彻新发展理念示范区——访毕节市委书记、市人大常委会主任周建琨》，《当代贵州》2019 年第 37 期，第 14～16 页。

干部队伍建设等方面加大力度，推进人力资源开发，着力提升人口素质。要在体制机制方面努力创新，尤其在重点领域和关键环节，要勇于先行先试，实现率先突破。要通过乡村振兴进一步巩固脱贫成果。三是在建设多党合作示范区方面，要充分借助和发挥好中国共产党领导的多党合作的政治制度优势，加强各党派之间、各党派与地方之间的汇报协调沟通对接，畅通渠道，集思广益，广泛汇聚各方智慧和力量，以形成建设贯彻新发展理念示范区的强大合力。自2018年全省建设贯彻新发展理念示范区推进大会以来，毕节推进示范区建设的主要举措如下。

第一，将新发展理念作为一个整体发展理论，用以引领指导本地区经济社会发展全局。新发展理念包括创新发展、协调发展、绿色发展、开放发展、共享发展五个方面。习近平总书记指出："这五大发展理念相互贯通、相互促进，是具有内在联系的集合体，要统一贯彻，不能顾此失彼，也不能相互替代。哪一个发展理念贯彻不到位，发展进程都会受到影响。"[①] 在各项工作中，毕节市将新发展理念作为一个整体贯穿到全市经济社会发展全局当中，通过不断改革创新推进示范区建设。2019年1月21日，周建琨书记在市委全面深化改革委员会第一次会议上就强调，要聚焦主旋律，贯彻新理念，以高质量改革推动高质量发展。为贯彻落实习近平总书记"7·18"重要指示精神，他要求全市各级各部门要充分认识新时代全面深化改革的新特征，深刻理解和把握毕节改革开放的新形势、新任务，聚焦改革主旋律，贯彻新发展理念，以高质量改革破难题、除障碍，为经济社会高质量发展提供强劲动力支撑，让老百姓享受更多、更实的改革红利。要全面贯彻落实中央和省委改革部署，切实做到"上有部署"与"下有行动"相呼应、"问题导向"与"目标导向"相统一、"顶层设计"与"基层创新"相结合、"纵向贯通"与"横向联结"相衔接、"要素投入"与"改革实效"相匹配、"抓点做样"与"面上推广"相促进。要"不折不扣地完成全面深化改革各项任务，让新发展理念在毕节落地生根、普遍实践"。毕节的做法是以改革统

① 《习近平总书记在党的十八届五中全会第二次全体会议上的讲话（节选）》。

揽全局，以新发展理念为引领，通过市深改委全面部署，整体推进本地区的经济社会发展。

第二，将脱贫攻坚作为最突出的共享发展实践，坚决扛起脱贫攻坚的重大政治责任，确保按时打赢脱贫攻坚战，同全国一道步入全面小康社会。到2020年底，解决绝对贫困，实现全面小康，是我国向世界做出的庄严承诺。共享发展承载的价值追求是让全体人民共享改革发展成果。我国局部地区的贫困则是阻碍同步小康、共享发展的最大障碍。毕节在推进贯彻新发展理念示范区建设过程中，将脱贫攻坚作为最突出的共享发展实践，以其为中心推进各方面工作，确保按时打赢脱贫攻坚战。以产业扶贫为例，2020年毕节市多措并举，帮助各县区解决产业发展难题。一是抓好三级督战。按照省、市“挂牌督战”和联系帮扶“9+3”重点县区工作要求，认真抓好毕节市脱贫攻坚产业扶贫挂牌督战工作和联系帮扶工作，严格执行月督查、全覆盖、找问题、抓整改和不间断巡查制度，督促帮助剩余贫困县区扎实抓好扶贫产业发展工作，确保各项扶贫产业有效带动贫困户增收致富。二是抓好产业覆盖。聚焦重点扶贫产业，大力发展优势高效作物，纵深推进食用菌、牛羊、茶叶、水果、辣椒、生猪、生态渔业、中药材、蔬菜、生态家禽等12大特色产业。加大高标准农田建设，全方位提供技术服务，为把产业迅速做出特色、做出规模、做出效益提供强力支撑。帮助贫困群众稳定获得劳动务工、入股分红等收益，确保贫困户通过产业革命持续增收、稳定脱贫。三是抓好项目实施。持续加大资金筹措及项目争取投入力度，积极组织农牧业生产加工企业申报绿色产业发展基金和国务院支持中小微企业复工复产项目。开展农银企产业共同体创新试点，以项目为载体，引导社会资金投入农业产业发展，帮助贫困县补齐投融资、基础设施、仓储物流、乡村治理等“三农”领域短板，推动农牧业生产企业提升规模、扩大生产，更好、更广地覆盖带动贫困农户增收致富。四是抓好利益联结。深入推进“三变”改革，健全完善合作社与贫困户利益联结机制，确保村集体经济更好发展和贫困户增收致富。五是抓好产业短板。针对全市“三农”工作中存在的问题短板，加强项目谋划和向上争取力度，加大农田水利、机耕道、喷滴灌设备等基础设施配套建设，不断提升农业抵御自然风险能力。加强合作社培育发展与规范提升工作，努力推进合作社不断做大规模、提升发展质量。健全完善市场产销服务体系和农产品采后分级、包装、冷藏、运输等配套设施，扩大运销距离和产品销售市场。[①] 这些举措保证了毕节市产业扶贫工作扎实推进，取得明显成效。通过全市干部群众的艰苦努力，截至2020年11月底，毕节市的所有贫困县已全部脱贫摘帽，这是全市贯彻共享发展理念、决战脱贫攻坚、推动示范区建设的成功实践。

第三，将创新作为发展的第一动力，破除阻碍创新的各种体制机制，全面推动各个领域的创新。毕节在贯彻创新发展理念过程中，努力进行机制创新，一系列创新探索值得肯定。比如，推行干部"扫码评价"实现作风监督"零距离"、"五机制"有效助推返乡农民工就地就近就业、创新"四机制"破解法院执行难、五机制推动重大风险防范化解常态化等市级经验，以及大方县创新"乡村治理督导员"机制推进乡风文明上台阶、黔西县110社会联动中心"五联五化"机制着力解决群众诉求、织金县"五分类"工作机制做足易地扶贫搬迁后半篇文章、赫章县"积分四化"工作机制助推移民社区治理等县区经验[②]，都是各地各领域创新探索的典型例证。以"五大机制"助推返乡农民工就地就近就业为例，毕节市通过返乡就业"五大机制"（组织发动机制、政策扶持机制、企业带动机制、产业引导机制、示范引领机制）的机制创新，运用到实际工作中收到良好效果，使其常年在外省务工人员从2018年的132.92万人减少到120.61万人，一年多时间省外返乡就业人员就增加12.31万人。总之，毕节市推动创新发展，主要通过贯彻创新发展理念，以及各地、各部门、各领域的各种体制机制创新，不断为经济社会发展注入活力，使区域经济社会发展不断迈上新台阶。

第四，通过不断丰富和深化"生态建设"主题内涵，将绿色发展理念贯穿到本地区经济社会的发展全局当中。毕节试验区建立以来，"生态建

① 内部资料：《毕节试验区改革发展》2020年第4期，第21～22页。

② 内部资料：《毕节试验区改革发展》2020年第1期，第7页。

设”始终是其不变的主题，所不同的只是主题在发展过程中不断得到丰富和深化，“绿色”始终是其经济社会发展不变的底色。多年来，试验区按照“生态产业化、产业生态化”的思路，逐步调整林业产业结构，通过实施林业生态工程项目，重点发展林业相关产业，拉长产业链条，并已逐步形成了各自的产业优势、特色优势。近年来，毕节市坚持绿色发展理念，把林业生态建设与产业结构调整结合起来，通过深化改革，强化森林资源保护，大力发展林业产业，全面推进林业生态建设，主要措施有以下四方面。一是坚持“三个结合”搞好布局。即坚持政府引导和群众意愿相结合、坚持主体培育与群众参与相结合、坚持精品示范与引领群众发展相结合。二是注重“四种模式”抓好实施。即实施好政府出资造林、平台融资造林、招商引资造林、社会出资造林四种造林模式。三是破解“三个难题”促进转型。即破解造林用地难题、集中连片难题、造林管护难题。四是狠抓“四个到位”强化保障。即组织领导到位、责任落实到位、技术指导到位、督导考核到位。这些全面系统的措施，全方位推动了全市的林业生态建设。不仅如此，全市还通过完善林业产业链来提升产业竞争力，推动绿色发展。全市不仅通过园区建设、良种繁育、林下经济、林产品深加工等不断完善林业产业链，加强林业上下游产业之间的联系，还通过与产品展销、电子商务、森林生态旅游等业态相结合，通过整合和一体化运作，大力推动林业全产业链发展。在生态环境保护和监测方面，毕节市根据贵州省人民政府（黔府发〔2020〕12 号）文件安排，认真践行总书记“7·18”指示精神，实施好生态保护红线、环境质量底线、资源利用上线和生态环境准入清单（简称“三线一单”）生态环境分区管控体系，结合毕节市实际，出台了《毕节市“三线一单”生态环境分区管控实施方案》，着力推进本地区的生态环境改善。另外，毕节市还坚持以提升生态环境保护系统治理能力和治理水平、坚决打赢污染防治攻坚战、推进环境质量持续改善为总目标，积极探索新路子、建立新机制，在全市范围内推行生态环境保护综合行政执法网格化监管。总之，毕节市在各领域的生态建设实践，将绿色发展理念贯穿到本地区经济社会发展全局当中，使绿色、生态成为毕节最靓丽的底色，有效提升了本地区经济社会发展的质量和水平。

第五，借助统一战线帮扶与东西部扶贫协作平台，不断提升本地区的开放发展水平。毕节试验区成立之初就秉持了开放合作的理念，积极寻求外援，得到统一战线的大力支持。30余年来，试验区得到各民主党派中央、全国工商联，以及东部协作单位的支持与合作，工作持续开展，合作不断深化，环境不断改善，水平不断提升。近年来，试验区努力发挥党派优势，整合民主党派在教育、医疗、农业科技和法律服务等方面的人才和智力资源，通过组建党派专家服务团，积极帮助群众解决制约脱贫致富的困难和问题。毕节各级各部门也高度重视，为党派专家奉献社会、服务人民创造条件，真正把党派专家服务团建成展示科研成果的窗口、培育基层人才的阵地、推广实用技术的样板、帮助农民致富的摇篮和彰显统战作为的品牌。试验区领导还及时赴京向各民主党派中央和全国工商联汇报工作，感谢他们长期以来的大力支持、无私帮助，并恳请他们继续关心支持毕节试验区发展。各民主党派中央和全国工商联领导纷纷表示，要利用自身优势，为毕节建设贯彻新发展理念示范区做出应有贡献。九三学社中央将充分发挥科技界成员多的优势，秉持“毕节所需、九三所能”，全力以赴，谋划好下步工作，全力帮助毕节试验区建设贯彻新发展理念示范区。台盟中央表示，将进一步凝聚共识、全盟联动，主动融入、深度参与，尤其在重点项目、重大工程方面要积极协助，争取其在毕节落地实施，为毕节建设贯彻新发展理念示范区做出应有贡献。民盟中央将结合自身优势，重点在农业现代化领域助推毕节发展，为其建设贯彻新发展理念示范区奠定基础。民革中央表示，将在中央统战部统一协调下，为贯彻新发展理念示范区规划的科学编制和推进实施创造条件，同时发挥好民革自身优势，将在发展毕节山地特色高效农业方面提供帮助，以产业振兴确保稳定脱贫，夯实乡村振兴基础。农工党中央也表示，将积极响应中共中央号召，汇集农工党全党力量，一如既往为毕节全面建成小康社会贡献智慧和力量。农工党中央还结合大方县定点扶贫工作实际，在2018年9月出台了《关于助力贵州省毕节市大方县打赢脱贫攻坚战建设贯彻新发展理念示范区工作的指导意见》。各民主党派中央和全国工商联的帮扶为毕节打赢脱贫攻坚战提供了强大支持。以全国工商联为例，自其帮扶织金县以来，建立了以“帮智、帮贫、帮创”三大工程为主的帮扶模式，为织金整县脱贫注入了强大动力。2019 年，织金县实现 14955 户 63066 人贫困人口稳定脱贫，128 个贫困村整村出列，贫困发生率下降到 1.4%；2020 年 3 月，织金县顺利实现脱贫摘帽。[①] 开展对口支援和东西部扶贫协作，是党中央做出的重大战略决策，是实现先富带后富的伟大实践，是社会主义的本质要求，是实现全面小康的重要途径，也是共享发展的具体体现。毕节试验区通过强化东西部对口协作帮扶，通过对口支援与双向协作、政府引导与社会参与相结合，引进东部地区的项目、资金和人才，提升了本地区的开放发展水平。

## 四 建设贯彻新发展理念示范区的案例分析

### 《黔西县建设贯彻新发展理念示范区的路径选择》[②]

毕节市委常委、黔西县委书记卢林

2018 年 7 月，黔西县（以下简称“黔西”）脱贫攻坚工作接受国家第三方评估检查并顺利通过验收，成为毕节第一个脱贫出列县，获得全国脱贫攻坚奖组织创新奖，为建设贯彻新发展理念示范区奠定了基础。为此，笔者就黔西如何在建设贯彻新发展理念示范区中走前列、做表率进行了深入调研，做了初步思考，形成报告如下。

**一、黔西建设贯彻新发展理念示范区的重要意义**

首先，建设贯彻新发展理念示范区是展现毕节试验区 30 多年来建设成果的重要平台。毕节试验区建立 30 多年来，在开发扶贫、生态建设、人口控制等方面取得了一定成效。黔西作为毕节试验区的一员，紧紧围绕主题，

---

① 内部资料《毕节试验区改革发展》2020 年第 8 期，第 25 页。

② 内部资料《毕节试验区改革发展》2020 年第 7 期，第 31 ~ 35 页。

聚焦中心任务苦干实干、攻坚克难、砥砺奋进，特别是在党的十八大以来，经济发展水平大幅提升，经济增速、民生保障、脱贫攻坚、生态保护、城乡一体化等工作位居毕节前列。在毕节范围内率先建设贯彻新发展理念示范区，不仅能展现黔西的发展成果，也能从侧面展现试验区建设的成果。

其次，建设贯彻新发展理念示范区是探索多党合作政治优势促进脱贫攻坚的最好教材。近年来，民建中央采取“1+10+N”模式，结对助力黔西14个深度贫困村和2个一般贫困村脱贫攻坚，在智力支持、改善民生、生态建设等方面大力开展帮扶，走出一条“构筑大格局、深化大合作、促进大提速、推动大发展”的多党合作道路，为黔西决战脱贫攻坚、如期实现脱贫出列目标做出了重要贡献，也为今后一段时期其他地区如期实现脱贫提供了一条可供参考的路径。

再次，建设贯彻新发展理念示范区为资源型地区实现发展动能转化、推动高质量发展提供了有益借鉴。黔西积极适应经济发展新常态，坚持以供给侧结构性改革为主线，扎实推动产业结构调整，以食用菌、特色经果林、蔬菜等为主的特色农业正在蓬勃发展；以煤电为支柱，煤化工、煤机装备制造等产业为主导的工业经济快速增长；以旅游和冷链物流为代表的新兴产业成效初显。2019年底，三次产业结构调整为19.3∶31.4∶49.3。黔西的发展深刻说明，只要深入贯彻落实新发展理念，下决心调整产业结构，就会持续注入高质量发展的强劲动力。

最后，建设贯彻新发展理念示范区是黔中经济区在新一轮西部大开发格局中的重要支撑节点。黔西是黔中经济区向西辐射的东大门，是毕节试验区向东发展的重要通道，具有重要的区域战略地位。毕节试验区要发挥在黔中经济区的重要推动作用，必须打通黔西这一经济通道的重要节点，高效疏浚两地经济来往的人流、物流和信息流，实现两地经济的联动发展。

## 二、黔西建设贯彻新发展理念示范区的优势条件

一是团结与热情的统一。多年来，黔西广大党员干部群众心往一处想、劲往一处使，不计得失、不畏艰难，勤勉干事、激情战斗，让黔西实现了太多的“不可能”，这是黔西干事之根本、创业之基石。实践证明，只要把这

种上下同心、激情满怀、苦干实干的精神状态继续保持下去，就能不断积蓄黔西加速发展的原始爆发力。

二是政治与政策的叠加。习近平总书记始终把贵州和毕节记在心上，先后多次对贵州对毕节的工作做出重要指示批示。2018 年 7 月 18 日习近平总书记对毕节试验区工作做出重要指示后，统一战线参与毕节试验区建设座谈会和贵州省委、省政府支持毕节试验区按时打赢脱贫攻坚战建设贯彻新发展理念示范区推进大会相继在毕节召开，贵州省委、省政府还专门出台了 46 条意见支持毕节建设。这些，都是必须用好用活的政策支撑。今后，还要积极加大向上争取力度，让更多资金、项目落户黔西。

三是发展与机遇的重合。经过不懈奋斗，黔西经济保持高增速，产业迈向高端化，民生事业实现高保障，经济社会在激流勇进中不断向好。更可喜的是，撤县设市取得实质性进展，脱贫攻坚顺利通过验收并荣获“全国脱贫攻坚奖组织创新奖”，“全国法治县（市、区）创建活动先进单位”“贵州省新型工业化产业示范基地”等称号也先后落户黔西。黔西必须保持一往无前的奋斗姿态，将发展的结果与即将到来的机遇充分衔接，一鼓作气迈入全面小康社会。

四是交通与资源的互融。“五高一铁”过境的优势与丰富的自然资源互融互通，形成了一张以黔西县城为中心，以观音洞、海子村、支嘎阿鲁湖、乌江源百里画廊、象祠、中果河等为节点，以黔织、黔大、贵黔、息黔、白黔五条高速公路为主线，融交通、文化景点、自然景观为一体的快速发展网络，紧邻贵阳毕节、连接成都广州、远眺云南重庆已成现实。这是黔西独一无二的先天优势。

**三、黔西建设贯彻新发展理念示范区的制约因素**

一是巩固与提升的任务艰巨。黔西县贫困人口基数较大，特别是 2020 年受疫情影响，群众增收渠道相对变窄，部分群众自我发展能力还要增强，农村产业革命还须深入推进，进一步提升脱贫成效的任务依然艰巨。

二是质量与效益的矛盾突出。黔西县工业经济增速虽然较快，但发展方式仍较为粗放，主要是以煤炭化工业为主，推动从单一煤电产业向多元新型工业化产业转型发展是当前面临的一个巨大挑战，科技化、集约化、高效化的绿色发展水平有待提升。

三是城市与乡村的发展不均衡。农村一、二、三产业融合发展深度不够，农业现代化发展水平低于全国平均水平，农村民生领域欠账较多，基础设施建设仍然滞后，城市对农村的带动作用小，城乡之间要素合理流动机制亟待优化。

四是创新与传统的碰撞剧烈。创新意识不强，创造性开展工作的气魄不足，还没有完全突破思想的束缚和利益固化的藩篱。

## 四、黔西建设贯彻新发展理念示范区的路径选择

作为毕节市第一个脱贫出列县，黔西必须加速推进经济社会高质量发展，在建设示范区中走在前列、做表率。黔西只有牢牢把握住这个发展方向，先试先行，把各项工作抓具体、抓深入，才能在建设贯彻新发展理念示范区的实践中行稳致远。

一是坚持以创新突破桎梏。改革创新是推动发展的强大动力和活力源泉，只有依靠改革的办法和创新的思路来谋划推动发展，才能破除封闭狭隘、因循守旧的思想，不断适应新形势、实现新跨越。要努力突破利益固化障碍，结合实际找准制约发展的突出问题和症结所在，抓住关键环节，进一步深化经济体制改革、行政体制改革等，深化“五清单二平台一张网”改革，以敢想、敢干、敢拼、敢闯的干劲创造性地开展工作，让一切有利于加快示范区建设的创造才能得到发挥、创造行为得到支持、创造成果得到肯定，进一步激发推动黔西发展的活力。

二是坚持以协调创造未来。习近平总书记在党的十九大报告中深刻指出我国社会主要矛盾已经转化为人民日益增长的美好生活需要和不平衡不充分的发展之间的矛盾。发展不平衡不充分，包含了城乡发展不协调、产业层级不协调等方面，这些可以说是黔西面临的难点、痛点。面对社会主义共同富裕、同步小康的基本要求，黔西必须以长远的眼光，采取以城带乡、以乡辅城的方式，全力做优做强食用菌、猕猴桃等特色农业，大力发展以煤化工产业链为代表的新型工业和冷链物流、全域旅游等新兴产业，努力形成一、

二、三产业协调发展，城乡协调发展的良好局面，实现经济效益、社会效益的协调统一。

三是坚持以绿色打造标杆。古胜村、化屋村作为黔西荒山治理的典范，先后得到中央和省市媒体的报道。这只是黔西绿色发展的缩影。可以说，绿色已经成为黔西最靓丽的底色。必须始终坚持主题不变、镜头不换，积极践行“绿水青山就是金山银山”的发展理念，牢牢把握好发展与绿色、当前与长远、整体与局部这三种关系，在植绿、用绿、护绿这三个方面狠下功夫，全力以赴推进污染防治，逐步形成特有的绿色发展方式，解决好人与自然和谐共生问题，把黔西打造成毕节乃至贵州绿色发展的示范样本。

四是坚持以开放构建格局。黔西拥有“五高一铁”过境的交通优势，有“贵阳后花园”“毕节东大门”的区位优势，有民建中央和广州市花都区对口帮扶的政策优势。面对诸多有利条件，必须跳出一域谋全局，主动把各项工作放到“一带一路”“长江经济带”“贵州内陆开放型经济试验区”建设的大环境里去谋划和推动，主动融入“长三角”、“珠三角”、成渝经济区等周边地区建设，用好民建中央重点帮扶和东部十省市民建组织结对帮扶这一优势资源，建立完善互访交流、联席会议等工作联络机制，不断深化扶贫开发、引企入黔、黔货出山等领域的合作，持续开拓发展空间，以大开放带动经济社会大发展。

五是坚持以共享赢得民心。共享是中国特色社会主义的本质要求。必须坚持发展为了人民、发展依靠人民、发展成果由人民共享，充分让人民群众享受改革开放、经济社会发展的红利，才能将他们更加紧密地团结在党的周围，齐心协力为建设示范区努力。所以，要始终把脱贫攻坚作为头等大事和第一民生工程，紧盯目标任务，集中火力攻坚，确保在既定时间节点夺取脱贫攻坚全面胜利、实现全面小康。同时，全力办好老百姓上学、就业、就医、住房等呼声最高、意愿最强、利益最直接的一批实事，不断增强人民群众的获得感、幸福感。

**案例分析：**这是一份黔西县建设贯彻新发展理念示范区的调查实施报

告，是毕节市建设贯彻新发展理念示范区的一个区域的实践样本。这份报告总体上体现了以下三个方面的特色。第一，领导高度重视，深入调研落实。黔西县在建设贯彻新发展理念示范区过程中，全面贯彻落实中央和贵州省委、毕节市委改革部署，切实做到“上有部署”与“下有行动”相呼应。领导高度重视，目标措施明确，要努力让黔西县在全市走前列、做表率，先试先行，把各项工作抓落实、抓具体。为推进示范区建设，县委领导亲自深入调研，把握县情，形成调研报告，推动工作进展。第二，分析实事求是，立足本地实际。报告对黔西县建设贯彻新发展理念示范区的区位优势和制约因素的分析实事求是，符合黔西实际，体现了县委领导对黔西县情的精准把握。第三，紧扣发展主题，路径切实可行。报告对黔西建设贯彻新发展理念示范区的路径选择的分析，紧扣全县经济社会高质量发展的主题，将新发展理念全面贯彻落实到本地经济社会发展全局当中，使本地区的示范区建设推进有了切实可行的实践路径。创新发展、协调发展、绿色发展、开放发展、共享发展，每一发展方式及其要求都被具体落实到全县经济社会发展实践当中，从而使发展的动力、质量、路径和方向都有了全面而切实的保证。如：依靠改革的办法和创新的举措来谋划推动发展，首先保证发展有了持续动力；绿色发展则保证了发展的高质量；协调发展和开放发展则使发展有了路径的正确选择；共享发展则保证了发展的方向正确，即发展为了人民、发展依靠人民、发展成果由全体人民共享，这也是中国特色社会主义的本质要求。黔西县的做法在毕节市具有代表性和示范性，是毕节市建设贯彻新发展理念示范区的一个典型案例。

# 附　　录

Appendix

# B.18

## 2019年毕节市大事记

**1月8日**　毕节市大方、黔西、纳雍、赫章4个县荣获“贵州省森林城市”称号。

**1月24日**　遵义至赫章天然气管道项目遵义至七星关段正式投产，标志着毕节城区正式进入管道天然气时代。

**1月28日**　中国石化毕节油库项目开工仪式在金海湖新区举行。

**2月3日**　黔西县被贵州省人民政府命名为“贵州省园林县城”，这是毕节市首个获此殊荣的县，也是全省继安顺市镇宁自治县后第二个获此殊荣的县。

**2月12日**　全国农民合作社发展部际联席会议办公室发布《关于国家农民合作社示范社和全国农民用水合作示范组织的公告》，威宁自治县南方马铃薯专业合作社成功入选，获得“国家农民专业合作社示范社”称号。

**2月13日**　《人民日报》头版头条以《脱贫攻坚看海雀》为题报道了毕节市赫章县河镇乡海雀村从34年前荒山秃岭的极度贫困到如今林茂粮丰变身美丽乡村的伟大创举。《人民日报》对海雀脱贫攻坚工作的肯定，在毕节持续引发强烈反响，唤起广大干部群众按时打赢脱贫攻坚战、建设贯彻新发展理念示范区的豪情壮志。

**2月18日** 国家能源局批复同意将贵州威赫超临界循环流化床燃用高硫无烟煤发电项目列为国家电力示范项目，示范内容为一台66万千瓦超超临界循环流化床锅炉（CFB）燃用高硫无烟煤发电机组。

**3月1日** 毕节市工业和信息化局（毕节市大数据发展管理局）挂牌成立。

**3月11日** 文化和旅游部、财政部公布了第三批国家公共文化服务体系示范区（项目）。其中，毕节市成功列入第三批国家公共文化服务体系示范区名单。

**3月19日** 文化和旅游部在上海召开的公共文化产品供给侧改革现场交流会上，对第三批国家公共文化服务体系示范区进行了命名授牌，毕节市成功摘得国家公共文化服务体系示范区的“金牌匾”。

**3月19~21日** 全国人大常委会副委员长陈竺率农工党中央调研组到大方县开展定点扶贫工作调研。

**3月29~30日** 全国政协副主席、农工党中央常务副主席何维率农工党中央调研组到大方县开展定点扶贫工作调研。

**4月13~17日** 全国政协副主席、民盟中央常务副主席陈晓光率民盟中央调研组到贵州省考察调研“推动数字经济与实体经济深度融合、促进经济高质量发展”以及民盟各级组织帮扶毕节市七星关区情况。

**4月20日** 广州市·毕节市东西部扶贫协作党政联席会议在毕节市赫章县召开。广东省委常委、广州市委书记张硕辅，贵州省委常委、省委组织部部长李邑飞出席会议并讲话。毕节市委书记、市人大常委会主任周建琨主持会议。

**4月24~25日** 应急部副部长、国家煤矿安监局局长黄玉治率队到毕节市黔西县、大方县和百里杜鹃管理区调研督导煤矿安全生产工作。

**5月7日** 毕节市委书记、市人大常委会主任周建琨，市委副书记、市长张集智率团赴深圳市，与恒大集团就蔬菜瓜果产业扶贫、肉牛养殖产业扶贫可持续发展问题进行座谈。恒大集团董事局主席、党委书记许家印出席会议并讲话。

**5月8日** 毕节市绿色生态产业招商引资推介会在中国北京2019年世界园艺博览会举行。同日，毕节市2019年“洞天福地·花海毕节”旅游推介会在2019年中国北京世界园艺博览会举行。

**5月24日** 主题为“5G+旅游 智慧产业 慧创未来”的2019中国国际大数据产业博览会毕节分会场在七星关区开幕。

**6月17~19日** 贵州省委副书记、省长谌贻琴深入毕节市纳雍县开展脱贫攻坚蹲点调研，走进最贫困的乡、最边远的村、最困难的农户，与战斗在一线的干部群众共同研究打赢脱贫攻坚战的具体办法措施。

**6月20~22日** 全国人大常委会副委员长、民建中央主席郝明金率队到黔西县开展脱贫攻坚和贯彻新发展理念示范区建设调研。

**6月27日** 毕节市委书记周建琨、市长张集智带队到威宁自治县五里岗街道阳光新城、赫章县七里湾、七星关区柏秧林易地扶贫搬迁安置点，调研易地扶贫搬迁项目推进情况。

**7月3日** “新型政党制度70年”论坛暨中国政党制度研究中心第17届年会在毕节市开幕。全国政协副主席邵鸿出席开幕式并讲话。全国政协常委、副秘书长，民革中央副主席兼秘书长李惠东，全国政协常委、副秘书长，民盟中央副主席张道宏，贵州省政协副主席陈坚分别在开幕式上致辞。中央社会主义学院负责人围绕新型政党制度与新型民主政治做主旨报告，部分国内政党制度研究专家学者围绕中国共产党领导下的多党合作和政治协商制度的优越性进行交流发言。毕节市委书记周建琨致辞，毕节市政协主席杨宏远等参加会议。

**7月8~9日** 全国人大常委会副委员长、民盟中央主席丁仲礼率队深入毕节市开展脱贫攻坚调研。

**7月28日** 黔西县定新乡英雄桥纪念碑被命名为“党史国史教育基地”。

**8月7日** 贵州省政府批复同意毕节市部分行政区划调整。同意织金县设置惠民街，金沙县设置民兴街道，威宁自治县设置开华街道、雄山街道，大方县设置九驿街道、归化街道、鹏程街道，纳雍县设置宣慰街道、利园街道、珙桐街道，赫章县设置汉阳街道、金银山街道、七家湾街道。

**8月12～13日** 贵州省委副书记、省长谌贻琴赴深度贫困县赫章县，结合开展“不忘初心、牢记使命”主题教育，调研脱贫攻坚工作。她强调，要深入学习贯彻习近平总书记对毕节试验区工作重要指示精神，全面落实省委部署要求，尽锐出战、务求精准，坚决打好“夏秋决战”，全力以赴攻克深度贫困堡垒，一鼓作气夺取脱贫攻坚全面胜利。

**8月13～14日** 七星关经济开发区和威宁自治县农村信用合作联社分别获全国模范劳动关系和谐工业园区和全国模范劳动关系和谐企业荣誉牌匾及证书。

**8月15日** 毕节市面向粤港澳大湾区“菜篮子”联盟企业招商推介会在广州举行。

**8月17日** 全国政协副主席、致公党中央主席、中国科协主席万钢率致公党中央调研组到毕节市调研，并召开致公党中央参与毕节试验区建设工作座谈会。

**8月19～20日** 广东省委书记李希，省委副书记、省长马兴瑞率广东省党政代表团到贵州省考察扶贫协作，在毕节举行两省扶贫协作工作联席会议。

**8月22日** “壮丽70年·奋斗新时代”贵州省庆祝新中国成立70周年系列新闻发布会——“毕节，从试验到示范：70周年脱贫攻坚连战连捷”在省政府新闻发布厅举行。

**8月24日** 毕节彝族舞蹈《铃铛舞》亮相央视。

**8月30日** 全国第十届残运会游泳赛场，来自贵州毕节的残疾人运动员何圣羔在参加女子S5级50米仰泳决赛时，以42秒69的成绩创造了新的全国纪录。

**9月3日** 贵州省林科院与威宁自治县林业局合作的经济林试验基地在威宁县国家良种基地挂牌成立。

**9月16日** 国家农业绿色发展先行区建设协调小组办公室发布《第二

批国家农业绿色发展先行区名单公示公告》，毕节市金沙县名列其中。

**9月26日** 深圳·毕节扶贫协作联席会议在毕节市召开。

**9月28日** 第十四届贵州旅游产业发展大会在毕节市织金县平远古镇举行。

**10月9日** 综合检测列车通过毕节站。当日，成贵铁路兴文（宜宾）至贵阳段开始联调联试。全长632公里的成贵铁路为客运专线，是我国“八纵八横”高速铁路网的重要组成部分，设计时速为250公里/小时。

**10月28~30日** 全省2019年东西部扶贫协作推进会暨项目观摩总结会议在毕节市举行。7个帮扶城市援黔工作队和贵州省有关部门负责同志参加会议。会上，上海、大连、苏州、杭州、宁波、青岛、广州7个帮扶城市扶贫协作部门负责同志，省直部门、市（州）、县及企业代表做交流发言。

**11月9~10日** 由国务院扶贫办组织的全国扶贫经验交流示范基地观摩交流活动走进毕节，并召开全国扶贫经验交流示范基地观摩交流会。

**11月9~10日** 贵州省党政代表团在深圳市学习考察，与深圳市召开扶贫协作工作座谈会，毕节市政府、深圳市政府签署了战略合作框架协议。

**11月18日** 由毕节市人民政府、贵州省商务厅主办的贵州·毕节绿色农产品北京产销对接洽谈推介活动在北京新发地国际农产品会展中心举行。活动吸引了北京市310余家农产品批发商，现场形成50余份“三白”蔬菜、精品蔬菜、毕节鸡蛋、食用菌及调味品采购协议，采购金额达3.9亿元。

**11月19~22日** 九三学社全国机关建设暨2019年交叉检查工作总结交流会议在福建省泉州市召开。九三学社毕节市委以99.8分，荣列九三学社全国机关建设市级组织排名第一。

**11月26日** 民革中央定点扶贫工作会在纳雍县召开。全国政协副主席、民革中央常务副主席郑建邦出席会议并讲话。

**11月25~27日** 中央统战部副部长，全国工商联党组书记、常务副主席徐乐江率队到毕节市织金县考察调研脱贫攻坚工作，并出席贵州省“千企帮千村”精准扶贫行动提质增效推进会，为第二批“千企帮千村”行动观摩项目授牌。

**12月16日** 成贵高铁全线贯通，成贵高铁是中国西部高铁大通道南北贯通的最紧要一环，至此，我国西北经西安、成都、贵阳、广西可直达我国东南。

**12月19日** 竞争力智库、中国信息化发展研究院联合发布《中国县域旅游竞争力报告2019》。毕节市大方县、织金县入选2019中国旅游百强县市。

**12月20日** 全省易地扶贫搬迁安置点文化服务体系建设现场推进会在黔西县举行。

**12月24日** 《毕节市织金古城保护条例》新闻发布会召开，毕节制定地方性法规保护织金古城，《毕节市织金古城保护条例》自2020年1月1日起施行。

# 皮 书

## 智库成果出版与传播平台

### ✧ 皮书定义 ✧

皮书是对中国与世界发展状况和热点问题进行年度监测，以专业的角度、专家的视野和实证研究方法，针对某一领域或区域现状与发展态势展开分析和预测，具备前沿性、原创性、实证性、连续性、时效性等特点的公开出版物，由一系列权威研究报告组成。

### ✧ 皮书作者 ✧

皮书系列报告作者以国内外一流研究机构、知名高校等重点智库的研究人员为主，多为相关领域一流专家学者，他们的观点代表了当下学界对中国与世界的现实和未来最高水平的解读与分析。截至 2021 年底，皮书研创机构逾千家，报告作者累计超过 10 万人。

### ✧ 皮书荣誉 ✧

皮书作为中国社会科学院基础理论研究与应用对策研究融合发展的代表性成果，不仅是哲学社会科学工作者服务中国特色社会主义现代化建设的重要成果，更是助力中国特色新型智库建设、构建中国特色哲学社会科学“三大体系”的重要平台。皮书系列先后被列入“十二五”“十三五”“十四五”时期国家重点出版物出版专项规划项目；2013~2022 年，重点皮书列入中国社会科学院国家哲学社会科学创新工程项目。

# S 基本子库
# SUB DATABASE

## 中国社会发展数据库（下设 12 个专题子库）

紧扣人口、政治、外交、法律、教育、医疗卫生、资源环境等 12 个社会发展领域的前沿和热点，全面整合专业著作、智库报告、学术资讯、调研数据等类型资源，帮助用户追踪中国社会发展动态、研究社会发展战略与政策、了解社会热点问题、分析社会发展趋势。

## 中国经济发展数据库（下设 12 专题子库）

内容涵盖宏观经济、产业经济、工业经济、农业经济、财政金融、房地产经济、城市经济、商业贸易等12个重点经济领域，为把握经济运行态势、洞察经济发展规律、研判经济发展趋势、进行经济调控决策提供参考和依据。

## 中国行业发展数据库（下设 17 个专题子库）

以中国国民经济行业分类为依据，覆盖金融业、旅游业、交通运输业、能源矿产业、制造业等 100 多个行业，跟踪分析国民经济相关行业市场运行状况和政策导向，汇集行业发展前沿资讯，为投资、从业及各种经济决策提供理论支撑和实践指导。

## 中国区域发展数据库（下设 4 个专题子库）

对中国特定区域内的经济、社会、文化等领域现状与发展情况进行深度分析和预测，涉及省级行政区、城市群、城市、农村等不同维度，研究层级至县及县以下行政区，为学者研究地方经济社会宏观态势、经验模式、发展案例提供支撑，为地方政府决策提供参考。

## 中国文化传媒数据库（下设 18 个专题子库）

内容覆盖文化产业、新闻传播、电影娱乐、文学艺术、群众文化、图书情报等 18 个重点研究领域，聚焦文化传媒领域发展前沿、热点话题、行业实践，服务用户的教学科研、文化投资、企业规划等需要。

## 世界经济与国际关系数据库（下设 6 个专题子库）

整合世界经济、国际政治、世界文化与科技、全球性问题、国际组织与国际法、区域研究 6 大领域研究成果，对世界经济形势、国际形势进行连续性深度分析，对年度热点问题进行专题解读，为研判全球发展趋势提供事实和数据支持。

# 法律声明